유행어

사전

유행어 사전

가장 가벼운 말들에서 읽어낸
한국사회의 마음과 감각

이재현

글항아리

머리말

이 책은 2015년 여름부터 2017년 봄까지 『한국일보』에서 「이재현의 유행어 사전」이라는 이름으로 매주 연재한 칼럼들을 모아놓은 것이다. 연재가 끝나갈 즈음에 이재용이, 끝난 직후에는 박근혜가 구속되었다. 연재하던 중에는 도저히 기대하거나 상상할 수 없었던 일들이 벌어진 것이다.

애당초에는 신문사의 기획 의도에 부응해 말랑말랑한 글들을 주로 쓰려고 했다. 모든 건 처음이 중요한 법이니까 첫 글로 이 책에는 두 번째로 실린 「썸」을 미리 써두었다. 그런데 마감 직전 메르스 사태로 인해 '슈퍼 전파자'에 대한 사회적 패닉이 발생했다. 부랴부랴 새로 써서 맨 처음에 연재하게 된 글이 바로 「슈퍼 전파자」다.

연재하는 내내 나를 사로잡았던 화두는 '애거니스틱 민주주의agonistic democracy'였다. 이 말은 미국 정치학자 윌리엄 유진 코

널리가 만든 말이다. agonistic이라는 형용사는 고대 그리스 스포츠 경기 등에서의 경쟁, 투쟁을 뜻하는 말 agon에서 나왔다. 여기에 protos(최초의, 원래의)를 붙이면 protagonist(주인공)가 되고 anti(반대의)를 붙이면 antagonist(적대자)가 된다. 형용사 agonistic은 우리말로 그 뉘앙스를 온전히 다 번역해내기가 상당히 까다롭지만, 어찌 됐건 어원상으로 '갈등하는, 경쟁적인, 투쟁하는, 논쟁적인, 운동 경기의' 등의 뜻을 갖는다.

애거니스틱 민주주의는 그저 적대적이기만 한 정치과정, 혹은 일방의 패권적 정치과정과는 다르다. 갈등과 경쟁이 기본이기는 하되 어디까지나 역사적 제도, 그리고 주어진 특정한 규범 안에서 이것들이, 그러니까 정치적 '밀당'이 벌어진다. 애거니스틱 민주주의에서는 본디 말이나 글로 다른 사람들을 설득하고 감흥을 주는 과정을 통해 사람들이 움직인다. 당연히 이 과정은 매우 고통스럽고 지루하다. agon에서 생겨난 명사 agony의 뜻이 '고통, 괴로움, 고민' 등임을 염두에 두면 잘 이해될 것이다.

칼럼 연재와 책 출간에 도움을 준 『한국일보』와 글항아리 출판사의 모든 분께 감사드린다. 물론, 연재 때의 열성 독자들과 앞으로 이 책을 통해 새롭게 만나 뵙게 될 독자들께도.

세상은 느리기는 하지만 분명히 크게 변한다. 이제는 제도와 룰 자체를 바꾸어낼 차례다.

2017년 12월

차례

머리말 004

슈퍼 전파자 008
썸 012
배신 016
먹방 020
합병 024
ㅋㅋㅋ 028
번역 032
수포자 036
비례 040
주어 044
혼밥 048
유감 052
뇌섹남 056
헬조선 060
시월드 064
혁신 068
꼰대 072
역사 076
이산 080
트롤 083
흙수저 087
뒤끝 091
열정 페이 095
인민 099
자뻑 103
싹쓸이 쇼핑 107
사소한 차이 111
소요 114
전해라 118
불가역적 122
애데릴라 126
젠트리피케이션 130
영입 133
기준금리 137
미국 141
공천 145
놉 149
인공지능 152

인공지능의 윤리 155
힙하다 159
종이 신문 163
선거 167
한남 171
훅 175
일당 179
비트코인 183
ㅇㅈ 187
전화변론 191
사기 195
와드 199
포스트잇 202
노인 빈곤 206
저성과자 210
브렉시트 214
빻다 218
개돼지 222
증강현실 225
협치 229
러스트 벨트 233
대륙의 실수 237
국뽕 241
레임닭 245
주모자 249
아재 253
답정너 257
여진 261
물대포 265
COD 269
대리전 273
시알못 277
오장육부 280
박ㄹ혜 284
개쩐다 288
성난 백인 292
공동정범 296
탄핵 300
축출 304
행장 책임 308
공화 312
법꾸라지 316
post-truth 320
국가 324
경제 327
버즈 331
You're Fired! 335
프로불편러 339
ⓘ 343
3대 세습 346
6월항쟁 30주년 350
공위기 354

슈퍼 전파자.

슈퍼 전파자란 감염 환자 중에서도 보통 사람보다 감염률이 더 높은 사람을 말한다. 메르스의 치사율은 처음에 40퍼센트로 알려졌다. 그런데 영어 위키피디아 메르스 항목의 수치를 놓고 계산해보면, 전 세계적으로 치사율이 37.6퍼센트이지만 사우디를 제외하면 18.1퍼센트, 중동 및 아프리카를 제외하면 12.4퍼센트, 한국까지 제외하면 33.3퍼센트로 떨어진다.

사우디는 빈부 차가 심하다. 허드렛일을 하는 다른 나라에서 온 막노동자들은 제대로 된 의료 서비스를 받지 못한다. 가난한 사람들이 늘 거의 죽을 지경이 되어서야 병원을 찾는다는 점을 감안하면, 사우디의 통계는 의미가 없다. 메르스에 걸렸으나 병원을 찾지 않고도 저절로 나은, 가난하지만 면역력이 높은 사람들이 이 수치에 포함되어 있지 않은 것이다.

한편, 한국까지도 제외한 나머지 통계의 나라들은 대개 1~4명의 환자가 발생했고, 0~3명의 환자가 죽었다. 이런 나라들도 통계 수치로서는 거의 의미가 없다고 할 수 있다. 그러니 건전한 상식으로 말하자면, 메르스의 치사율은 높게 봐야 12퍼센트에서 18퍼센트 사이라고 말할 수 있다.

어쨌든 초기에 이런 점을 제대로 밝혀주지 않은 의학 전문가 및 언론계 종사자야말로 사회·문화적인 의미에서 메르스의 슈퍼 전파자 2번이다. 특히 의학 전문가들은 해서는 안 될 말을 해서 사람들의 공포를 키웠고, 해야 할 말을 안 하거나 거짓말을 함으로써 병을 키웠다.

특히 14번 환자를 놓치고도 온갖 변명과 거짓말로 국민과 언론을 속인 서울 삼성병원은 책임이 매우 엄중하다. 게다가 삼성병원은 확진 환자가 밝혀진 뒤에도 바로 격리 등의 필요한 조치를 제때 취하지 않았다고 언론이 보도했다. 물론, 너그러운 나는 사정을 이해한다. 삼성그룹 전체로 봐서는 메르스보다 엘리엇이 더 무서울 테니까. 엘리엇은 제일모직과 삼성물산의 합병에 반대하고 나선 미국계 사모펀드의 이름이다.

한편, 대통령과 주무 장관은 처음부터 엉뚱한 사안에만 신경을 쓰고 있었고, 메르스 문제에 대해 청와대는 스스로 "우리는 컨트롤 타워가 아니다"라고 밝혔다. 정부와 주무 당국의 또 다른 과오는 정보를 제때 투명하게 공개하지 않았다는 점이다. 연이은 선거에서 잇달아 여당 후보를 뽑아준 강남 지역에서조차 "삼성 살리

자고 국민은 안중에도 없었던 거 아니냐"는 말이 나오고 있다 한다. 정부의 무능, 불통, 거짓말이야말로 이번 메르스의 슈퍼 전파자 1번이다.

세계보건기구WHO의 범유행병 경보 단계는 여섯 단계로 이뤄져 있는데, 제6단계는 서로 다른 지역들 사이의 국가들에서 전염병이 유행하는 경우다. 중동과 동아시아는 서로 다른 지역이니, 메르스는 6단계가 되어야 하는 게 정의상 맞다. 하지만 WHO는 그렇게 하고 있지 않다. 결국 비유적으로 말하자면, 메르스는 일종의 풍토병인 셈이다. 외국에서는, 한국인의 유전자가 메르스에 취약한 게 아니냐는 얘기가 나올 정도였다. 결국 우리의 정치, 사회, 문화 시스템이 문제인 것이다.

슈퍼 전파자로 분류된 환자들이 언론의 관심사가 되고 있는데, 이들도 결국은 피해자다. 발열, 기침 등은 몸 안의 면역 체계가 바이러스와 싸우는 과정에서 나타나는 현상에 불과하다. 일부 의심되는 사람들이 이곳저곳을 돌아다닌 것은 정부의 격리 조치가 제대로 작동되지 않아서였다. 극히 일부 환자들이 병원을 전전하면서 병력을 제대로 밝히지 않은 것도 치료 거부가 두려웠기 때문일 것이다. 그분들에게 책임이 있다는 식으로 사안을 몰아가서는 결코 안 된다. 냉정히 따져보면 지금 한국의 메르스는 병원 응급실, 중환자실, 환자실 등이 전파하고 있는 중이다.

휴교한 아이들을 위해 영어 단어 공부를 해보자. 유행병epidemic과 풍토병endemic에는 공통 어근이 있는데, 그 어원은 민중 내지는 국민demos이다. 접두사 'epi'는 여러 뜻을 갖지만 여기서는 'among' 내지 'upon'의 뜻이고 풍토병의 접두사 'en'은 'in'의 뜻이다. 민주주의란 말의 영어 어원까지를 놓고 생각해본다면, 이번 한국의 유행병이야말로 민주주의의 결여에서 생겼다는 얘기에 고개를 끄떡이지 않을 수 없다.

2015년 6월 15일

썸

보통 '썸 타다'라는 말은 오늘날 젊은 남녀의 교제 풍습에서 정식으로 사귀기 전에 대개 짧게는 2~3주, 길게는 한 달 안팎에 걸쳐 감정적으로 교류하면서 탐색하는 과정이나 상태를 표현할 때 쓰인다. 썸 타는 게 과거에 전혀 없었던 것은 아니지만 모든 이가 일상적으로 썸 탈 수 있게 된 것은 소셜 미디어의 보급 덕분이다. 1990년대에 야타족이 되려면 외제차가 있어야만 했으나, 지금 썸 타려면 스마트폰만 있으면 된다. 삶의 기예들 중에서도 가장 중요하다 할 수 있는 연애의 선행 단계가 정보 기술의 확장에 힘입어 미묘하게 세분화되고 자립한 결과로 나타나서 유행하고 있는 것이다.

썸 탄다는 것은 연예 기획사의 관용 표현인 "정식으로 사귀는 것은 아니고 조금씩 서로를 알아가는 과정"과 비슷하다. 하지만 단지 알아가는 것과 썸 타는 것은 상당히 다른데, 연예인들을 보면 겉으로는 서로 알아간다고 하지만 나중에 가서는 실제로 깊게 사귀고 있던 경우가 많으며, 보통 사람들에게 썸 타는 데 있어 중요한 것은 흔히 '밀당'이라고 부르는 계산 내지 흥정이다.

19세기 프랑스 소설가 스탕달은 연애의 가장 중요한 계기가 '결정화'라고 했는데, 바닷물에서 소금이라는 결정체가 만들어지는 현상을 연애 감정에 비유한 것이다. 1970년대 중반 미국의 한 심리학자는 실상 이 '결정화'라는 게 성적 이끌림을 에둘러서 표현한 것이라고 밝힌 바 있다. 이런 정서적 결정화가 이뤄지면 상대방의 하찮은 점도 근사해 보이고 결점은 전혀 눈에 띄지 않는다.

반면에 썸 탄다는 것은 정식으로 사귈 때 생기는 갖가지 부담을 미리 예측해보고 그것을 최소화하려는 데서 나온 풍습이다. 원룸 생활이 보편화된 오늘날 젊은 남녀가 자거나 동거하기가 예전보다 훨씬 더 쉬워졌다. 그런 만큼, 상대를 잘 골라야 할 필요성도 커져서 썸 타는 풍습이 생겨났으리라고 추정된다. 무언가를 본격적으로 하기 전에 조사, 비교, 연구하는 일은 상당히 합리적이다.

썸 타는 것의 장점은 맞선이나 소개팅, 혹은 부킹과는 달리 제삼자가 필요하지 않으며 친구나 동료나 지인, 혹은 우연히 만난 사람 중에서 아무나 골라서 그 사람을 썸남 혹은 썸녀로 상정할 수 있다는 점이다. 돈이 거의 안 들며 누구와도 설렘을 맛볼 수 있는 감정의 장치인 것이다.

그러나 비틀즈의 노래 「Something」에서 가장 많이 나오는 가사가 "I Don't know"라는 사실이 나타내듯이, 과연 그 사람이 썸남 썸녀인지 알기가 어렵고, 또 썸 타는 일의 시작과 끝이 알쏭달쏭한 경우가 대부분이며, 진행 자체가 흐지부지한 경우가 많다. 스노보드나 파도를 타는 것과 달리 썸 탄다는 것은 약간 부담스러운데, 그것은 결국 살아 있고 감정이 있는 다른 인간과 관계를 맺어가는 일이기 때문이다. 상대방 역시 계산과 흥정을 하고 있고, 이쪽을 애태우게 만들려는 약아빠진 주체이기에 일정하게는 감정과 시간을 소모해야만 하는 게임인 것이다.

썸 타는 풍습을 이용해서, 일방적으로만 연락을 해댄다거나, 돈 문제에서만 칼같이 남녀평등을 요구한다거나 스킨십 및 섹스 등에서 할 건 다 하자고 덤비는 못된 남자들도 없지 않다. 반면에 삼포세대 청년들 중에는 돈이 없어 정식으로 연애를 하지는 못하고 썸만 타는 안타까운 이도 많다. 그런가 하면, 남녀 모두 실연, 이별 등에서의 비용, 상처, 환멸에 대한 두려움 때문에 썸만 타고 말거나 아니면 동시다발적으로 여러 사람과 썸을 타기도 한다.

썸 타는 풍습을 계산과 흥정에 초점을 맞추어서 비판적으로 보는 사람들도 적지 않다. 또 기성세대 중 일부는 연애나 사랑에 몸을 던지기보다는 썸 타는 일에 더 몰두하는 젊은 세대를 비겁하다고 보기도 한다. 하지만, '계산하는 주체'의 등장이라는 것은 소위 신자유주의적 자본주의의 주요한 특징이라고 문화 연구자들은 설명한다. 연애나 섹스, 그리고 결혼 및 이혼의 모든 과정 자체가 계산과 흥정의 대상이 된 지는 꽤 오래되었다. 오히려, 썸 타는 것의 가장 큰 문제는 이게 주로 젊은 남녀들만을 중심으로 한 사회적 게임이라는 점에 있다. 중년 및 노년도 쉽고 편하고 안전하게 썸 탈 수 있는 사회가 좋은 사회다.

2015년 6월 22일

배신

배신이란 말은 원래 신의, 믿음, 의리, 약속 등을 저버리거나 이것들에 등 돌리는 행태를 가리키지만, 최근 한국의 정치 커뮤니케이션 상황에서는 봉건적 제왕 마인드의 정치 지도자가 하극상을 범한 아랫것을 정치적으로 주살하려고 할 때 일부러 골라 쓰는 말이다.

절차적 민주주의가 성취된 단계에서는, 정치적 배신자를 외국에서 실종시켜버리거나 혹은 수염을 뽑은 뒤 정계 은퇴를 시키는 일 따위를 드러내놓고 할 수는 없다. 대신 배신자에 대해서 소위 국민의 심판을 요구하게 된다. 특히 바로 그 정치 지도자가 선거의 왕 혹은 여왕일수록 이 말을 쓴 효과는 대단히 커서, 배신자로 찍힌 사람은 90도로 몸을 굽혀 거듭 사과를 올리지 않을 수 없다.

단테의 『신곡』에서 지옥은 거꾸로 선 원뿔형으로 되어 있는

데, 제일 아래층은 국가, 가족, 친구, 스승, 은인 등을 배신한 자들이 가는 곳이다. 여기에는 형제를 살해한 카인 등이 있는데 특히 밑바닥 가운데에서는 카이사르를 암살한 브루투스와 예수를 배신한 가룟 유다 등이 피를 철철 흘리며 사탄에게 물어뜯기고 있다.

조선 시대 붕당 정치의 틀에서는 '사문난적'이라는 정치적 규정이 적대 세력을 정치적으로 제거하는 데 악용되었다. 사문斯文이란 영어로 'this culture'쯤으로 직역될 수 있는데, 조선 시대에는 지배 이데올로기인 성리학을 가리켰다. '이 유교 질서를 어지럽히는 적'이라는 의미의 사문난적으로 몰려버린 사람들로는 시조로 유명한 윤선도나 실학자 박세당 등을 들 수 있다. 정치 권력을 장악한 특정 붕당은 정적을 사문난적으로 규정해버림으로써 그를 이념적 질서 자체를 배신한 자로 몰아갈 수 있었던 것이다. 원래 '사문'은 공자가 매우 위태로운 상황에서 "하늘은 이 문화를 없애려고 하지 않을 것"이라면서 자신이 죽거나 다칠 리 없다고 제자들 앞에서 장담할 때 썼던 표현이다.

배신당한 사람, 혹은 배신당했다고 착각하거나 상상하는 사람이 느끼는 격한 감정이 배신감인데, 배신감은 한국에서처럼 꼭 윗분만이 느끼는 감정은 아니다. 아랫사람도 배신감을 느낄 수 있다. 예수가 십자가에 못 박혀서 "엘리 엘리 라마 사박다니(나의 하나님, 나의 하나님 어찌하여 나를 버리셨나이까)"라고 크게 소리 지른 것도 일종의 배신감을 표현한 것이라고 해석된다. 물론, 잘 알려져 있다시피, 예수는 궁극적으로 "내 뜻대로 마옵시고 아버지 뜻대로 하소서"라는 입장이었다.

'배신'에서의 한자 배背의 본자는 북北이었다. 갑골문 형태를 보면 두 사람이 서로 등을 지고 있는 모습을 나타낸 글자가 바로 '북'이다. 이후 '북'이 방위를 뜻하게 되자 '서로 등을 진다'는 뜻의 새 글자를 만들 때 '북'에다가 몸의 뜻을 가진 형태소를 추가하여 '배' 자를 만들어내게 된 것이다. 서로 등을 지고 있는 모습의 의미는 '패배敗北'란 단어에도 남아 있다.

『사기 열전』에서 가장 극적인 배신의 드라마를 겪은 사람으로는 오자서를 들 수 있다. 오자서는 초나라 평왕의 태자 스승이던 아버지가 평왕에 의해 살해되자 오나라로 도망했다. 그는 오나라에서 왕의 종친을 섬겨 오왕 합려가 되게끔 한다. 나중에 초나라 수도를 함락시킨 오자서는 묘를 파헤치고 평왕의 시체를 300번이나 채찍질하여 원한을 풀었다.

오왕 합려가 월왕 구천과의 싸움에서 죽은 뒤 아들 부차가 후사를 잇게 되었는데, 다시 월나라와 싸워 대승하게 되었을 때 오자서는 구천을 죽일 것을 강력하게 주장했지만 부차는 그것을 받아들이지 않았고, 나중에 거꾸로 적의 모략에 빠져 오자서로 하여금 자결하라는 명령을 내린다. 오자서는 자신의 눈을 빼어 성문에 걸어두고, 월나라가 오나라를 멸망시키는 것을 보겠다는 저주를 남기고 죽는다. 결국 월왕 구천은 오나라를 멸망시킨다.

사마천은 「오자서 열전」을 끝맺으면서 "원망하는 일의 해독이 사람에게 끼치는 게 심하구나"라고 덧붙였다. 시체 채찍질을 다른 사람이 비난하자, 오자서는 "날은 저물고 길은 멀다日暮途遠"고 대꾸했다. 원한과 독기 때문에 망가진 요즘 한국 정치판을 간결하게 묘사할 때 쓸 수 있는 사자성어다.

2015년 7월 1일

먹방.

먹방은 '먹는 방송'의 줄임말로 요즘 한국 인터넷 실시간 개인 방송의 주된 장르 포맷이다. 다른 장르로는 겜방(게임 방송), 음방(음악 방송), 공방(공부 방송), 여캠(여성 진행자 방송) 등이 있다. 먹방은 소재의 공통점에 있어 지상파 및 케이블 방송의 쿡방과 맞꼭지각을 이루고, 시청자들의 세대차에 있어 종편 채널의 시사 프로와 엇각을 이룬다. 미국의 인터넷 실시간 개인 방송 '유스트림'에는 먹방 장르가 없다.

인터넷 개인 방송인을 BJ(브로드캐스팅 디제이)라고 하는데 먹방의 재미는 BJ가 요리하고 먹는 것을 보고 즐기는 데서뿐만 아니라 네티즌 시청자들이 실시간 대화창을 통해서 BJ나 다른 시청자들과 채팅을 하면서 장난하고 노는 데서 생겨난다. 그저 먹는 것과 먹방에 접속하는 것의 차이는 단지 노래를 듣는 것과 뮤직 비디오

를 보는 것 사이의 차이와 유사하다. 그런데, 먹방은 리얼리티 비디오 쇼가 스트리밍되는 것이어서 시청자들이 실시간으로 참여하고 즐기면서 상호작용하는 인터넷 게임의 성격도 갖는다.

먹방이 갖는 로컬한 특징은 일차적으로 한국의 음식 문화를 소재로 한다는 것이지만, 다른 한국적 특징들로는 인터넷 방송 플랫폼 전체를 통해서 마치 수능 성적 결과처럼 먹방들 사이의 순위가 매겨진다는 점, 또 네티즌 시청자들이 돈을 선물로 BJ에게 줄 수 있다는 점 등이 있다.

네티즌 시청자들은 한 개에 100원짜리인 이모티콘들을 사서 대화창에 선물로 남긴다. 십시일반의 원리를 티끌 모아 태산 수준으로 확장시킨 결과 매월 수천만 원을 버는 BJ들도 생겨났다. 한 번에 수십만 원에서 때로는 수백만 원까지를 선물하는 네티즌도 가끔은 있다. 외국의 유튜브 시청자들은 한국의 BJ들이 '처묵처묵'으로 돈 버는 것을 보고는 경악한다.

19세기 독일 철학자 루트비히 포이에르바흐는 "인간이란 그가 먹는 것이다"라고 말한 바 있다. 여기에 "금강산도 식후경"이라는 인류학적이고 에스닉한 습성까지 더해서 생각해보면, 한국에서 먹방이 유행하는 것은 지극히 당연한 일로 여겨진다. 그런데 요즘 한국의 사이버 공간에 이렇듯 엄청나게 시끌벅적한 먹자골목이 형성된 것은 무엇보다 많은 사람의 '외심증(외롭심심증)' 때문일 것이다. 사망률은 제로에 가깝지만 감염률은 거의 100퍼센트에 육박하는, 한국 사람들의 외심증을 먹방이 치료하고 있는 중이다. 포이에르바흐에 기대서 말한다면, 인간이란 바로 그가 접속하는 것이다.

나는 육식주의자, 그러니까 철저한 돼지터리언이지만 먹방은 보지 않는다. 먹방이 소위 푸드 포르노이기 때문은 결코 아니다. 내가 보기에 먹방 콘텐츠는 포르노라기보다는 하드코어 코미디에 가깝다. 단지, 먹는 것에 관한 한, 나는 '대리랭'이 싫은 것이다. 대리랭이란 게임에서 다른 사람에게 대신 플레이를 시킴으로써 랭크를 올리는 것을 가리킨다. 먹방 BJ들은 구어적이고 일상적인 친밀감과 재치 넘치는 예능감을 매일 밤 실시간으로 뽐낸다. 하지만, 그건 결국 먹는 것에 관한 노출증 및 관음증으로 이루어진 가벼운 스낵 콘텐츠에 불과하다. 먹방 콘텐츠라는 것이 어머니가 차려준 가정식 백반 자체, 아니면 한 걸음 양보해서, 자정 넘어서 꼭 끓여 먹어야 직성이 풀리는 라면 자체를 대신할 수는 없다. 게다가 내 세대는 이미 1960년대에 다큐멘터리 영화 「몬도카네」를 보며 즐긴 적이 있다.

지난 10년간 한국사회 트렌드는 '웰빙–정의–힐링–먹는 것'으로 흘러왔다. 조금 살 만해지니까 모든 사람이 웰빙에 몰리게 되었고, 웰빙에는 시간과 돈이 드는데 빈익빈 부익부는 더 심해지니 정의에 주목하게 되었고, 정의란 본디 근본적인 사회 변혁에 의해서만 가능하니까 피로사회에서 생긴 아픔과 상처를 치유하려고 했고, 힐링이 립 서비스에 불과하다는 걸 깨닫자 이제 '먹는 게 남는 거'라는 매우 익숙한 통찰로 되돌아온 것이다.

먹는 것 다음의 트렌드는 뭐냐고? 그야 당연히 뭔가 영적이고 종교적인 로맨스 혹은 우주 여행 등과 같은 것이 아닐 수 없다. "나 꿍꼬또 기싱꿍꼬또(나 꿈꿨어 귀신 꿈꿨어)"와 같은 유행어는 바로 그런 트렌드의 함축적이고도 예감적인 단서일 것이다.

2015년 7월 8일

합병

합병은 둘 이상의 단체, 조직, 나라 등을 하나로 합치는 것을 뜻한다. 나라들 간의 합병은 합방이라고 하고, 힘이 센 국가가 다른 약한 국가의 영토나 주민을 강제적으로 합치는 것에 초점을 맞출 때는 병합annexation이란 말을 쓰며, 합치는 일을 먹어 삼키는 일에 비유하는 단어로는 병탄倂呑이 있다. 1910년 일제가 한반도를 식민지로 만든 조약의 공식 이름이 바로 '한일병합조약'이다.

병倂이란 한자는 구조적으로 '인人+병竝'의 꼴을 하고 있고, 여기서 '병'은 두 개의 입立으로 구성되어 있다. 한편 '입'의 갑골문자는 '큰 사람大'이 땅 위에 서 있는 모습을 하고 있다. 그러니 병倂이란 글자에는 사람을 뜻하는 의미소가 세 개, 그리고 땅을 뜻하는 의미소가 두 개 들어가 있는 셈이다.

합병하다란 뜻의 영어 동사 'merge'는 라틴어 'mergere'로부터 나왔는데 이 라틴어 동사의 뜻은 '담그다, 적시다'라고 한다. 기업들 사이의 인수합병을 영어로는 M&A mergers and acquisitions 라고 하는데, 한자어와 영어 단어를 비교해볼 때 서로 순서가 바뀌어 있는 게 묘하다. 한국어 위키피디아의 설명에 의하면, 인수는 하나의 기업이 다른 기업의 경영권을 얻는 것이고, 합병은 둘 이상의 기업들이 하나의 기업으로 합쳐지는 것이라고 한다. 인수와 합병은 인지심리적으로든 법적으로든 서로 다른 개념임에 틀림없지만 실제로 행해지는바 인수와 합병 사이의 경계는 상당히 애매한 편이라고 할 수 있다.

2015년 제헌절에 중요한 투표가 있다. 삼성물산과 제일모직의 합병 승인에 관한 이 두 회사의 주주총회가 그것이다. 이번 합병은 이재용 삼성전자 부회장이 삼성 그룹 전체에 대해서 행사하는 경영권을 안정적으로 만드는 문제와 관련해 대단히 중요하다. 삼성물산은 갖고 있는 삼성전자 지분(4.1퍼센트)을 통해 삼성전자에 대해 직접 영향력을 행사할 수 있는 반면에 제일모직은 갖고 있는 삼성생명 지분(19.3퍼센트)을 통해서만 우회적으로, 그러니까 삼성생명이 가진 삼성전자 지분 7.6퍼센트를 통해서만 그럴 수 있었다. 바로 그런 구조적 한계가 이번 합병의 배경이다. 이번 합병은 제일모직이 신주를 발행해서 삼성물산 주주들에게 나눠주는 방식으로 이루어지는데 제일모직(옛 에버랜드)의 최대 주주는 이재용 부회장이다(23.9퍼센트).

합병에서 논란이 되는 것은 제일모직과 삼성물산의 합병 비율인데 그것은 1대 0.35다. 즉, 대략 제일모직 주식 하나와 삼성물산 주식 셋이 서로 맞교환되는 셈이다. 이 합병 비율은 현행법에 의거해서 적법하게 산출된 것이라고 삼성 그룹에서는 주장한다. 합병 결정 직전의 주가 시세에 의해서 그 비율이 결정되었다는 것이다. 반면, 세계 최고의 의결권 자문기관인 ISS에서는 1대 0.95의 합병 비율이 적당하다고 주장한다. 삼성물산의 자산 가치(소유한 주식 및 부동산 등을 합한 가치)가 제일모직의 자산 가치보다 대략 3배 정도 더 크다는 게 그 주장의 근거다.

얼마 전 국민연금은 이번 합병에 찬성한다는 입장을 밝혔다. 초보적 회계 계산에 의거한다면, 국민연금의 자산을 불리는 데는 ISS의 합병 비율 쪽이 훨씬 더 유리하다. 국민연금은 삼성물산(지분율 11.61퍼센트)과 제일모직(지분율 5.04퍼센트)의 주식 모두를 갖고 있다. 내 거친 계산에 의하면, 1:0.95의 비율은 1:0.35의 비율과 비교해서 최소한 대략 6천억 원 이상의 가상 자산을 국민연금에 안겨준다. 하지만 국민연금은 합병 무산이 야기할 수 있는 후유증을 피하기 위해서 이재용 부회장의 손을 들어준 것으로 보인다.

일제의 한반도 병탄과 관련해서, 일본 측은 한일병합조약이 합법이라고 주장해왔다. 반면 한국의 역사학자들은 그것이 합법적이지도 않았다고 반박해왔다. 병탄 형식의 합법성 여부에만 매달리는 것은 식민지 침략이라는 본질을 놓치게 되기 마련이다. 현재로서는, 삼성물산과 제일모직의 합병이 성사될 가능성이 커 보인다. 문제는 그다음부터다. 삼성 그룹은 기업 지배권의 사회적 정당성과 기업 경영의 사회적 책임을 가장 중요한 과제로 삼아야만 한다.

2015년 7월 15일

ㅋㅋㅋ

'ㅋㅋㅋ'는 상당히 오래전부터 쓰이던 말이다. 아마 처음에는 PC게임을 하면서 채팅을 하던 이들이 쓰기 시작했던 걸로 추정된다. 유행어라기에는 오래된 셈이지만 문자 메시지, 메신저, 전자 게시판 및 블로그의 글과 댓글, 이메일 등에서 지금도 여전히 폭넓게 쓰이고 있다.

한국어 화자들은 이 말이 '크크크'라는 웃음소리에서 초성만 따와서 줄인 말이라는 걸 직감적으로 안다. 미소, 실소, 냉소, 고소, 조소, 홍소, 파안대소, 폭소 등을 'ㅋㅋㅋ'로 다 처리할 수 있다. 한국어에는 웃음소리와 웃는 모습을 나타내는 의성어 및 의태어가 수십 개 있는데 'ㅋㅋㅋ'는 이 모든 것을 뜻하거나 가리키거나 대신하거나 함축한다. 일본에서는 'www'가 쓰인다고 알려져 있다. 웃을 '소笑(와라이)' 자를 로마자 모드에서 입력하면 w부터 시작하게 되므로 w가 '소' 자를 대신하게 되었다고 한다.

'ㅋㅋㅋ'는 'ㅋ' 한 개로부터 'ㅋㅋㅋㅋㅋㅋㅋㅋㅋㅋㅋㅋㅋㅋ' 하는 식으로 열 번 이상 한 줄 넘게까지도 쓸 때가 있다. 입력할 때 'ㅋ'의 개수를 정하는 일은 본디 스마트폰의 문자 입력 방식에 달린 것이기는 하지만, 그래도 어쨌거나 일정한 의미의 차이를 낳는다.

대개 'ㅋ'은 무심하게 동의하는 상황의 웃음을 뜻한다. '그래ㅋ' '좋네ㅋ' '응ㅋ'은 본격적인 웃음이라기보다는 그저 입꼬리가 매우 살짝 올라간 정도를 나타낸다는 느낌을 준다. 'ㅋ'만을 쓰면 '큭' 혹은 '킥'으로 해석될 수 있다. '머해?ㅋ' '그래서ㅋ' '미안ㅋ'에서 'ㅋ'은 상투적인 군말의 역할을 하는데, 그저 스페이스키 대신에 쓴 것 같다.

그에 비해 'ㅋㅋ'는 하나가 더 많지만 오히려 형식적이라는 느낌을 준다. 좋게 해석하면 '그렇군'의 뜻이고, 조금 나쁘게는 오고 가는 대화에 대해 의례적·기계적으로 추임새를 넣고 있다는 느낌을 받게 된다. 'ㅋㅋ'는 미혼 남녀들이 가장 싫어하는 성의 없는 메신저 말투로 꼽힌 적도 있다.

보통 많이 쓰는 'ㅋㅋㅋ'는 비교적 중립적이다. 나는 'ㅋㅋㅋ'를 칠 때 마치 초성, 중성, 종성을 다 입력해서 웃음소리를 나타낸다는 느낌을 받는다. 웃는 감정과 관련해서, 더도 덜도 말고 딱 그저, 사태나 말 등이 웃기다는 것을 표현한다는 뉘앙스를 갖는다.

따라서, 'ㅋㅋㅋㅋ'부터가 정말 웃기다는 반응을 나름 정성과 에너지를 들여서 표현하는 것이 된다. 네 개부터는 의미의 함축 정도나 정서의 강도가 거의 같다. 이런 점에서 'ㅋㅋㅋㅋ'는 실질적으로 웃기다는 것을 표현하는, 의미의 최솟값에 해당된다.

일본 용례도 한국과 비슷하다. 예를 들어 “ちょwwwおまwww”는 관례적으로 자주 쓰이는 표현인데, 직역하면 “이봐ㅋㅋㅋ너ㅋㅋㅋ”가 된다. “이봐, 너 지금 무슨 말을 하는 거냐”라고 말할 작정이었는데 그걸 제대로 표현할 수 없을 정도로 웃음이 터져 나오는 상황을 나타낸다고 한다.

벤저민 프랭클린은 “죽음과 세금 빼놓고 인생에서 확실한 것은 아무 것도 없다”고 말한 바 있다. 이렇듯 삭막한 삶을 사는 데 있어서 웃음과 유머가 일종의 약이라는 것은 동서고금을 막론하고 많은 사람이 얘기해왔으며, 오늘날 웃음이나 유머의 효능은 신경과학에서도 입증되고 있다. 한국어 ‘ㅋ’은 가장 빠르고도 효율적으로 웃음이나 유머를 전달하고 퍼뜨리는 매개체다.

‘^^’는 이미지가 먼저 떠오르고, 때로는 가식적이라는 느낌을 준다. ‘ㅎㅎ’는 귀여운 느낌, 때에 따라서는 여성스럽다는 느낌을 준다. 반면에 ‘ㅋㅋㅋ’는 편하게 웃음소리를 들려준다는 뉘앙스를 갖는다. 게다가 ‘ㅋㅋㅋ’는 침묵이나 공백의 상황을 대신 메꾸는 역할을 하기도 한다.

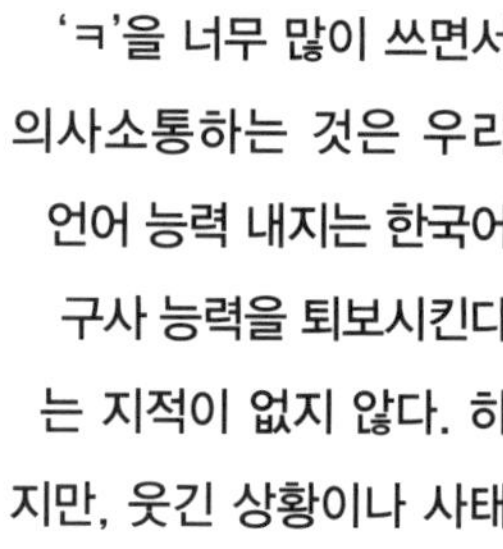

‘ㅋ’을 너무 많이 쓰면서 의사소통하는 것은 우리 언어 능력 내지는 한국어 구사 능력을 퇴보시킨다는 지적이 없지 않다. 하지만, 웃긴 상황이나 사태

에 대한 공감과 호응을 상대에게 전달하거나, 커뮤니케이션 상황 아래에 깔린 유머러스한 태도를 드러내는 데 'ㅋㅋㅋ'만큼 편하고 빠른 것도 없다. 예컨대, "국정원 직원들이 성명을ㅋㅋㅋ 쩌네ㅋ 아예 국회 앞에서 촛불시위를 하지?ㅋㅋㅋㅋ"라고 하면 된다.

2015년 7월 22일

번역

번역은 한 나라말을 다른 나라말로 옮기는 일을 뜻하는데, 요즘 한국에서는 박 대통령의 말을 이해하는 데 있어 필수 요소가 되었다. 박 대통령이 이상한 화법을 다채롭게 구사하다 보니 이렇게 된 것인데, 최근에는 트위터와 페이스북에 '박근혜 번역기'까지 등장했다.

박 대통령이 즐겨 구사하는 화법에는 유체이탈 화법, 로맨스 화법, 중언부언 화법, 지시어 남용 화법, 깨알 화법 등이 있다. 유체이탈 화법은 박 대통령 스스로 관련되어 있거나 책임을 져야 하는 사안에 있어 남의 일을 논평하듯이 하는 것이다. 유체이탈 화법은 이명박 대통령으로부터 물려받은 것이지만 나머지는 전적으로 화법의 '창조 경제'에 속한다.

로맨스 화법은 남이 하면 불륜이고 내가 하면 로맨스라는 발상의 화법인데, "도청이 없어졌다고 주장하려면 국민이 믿을 수 있도록 국정원이 스스로 증명해야 한다"고 이미 13년 전에 강조했다는 사례에서 잘 알 수 있다. 중언부언 화법은 짧게 한 줄로 해도 될 문장을 보통 원고지 한 매 이상 질질 끌며 이어가는 것을 가리킨다. 지시어란 '이것, 이 만큼, 이렇게, 그것, 저런, 어떤' 등과 같이, 말하는 맥락에서 무엇인가를 직접 가리키는 단어들을 뜻하는데, 보통은 유아들이 자주 사용한다. 깨알 화법은 수첩에 얼굴을 파묻고 읽어나가면서 깨알 같은 지시와 주문을 길게 쏟아내는 화법이다.

잘 알려져 있다시피 동북아시아의 근대화에는 번역이 큰 역할을 했다. 그 이전까지 없던 문물과 제도를 들여오기 전에 먼저 그것들을 가리키거나 뜻하는 말이나 개념들을 번역해내야 했다. 예컨대 사회와 회사, 권리와 이권 등이 그러한데, 이 말들에 상응하는 유럽어를 번역하는 과정에서 동일한 한자어 음절을 서로 자리만 바꿈으로써 전혀 다른 뜻의 개념적 표현들을 만들어낸 것이다. 하마터면, "인간은 회사적 동물이다" "표현의 자유는 기본적 이권이다"가 될 뻔했던 것이다.

정치나 행정 같은 말들도 번역어다. 중국의 아편전쟁 직후 서구의 삼권분립 제도를 소개하는 문헌에서 입법, 사법, 행법行法이라는 말이 쓰였다. 그러다가 행법과 행정이 더불어 쓰이던 시기를 거쳐 최종적으로 행정이란 말이 자리 잡게 된 것이다. 행정이란 말 자체는 『맹자』에도 나오고 『사기』에도 나오는 표현이었는데 'administration'의 번역어로 채택되었다. 고대 중국에서 '행정'은 정무를 행하는 것을 아주 특수한 경우에 한하여 의미했는데 단일한 어휘는 아니었고, 명사로 쓰이지도 않았다.

'정치'는 『주례』 및 『한서』에 나오는 표현이었는데 이 역시 근대적 의미의 정치를 뜻하는 것은 아니었고, 기본적으로는 아랫것들을 교화시킨다는 취지였다. 초기에는 'politics'의 번역어로 정사政事라는 말이 쓰이다가 나중에 '정치'로 바뀌었다.

번역어는 아니지만 1960~1970년대까지 한국 신문의 정치면과 사회면에 가끔 등장하던 말로 민도民度라는 게 있다. 이 말은 1870년대 무렵부터 쓰이기 시작했던 일본식 근대 한자어다. 민도라는 말은 아직 국민, 시민 등의 생활 수준 및 정치·문화 수준이 낮았던 시절에 만들어진 말이며, 위로부터의 권위주의적 근대화와 관련이 있는 식산, 흥업, 육성, 계도 등과 같은 어휘에 속한다고 볼 수 있다.

박 대통령의 이상한 화법은 책임 정치나 행정 책임과 같은, 근대적 원리를 무시하거나 거부하려는 데서 불가피하게 생겨난 것으로 보인다. 박 대통령의 말을 번역하려는 시도는 정치적 풍자 내지는 조롱의 의미를 갖는다. 하지만, 이상한 화법을 구사하면서 정치적 책임을 회피하는 대통령을 뽑은 이는 바로 다름 아닌 우리 자신이다.

주권재민 및 삼권분립의 원리, 그리고 정치적·행정적 책임 원리에 관한 현실 수준으로만 따진다면, 우리의 민도가 여전히 19세기 수준이라고 해도 아주 틀린 말은 아닌 셈이다. "번역은 반역이다"라는 말은 원래 이탈리아어 "Traduttore, traditore(번역자, 반역자)"를 번역한 것이다. 발음되는 소리로도 매우 멋들어진 격언이고, 번역이다. 그런데, 지금 우리 정치 상황은 번역과 반역 중에서 딱 하나만을 골라야 하는 지경에 이르렀다.

2015년 7월 29일

수포자

수포자는 '수학 포기자'의 준말인데, 수포자가 양산되는 가장 직접적인 이유는 대학 입시에 있다. 상위권 대학은 높은 수학 성적을 요구한다. 수학 말고 다른 분야에서 뛰어난 능력과 잠재력을 갖고 있다고 하더라도 수학 성적이 나쁘면 일류 대학에 들어갈 수 없다.

그런데 한국의 입시 수학 문제들은 유제라고 하는 비슷한 종류의 많은 문제를 거듭해서 풀면서 유제에 따른 풀이 패턴을 다소간에 기계적으로 외워두어야만 시험에서 정답을 낼 수 있다. 유제 풀이를 통한 기계적 기억 및 지식에 의존하는 공부 방식은 삶과 사회의 갖가지 문제를 수학적 모델과 방법을 통해서 해결하려고 노력해본다든가 수학적 문제 해결에서 창의성을 발휘한다든가 하는 것과는 거리가 매우 멀다.

한국에서 수학은 국어나 영어와는 달리 한번 끈을 놓으면 다시 회복하기 어려운 지식 구조를 갖는다. 이는 한국의 수학 교육과정 자체가 전구의 필라멘트처럼 구성되어 있는 것과도 관계가 깊다. 핀란드에서는 피타고라스의 정리를 중학교부터 4개 학년에 걸쳐 개념과 연산, 응용을 단계별로 차근차근 배우지만, 우리나라는 중학교 과정에서 단 몇 시간 만에 끝낸다고 한다.

이런 상황에서 거의 모든 부모는 아이의 수학을 가르칠 수 없다. 학생들은 초등학교 때부터 10년 이상 계속해서, 학원과 과외를 통해 학습과 훈련을 받지 않으면 어느 시점에서는 반드시 탈락해버리게끔 되어 있다. 부모가 도와줄 수 없는 수준과 내용을 중등과정 이하에, 특히 초등과정에 배치하는 것은 아주 잘못된 일이지만, 어쨌든 학부모들로서는 결국 사교육에 의존할 수밖에 없다.

국어 등은 한번 뒤처져도 어떤 식으로든 처리하거나 만회할 수가 있는데, 이런 구조에서 수학은 따라잡기가 거의 불가능하다. 또, 입시에서 수학의 비중과 수학 성적에 따른 변별력이 매우 큰 만큼, 수포자 및 수포자 부모의 심리적 압박감이나 좌절감도 엄청나게 크다. 이에 따른 개인적·사회적 기회비용도 실로 막대하다.

최근 수학 학습 분량을 줄이도록 하겠다는 당국의 발표가 있었다. 바람직한 듯 여겨지지만 실상 올바른 문제 해결이 아니다. 어차피 그렇다고 해도 입시 산업 쪽에서는 나름대로 대응을 해나갈 것이기 때문이다. 분량이 줄어든다고 하더라도, 수능 시험의 문제들은 더 나쁜 방향으로 더 꼬인 채 출제될 게 분명하다. 여전히 사교육은 번창할 것이다. 수십 년에 걸친 경험에 의하면 이는 불보듯 뻔한 일이다.

"수포자는 대포자요, 영포자는 인포자다"라는 말이 있다. 여기서 나머지 준말들은 대학 포기, 영어 포기, 인생 포기를 뜻한다. 그렇다면 실은 영어 포기가 더 두려운 건데 요즘 들어 영포자에 비해서 수포자가 특히 더 문제가 되는 건 왜일까. 영어 공부에 관해서는 한국사회 전체가 그게 결국은 계급적인 문제라는 걸 이미 받아들이고 체념해버린 반면 수학에 관해서는 딱히 그런 건 아니라고 착각하면서 아직 미련을 갖고 있기 때문이 아닐까.

결국 문제는 이렇다. 학교 교실에서 선생들이 학생 개개인에 대해서 일대일 내지는 소수로 유연하게, 그러니까 재미있고도 즐겁게 수학을 가르칠 수 있는 사회를 만들어낼 수 있는가 하는 게 관건이다. 또 이렇게 공부해나간다고 하더라도 좋은 대학에 들어갈 수 있는가 하는 게 관건이다. 그리고 설령 좋은 대학을 나오지 않더라도, 심지어는 고등학교만 졸업했더라도, 사회적·경제적·문화적으로 차별을 받지 않는 사회 구조를 만들어낼 수 있는가 하는 게 관건이다.

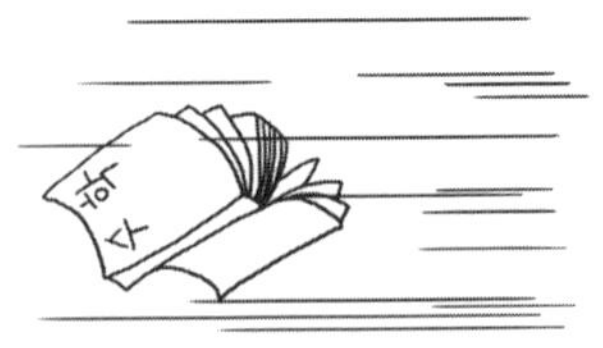

수학은 그 자체로 매력적이다. 답을 보지 않고 자기 힘으로 수학 문제를 풀었을 때의 성취감은 말로 표현할 수 없다. 신경과학적으로 말한다면, 바로 그때 뇌 안에서 분비되는 마약 성분이 우리로 하여금 계속해서 다른 수학 문제를 풀어가도록 만든다. 논리적 사고 훈련이라는 것은 그 뒤에 단지 덤으로 주어질 뿐이다.

나는 수학 학습량을 줄이는 방식의 문제 해결에는 부정적이다. 수포자 문제는 결국 정치적인 문제고 계급적인 문제다. 문제의 본질을 제대로 인정한 다음에라야, 우리는 문제 해결에 관한 진지한 사회적 토론을 본격적으로 시작할 수 있을 것이다.

2015년 8월 5일

비례

몇 년 전 일본에서 크게 흥행한 드라마 「한자와 나오키」는 평균 시청률 28.7퍼센트, 최종회 시청률 42.2퍼센트를 달성했다. 주인공이 입버릇처럼 던지는 대사 "당하면 되갚는다, 배로 되갚는다!"가 20년에 걸친 포스트-버블 시대 일본 서민의 상황과 심정을 대변했기 때문일 것이다.

배로 갚는 것은 당한 만큼만 갚는 것에 비해 일종의 징벌적 손해배상이라고 할 수 있다. 미국 등에서 법으로 시행하고 있는 징벌적 손해배상은 "눈에는 눈"이라는 소박한 원리에 비하면 가혹하달 수 있지만 대개 나름의 일정한 비례 원칙에 따라 운용된다.

경제정의실천시민연합에 의하면 이명박 정권이 '사자방'(4대강·자원 외교·방위 산업) 비리로 낭비한 혈세가 무려 100조 원이라고 한다. 박근혜 대통령은 당선 직후 대기업의 불공정거래에 대한 징벌적 손해배상 제도와 관련해 "최대 10배까지 배상액을 확대하겠다"고 공언한 바 있다. 박 대통령의 비례 원리를 이명박 정권에 적용하면 무려 1000조 원이나 되는 셈이다.

비례比例란 'proportion'의 번역어다. 근대 이전까지 한자어 '비례'는 주로 예를 들어 비교한다는 의미로 쓰였다. 영어 단어 'proportion'은 'portion(부분, 몫)' 앞에 접두사 'pro'(여기서는 'for'의 뜻)가 붙은 것인데, 크기, 양, 정도 등에 있어 한 부분이 다른 더 큰 부분이나 전체에 대해서 갖는 올바른 관계란 의미로 14세기 후반부터 쓰이기 시작했다.

비比의 갑골문 형태는 두 사람이 같은 방향을 향하고 있는 모습이다. 고대 중국 시가집 『시경』의 주요 레토릭으로서 비比는 노래하고자 하는 대상과 유사한 것을 다뤄 비유하는 수법을 가리켰고, 반면 흥興은 연애나 풍자 등을 노래하기에 앞서 먼저 다른 사물로써 감흥을 일으키는 수법이었다.

유럽에서 수학적 비례를 집중적·본격적으로 다룬 최초의 저작은 유클리드의 『기하학 원론』이다. 우리가 초등학교 때부터 지겹도록 배웠던, 수의 비율이나 도형의 닮은꼴, 비례식의 원리는 다 여기서 나왔다고 할 수 있다. 고대 중국의 수학책 『구장산술九章算術』도 비례를 다루기는 하지만 이 책 자체는 일종의 문제집이어서 유클리드처럼 비례 원리 자체를 추상적·일반적으로 다루지는 않는다. 다만, 이 책의 많은 문제가 "그 몇이냐幾何?"로 끝난다는 점이 기하학이란 번역어와 관련해 매우 흥미롭다.

'proportion'은 비례라는 뜻 외에 비율이란 뜻도 갖는데, 비율을 뜻하는 다른 말로는 'ratio'가 있다. 'ratio'는 그 형태에서 바로 알 수 있듯이 이성적인rational과 어원이 같다. 비율이나 비례에 맞는 게 합리적이란 취지다. 이쯤 되면, 미리 정해진 몫에 따라 할당해서 나눠주는 게 바로 군대 배급품인 '레이션'이라는 정도는 쉽게 이해될 것이다.

라틴어 'ratio'는 그리스어 로고스logos의 번역어로 쓰였는데 고대 그리스 사람들은 전체와의 조화 및 이 조화의 근간이 되는 비례에 기대서 이성적이면서 동시에 미적인 것을 추구했다. 비례나 비율과 관련해서, 두 정수로 이루어진 비 내지는 분수로 나타낼 수 있는 실수가 바로 유리수다. 반면에 'irrational'은 정수들의 비로 나타낼 수 없는 것들을 가리켰는데, 무리수가 아닌 무비수라고 번역했더라면 약분이나 통분을 더 쉽게 익혔을 수도 있다.

비比에 재방변을 붙이면 비批가 된다. 오늘날에는 비판하다, 비평하다의 의미지만 애당초에는 손으로 친다는 뜻이었다. 소선구제에서는 낮은 지지율의 당선자가 모든 것을 독식함으로써 다른 정당의 정치적 몫을 횡탈해버린다. 비례대표제는 주권자인 국민들의 정치 의사를 제대로 대변하고, 이에 비례하는 권력 구조를 만들어내기 위해 꼭 확대돼야 할 제도다.

한국의 선거법과 선거제도는 그 실제 효력에 있어 헌법보다 영향력이 더 크다. 새누리당이 기득권 때문에 비례대표제를 끈질기게 반대하고 있다면, 어원에 따라서 주먹에 의한 비판을 가해야 마땅하다. 한국의 정치 현실은, 중국의 위대한 소설가 루쉰의 말대로, 아직 페어플레이가 초기적 수준이다. 루쉰은, 미친 개는 몽둥

이로 때려잡아야 한다고 했다.

2015년 8월 12일

주어.

영화 「암살」이 천만 관객을 달성하기 하루 전날 아베 신조 일본 수상은 담화를 발표했다. 이 담화는 '각의 결정'을 거친 다음에 낭독된 것이었는데, 일본에서는 법률안, 국회 제출안 등이 각의를 거치므로, 아베 담화는 아베 개인의 것이 아닌 일본 행정부의 공식적인 의사 결정에 속한다.

아베 담화의 가장 현저한 특징은 식민지 지배, 침략, 사과, 반성 등을 언급하면서도 이를 직접적으로 말하기보다 인용과 간접 표현의 틀에 담아서 마치 남의 일처럼 말했다는 점이다. 아베는 "우리나라는 과거 전쟁에서 한 일에 대해 반복해서 통절한 반성과 마음으로부터의 사과 기분을 표명해 왔다"고 한다.

이번에 아베는 식민지 지배와 침략을 직접 인정하지도 않았고 사과와 반성을 하지도 않았다. 2013년 국회에서 아베는 "침략의 정의는 정해져 있지 않다"고 발언한 바가 있는데, 이번 담화 낭독 뒤 기자회견에서도 "구체적으로 어떤 행위가 침략에 해당되는지 여부에 대해서는 역사가의 논의에 맡겨야 한다고 생각하고 있다"고 다시금 밝혔다.

그런데 더 심각한 문제는 아베 스스로 바로 그 역사가의 역할까지 떠맡고 나섰다는 점이다. 아베의 역사적 설명을 요약한다면, 대공황 전까지는 일본도 국제적 반전 움직임에 보조를 맞추려고 했지만, 대공황으로 인한 경제 블록화 때문에 일본의 고립이 심해지고 막다른 골목에 몰리자 군사력에 의존하게 되었고, 일본 국내 정치 시스템이 이를 막지 못해 전쟁의 길로 나가서 패전했다는 것이다. 그리고 지금은 중국이 바로 과거의 일본처럼 국제질서에 대한 '도전자'가 되고 있다는 것이다.

이것은 파렴치한 역사 수정주의적 인식이자 발언이다. 이런 발언은 대공황 이전에 벌어진, 청일전쟁 및 러일전쟁, 타이완 및 한반도의 식민지 침탈 등과 같은 역사적 사실을 무시하는 처사이며, 일본이 전쟁으로 치달은 원인을 전혀 엉뚱한 데로 돌림으로써 일본 제국주의의 침략적 본질을 희석시킨다. 특히 한반도를 식민지로 먹어 삼킴과 동시에 만주에서의 정치-군사적 지배권을 탈취하기 위해 벌인 러일전쟁에 관해서 "식민지 지배에 있던 아시아와 아프리카의 많은 사람을 고무시켰다"는 표현은 가소롭기 그지없다.

결국 아베가 담화에서 말하고자 했던 핵심은 이렇다. 일본 역대 내각이 이미 반복해서 "통절한 반성과 마음으로부터의 사과 기분을 표명해 왔"으므로, 이제 일본 인구의 80퍼센트 이상을 차지하는 전후 세대는 사과하지 않아도 된다는 것이다. 참고로, 고이즈미 준이치로 전 수상은 1942년생이고, 아베는 1954년생이다.

이러한 아베의 역사 인식은 레토릭의 차원에서 불가피하게 주어의 결여로 나타난다. 식민지 침탈 및 반성과 사과의 책임 주체를 문법적으로 표시하는 일인칭 단수 주어가 이번 아베 담화에서는 단 한 번도 나타나지 않은 것이다. 이는 2005년 당시 수상 고이즈미의 담화가 "나는"으로 시작했고, 또 분명히 "식민지 지배와 침략을 통해 많은 나라, 특히 아시아 여러 나라의 사람들에게 막대한 손해와 고통을 주었습니다"라고 밝힌 것과 대조된다. 무라야마 담화나 고이즈미 담화에도 흡족해할 수 없었던 우리는 일본의 제국주의 침탈을 무시하는 아베의 역사 인식과 발언에 분통이 터지지 않을 수 없다.

일본 관용어에 "분하면 강해져라"가 있다. 그런데 정작 우리는 여전히 약하다. 17대 대선 당시 이명박 후보의 BBK 연루를 입증하는 동영상이 나왔을 때, 나경원 의원은 "주어가 없다"는 말도 안 되는 논리로 '실드'를 쳤다. 하지만 국민은 전과 14범의 후보를 대통령으로 뽑았다. 그러니 아베의 주어 없음과 무책임함을 탓할 수 없다.

또한 세월호 사건 등 많은 정치적 실패와 과오에 대해서 박근혜 대통령은 제대로 책임지는 모습을 단 한 번도 보여주지 않았다. 자국의 정치 지도자에 대해서도 책임을 묻지 못하는 국민이 외국 정치인, 그것도 역사가 노릇까지 자처하는, 소위 전후 세대 정치인을 향해 진정한 사과를 요구할 수는 없는 노릇이다. 또 아베가 이번 담화에서 쓴 주어 없는 화법, 즉 유체이탈 화법에 대해서도 마찬가지다. 이 화법은 한국의 지도자도 늘 즐겨 쓰기 때문이다.

2015년 8월 19일

혼밥

혼밥은 '혼자 밥 먹기' 혹은 '혼자 먹는 밥'의 준말이다. 몇 년 전 걸 그룹 시스타의 「나 혼자」에서 "나 혼자 밥을 먹고 / 나 혼자 영화를 보고 / 나 혼자 노래하고"라고 쓰일 때까지만 해도 혼밥은 사회적으로 주목받는 독특한 문화 현상이 아니었다. 그 노래의 초점은 이별의 아픔이었던 것이다. 요즘에는 혼밥을 즐기는 혼밥족이 증가하고 있다는 보도가 자주 나오며 혼밥 레벨 목록도 인터넷에 올라와 있다. 레벨 1은 편의점이고 8은 호텔 레스토랑 및 한정식집이다.

혼밥에는 크게 세 가지 유형이 있다. 하나는 원룸 등에서의 일인생활이 많아지면서 어쩔 수 없이 혼자 밥을 먹는 경우다. 이때 공중파 TV의 쿡방이나 인터넷 방송의 먹방이 하는 역할은 혼자 먹는 게 아니라는 거짓된 느낌을 불어넣어주는 것이다. 여럿이 먹을 때와 혼자 먹을 때의 결정적 차이는 대화의 있고 없음인데, 방송 출연자들은 혼자 먹는 우리에게 말을 걸어준다. 일인생활 유형에 속하는 혼밥 고수들은 고깃집이나 패밀리 레스토랑을 즐겨 이용한다.

다른 하나는 신자유주의 경쟁 시스템이 강요한 혼밥이다. 대학생 및 취업 준비생들은 학점을 따고, 스펙을 쌓고, 시험 준비를 하고, 또 그러면서 알바를 하기 위해 혼자 바삐 움직여야 한다. 신자유주의 경쟁 시스템 안에서 쫓기듯이 움직여야 하는 사람들은 어쩔 수 없이 혼밥을 한다. 이 유형의 사람들 다수는 혼밥의 자유로움, 혼밥의 편리함 등을 내세우면서도 혼밥의 고독을 '혼술'로 감당해간다.

마지막 유형은 소속 집단에 친구가 없기 때문에 혼밥을 하는 경우다. 일본에는 점심 먹을 친구가 없는 사람들이 처한 상황적 곤경과 심리적 고립감을 가리키는 말로 '런치 메이토 증후군ランチメイト症候群'이라는 단어가 있을 정도다. 이 유형의 사람은 혼밥을 하는 모습을 다른 사람들에게 보일까 두려워 화장실에서 김밥이나 빵을 먹기도 하는데, 이미 일본에서는 몇 년 전부터 '변소밥'이 사회문제가 되었고, 이제는 한국에서도 나타나고 있다.

혼자 밥 먹는 게 과거에 전혀 없었던 것은 아니다. 혼자서 여행, 출장, 영업, 외출 등을 하게 되면 자연스레 그렇게 하게 된다. 하지만 그것은 혼밥이 아니다. 돌이켜보면, 한국사회에서는 끼니를 때우는 것 자체가 엄청나게 어려운 일이었기 때문에 "진지 드셨습니까?"라든가 "언제 밥이나 하자"가 인사말을 대신해온 게 우리

실정이었다. 동시에 또 낡은 파쇼적 집단주의가 우리의 행동과 무의식을 지배하고 있기 때문에 예컨대 회식에 빠지면 절대로 안 되는 게 우리의 조직 문화다. 이런 상황에서 혼밥이란 '왕따'를 의미하는 것이 아닐 수 없었다. 특히 여자가 혼밥을 하고 있으면 대부분 사람들은 이상하게 보기 마련이었다.

얼마 전까지만 해도 일본에 처음 여행을 다녀온 사람들이 이구동성으로 지적하는 현상이 일본의 독특한 혼밥 문화였는데, 이제는 한국에서도 혼밥 문화가 확산되기에 이르렀다. 여기에는 혼자 커피 마시는 풍속이 적지 않은 역할을 한 것으로 보인다. 노트북을 펼쳐놓고 혼자 앉아 있으면서 타인의 시선을 견디는 훈련을 해온 것이다. 아직 한국에서 혼밥을 하려면 타인의 시선을 어느 정도 견뎌내야만 한다는 점을 염두에 둘 때 그 훈련의 의미는 작지 않다. 다만, 중요한 점은 만화 『고독한 미식가』에서처럼 혼자서라도 맛있고 영양가 많은 음식을 골라 천천히 음미하고 꼭꼭 씹어가며 먹어야 한다는 것이다.

혼밥을 일본에서는 '봇치메시ボッチ飯(외톨밥)'라고 한다. '혼자'란 단어의 중세 국어 형태는 「용비어천가」에 나오는 'ㅎ·ㅸ·ㅿㅏ'로 추정된다. 순경음 비읍이 탈락하고 반치음이 지읒으로 바뀐 다음 니은이 추가된 게 아닐까 짐작된다. 학교 문법으로만 따지자면 혼밥이 아니라 혼잣밥이 맞을 것이다.

혼밥은 한편으로 더 잽싸고 가벼운 느낌을 주며, 또 한편으로는 혼식, 독상, 독식 등 관련된 다른 단어들과도 의미심장한 차이를 띤다. 그 밖에 홀밥이라고 했으면 더 처량할 뻔했다. 혼밥 레벨을 열심히 쌓아가다 보면 혼크(혼자 크리스마스)도 고독사도 두렵지 않을 듯하다. 생일날 혼자서 꿋꿋하게 "해피 버스데이 투 미~"할 수도 있다. 아담도 이브가 생기기 전까지는 혼밥을 했다.

2015년 8월 26일

유감.

남한은 '아버지의 이름'으로 통치되고 북한은 '할아버지의 이름'으로 통치된다. 2015년 8월 타결된 남북 고위급 회담은 박근혜 대통령과 김정은 제1국방위원장이 CCTV를 통해 실시간으로 그 내용을 실시간으로 듣고 보고 지시했다고 한다.

합의문의 제2항은 이렇다. "북측은 최근 군사분계선 비무장지대 남측 지역에서 발생한 지뢰 폭발로 남측 군인들이 부상을 당한 것에 대하여 유감을 표명했다." 주요 외신에서는 '유감을 표명했다'는 말을 "North Korea expressed regret"이라고 번역했다.

북한의 유감 표명은 2002년 서해교전 이후에도 있었다. 당시 보수 언론들은 북한의 유감 표명에 대해 사과라고 볼 수 없다고 강력하게 항의하는 칼럼들을 실었다. 그때 대통령은 김대중. 이번의 유감 표명에 대해 보수 언론들은 어정쩡한 자세를 보였다. 유감스럽겠지만 유감을 표명하지는 않은 것이다.

'유감'에서 유遺란 한자어는 고대로부터 '잃다, 버리다, 남기다' 등을 뜻해왔다. 이 뜻은 오늘날 각기 유실물, 유기견, 유산 등의 낱말에 들어가 있다. 감憾은 섭섭함, 서운함, 근심, 원망, 원한 등의 감정을 나타내는 말이다. 이미 마음 심心 자가 들어가 있는 느낄 감感에 마음을 뜻하는 심방변忄이 다시 추가된 글자다.

중국 고대 문헌에서 유감이라는 단어의 전거를 찾아보면, 두보의 시가 나온다. 어느 벼슬아치에게 준 시에서 두보는 그의 시 솜씨를 칭찬한다. 여기에 "호발무유감, 파란독노성毫髮無遺憾, 波瀾獨老成"이란 구절에 있는데, 의역하면, "조금도 미흡함이나 아쉬움이 없고, 문장의 기복이 홀로 힘 있고 노련하다"가 된다.

영어 'regret'은 "과거에 했던, 혹은 하지 못했던 어떤 것으로 인해서 마음에 생기는 아픔이나 괴로움"을 가리키는 뜻으로, 16세기부터 쓰이기 시작했다고 한다. 오늘날에는 보통 말하는 이가 어떤 일에 대해서 유감스럽게, 그러니까 애석하게 또는 안타깝게 생각하고 있다는 것을 듣는 이에게 정중하게 나타낼 때 쓰인다.

냉정하게 보자면 'regret'이든 '유감'이든 간에, 그저 과거에 어떤 일이 있었고, 그리고 그것으로 인해 지금 화자에게 네거티브한 느낌이 있다는 것을 표현할 따름이다. 과거에 나쁜 일이 있었지만, 그게 화자의 책임이라는 것을 명시하지 않고서도 말하는 게 가능한 것이다.

인간이 하는 일 가운데 정치 및 외교는 본디 말의 기예에 속하므로, 이들 분야에서는 말을 노골적으로 혹은 거칠게 쓰는 것을 기피한다. 노코멘트에서부터 NCND Neither Confirm Nor Deny(시인도 부인도 하지 않음), non-denial denial(부인 아닌 부인), non-apology apology(사과 아닌 사과) 등 여러 단계와 종류의 발화 테크닉이 정치-외교 분야에서 쓰인다.

남한에서의 핵무기 존재에 관해서 미국이 전통적으로 채택하고 있는 게 NCND고, “나는 르윈스키 씨와 성관계를 갖지는 않았다”는 빌 클린턴의 말이 non-denial denial이며, 지난번 광복절 때 일본 수상 아베가 했던 것과 이번 합의문에서 북한 측이 한 것이 non-apology apology에 속한다.

사과 아닌 사과를 하기 위해서는 상당한 레토릭이 필요하다. 일본의 히로히토 ‘천황’이 1990년 노태우 대통령의 방일 때 사용했던 ‘통석의 염’이 바로 그러한 예다. 그보다 훨씬 오래전에 이미 ‘유감’이라는 말을 썼으므로, 과거에 대해 얼버무리면서도 좀더 애석하다는 느낌을 전달하기 위해서 일본의 관리들이 상당히 고심해 가며 찾아낸 말일 것이다.

북한의 유감 표명을 두고 박근혜 정부는 이것을 성과라고 자평하는 분위기다. 뒤집어보면, 김정은 위원장도 남한의 확성기 방송 중단을 체제 안에서 성과로 선전하고 있을 게 틀림없다.

나는 평소에 남북한 체제 모두를 비판적으로 보는 정치적 입장이었지만, 이번 회담 성과는 ‘통 크게’ 좋게 받아들이고 싶다. “내 거인 듯 내 거 아닌 내 거 같은 너~ / 네 거인 듯 네 거 아닌 네 거 같은 나~.” 남북한은 이제 막 정치적으로 ‘썸’을 타기 시작한 것인지도 모른다.

2015년 9월 2일

뇌섹남

"아름다움은 피부 깊이일 따름이다"라는 영국 격언이 있다. 외모 혹은 미모란 결국 피상적이고 일시적이라는 뜻이다. 널리 퍼진 일화 중에 조지 버나드 쇼와 이사도라 덩컨 사이의 대화가 있다. 덩컨이 쇼에게 애를 만들자면서 "내 얼굴과 당신의 머리를 물려받은 아이" 운운하자 쇼가 "아니오. 내 얼굴과 당신의 머리를 물려받은 아이가 나올 수도 있겠지요"라고 대꾸했다는 것이다. 밝혀진 바에 의하면 덩컨이 그런 제안을 했다는 전거는 없다고 한다.

하지만 현실에서 그런 격언이나 일화는 통하지 않는다. 유치원에서부터 선생님들이 사람을 외모로 판단하지 말라거나 외모가 중요한 게 아니라고 거듭 가르쳐왔지만, 우리 대부분은 결코 그렇지 않다는 걸 체험적으로 잘 깨닫고 있다. 일본 인기 걸그룹

AKB48은 히트곡 「사랑하는 포춘 쿠키」에서 이러한 평범한 통찰을 노래한다. "성격 좋은 애가 좋다고 남자는 말하지만 겉모습이 어드밴티지" 통찰력이 뛰어난 한국 젊은 여성들은 패션, 화장, 성형에서 세계 최고 수준의 소비 성향과 미적 감성을 보여준다.

이렇듯 상반되는 상황들을 놓고 보자면, 뇌가 섹시한 남자를 뜻하는 뇌섹남이란 단어는 마치 정-반-합의 변증법적 총괄로 보인다. 레토릭한 차원에서 뇌섹남은 'oxymoron'에 속한다고 볼 수 있다. 모순 어법, 형용 모순, 당착 어법 등으로 번역되는 oxymoron의 대표적 사례는 사이먼 앤 가펑클의 노래 「Sound of Silence」(침묵의 소리)라든가, 이순신 장군의 명언 "죽고자 하면 살고, 살고자 하면 죽는다" 등이다. 그 밖에도 사례는 많다. 달콤한 슬픔, 작은 거인, 무지의 지, 리빙 데드, 동그란 네모, 급할수록 돌아가라, 지는 게 이기는 거다 등.

한편 뇌섹남의 구체적인 특징이 무엇인가는 선명하지 않다. TV 등에서 뇌섹남이라고 하는 이는 연예인 중에서 지적 능력이 뛰어난 사람도 있고, 지식인 중에서 예능감이 뛰어난 사람도 있는데, 문제는 여기서 말하는 지적 능력이라는 게 주로 외국 유명 대학 졸업장 등과 같은 겉으로 드러난 스펙이거나 어려운 수학 문제를 술술 푸는 '학교 공부 머리'이거나 외국어 구사 능력 등이라는 점이다. 그렇다면 뇌섹남이란 그저 '연예인+엄친아'를 뜻한다는 얘기인가.

일부 언론 보도에서 강조하는 뇌섹남의 특징 중 하나는 합리적으로 설득하는 능력이다. 좀더 극단적으로 비틀어 말한다면, 지적으로 들리게끔 말하는 능력이라고 할 수 있을텐데, 그래서인지는 몰라도 인터넷에는 뇌섹남처럼 말하는 테크닉 내지는 팁을 정리해놓은 게 떠다니고 있기도 하고 이런 소재로 책도 출판되어 있다. 또, 뇌섹남의 다른 특징으로 제시되는 것이 유머 감각과 배려하는 태도다. 이런 모든 것을 감안한다면, 뇌섹남은 결국 슈퍼맨이란 얘기가 되는데 아무나 뇌섹남이 될 수는 없다. 뇌섹남이란 말은 단지 텅 빈 기표에 그치는 것인지도 모르겠다.

최근 십 몇 년간의 추세를 보면, 뇌섹남은 서로 다른 세 계열의 남성 인간형 사이의 견제와 균형에서 나온 것 같다. 하나는 몸짱, 짐승돌 등의 계열, 다른 하나는 돈짱, 갑질 등의 계열, 나머지 하나는 초식남, 삼포 세대 등의 계열이다. 그렇다면 뇌섹남은 일종의 고스톱 판에서 광을 팔고 있는 것일까. 내가 살고 겪은 바에 의하면, 소위 지성미는 광 중에서도 비 광에 해당된다. 그 자체로는 절대 팔 수 없다. 한국에서 버나드 쇼는 결코 뇌섹남이 되지 못한다.

젠더 불안과 계급적 불만에 빠진 한국의 젊은 남성들은 겨우 '된장녀'와 같은 단어를 만들어내서 엉뚱한 데다 성차별적이고도 계급적인 분노를 표출하고 있다. 또 4퍼센트도 안 되는 지분으로 거대 그룹을 지배하면서 갑질을 하는 한국의 '된장 재벌'들은 급할 때만 국민을 찾는다.

만약 오늘날 뇌섹남이 일정한 사회적 실체를 갖고 있는 게 분명하다면, 뇌섹남이라는 말은 약간 위안거리가 된다. 한국 여성들이 신자유주의 시대의 자본주의 사회에서 남자를 보거나 고르는 데 있어서 글로컬한 균형 감각을 획득하기 시작했다는 사실을 함축하기 때문이다. 이미 1960년대에 할리우드의 육체파 배우 라켈 웰치는 "마음이 성감대"라고 한 바 있다.

2015년 9월 9일

헬조선

헬조선은 젊은 사람들이 현재의 한국사회를 경멸적으로 부르는 말인데 사회 전반의 모순과 문제점을 나름대로 집약해서 표현하고 있다. 30년 전 젊은이들의 신식민지 국가독점 자본주의 사회나 식민지 자본주의 사회에 해당된다고 볼 수 있다. 좀더 가깝게, 조선 앞에 나쁜 말을 붙인다는 점에서는 일종의 안티 조선이며, 일본에서의 일부 풍조와 비교한다면, 자국 청년 세대에 의한 혐한류라고도 볼 수 있다.

지옥을 뜻하는 영어 'hell'은 게르만어 계통의 단어로서 어원적 의미는 뚜껑으로 덮인 지하세계, 혹은 동굴이다. 'inferno'는 라틴어 계통이며 어원은 infra(아래에, 아래쪽에)와 같다. 원래 가장자리, 변두리란 뜻의 'limbo'는 라틴어 계통이며 그 어원적 의미는 몸통에 대한 부분, 곁가지다.

한자어 지옥地獄이 문헌에서 가장 먼저 등장한 것은 중국 24사 중 하나인, 남북조 시대의 『송서宋書』에서인데, 그 책의 천축(인도) 지역 열전에서, 산스크리트어 Naraka(지옥)을 의역한 말로 만들어졌으며 고대 힌두 사상의 종교적 세계관이 소개되는 자리에서 천당과 대비되어 쓰였다. 기독교적 의미에서의 지옥이 중국에서 널리 퍼지게 된 것은 소위 '태평천국의 난' 이후라고 알려져 있다.

지명으로서의 조선朝鮮은 중국 춘추시대 제자백가서인 『관자管子』, 그리고 『사기』 『산해경』 및 『상서 대전』 등에 등장한다. 한반도의 『삼국유사』에는 중국의 요임금과 같은 시기에 단군왕검이 아사달을 도읍으로 정하고 나라를 세워 나라 이름을 '조선'이라고 했다고 나온다.

헬조선이란 말이 날카롭게 드러내는 바는 「애국가」 동영상의 온갖 배경 화면이 결국 이미지에 의한 사기질이며, 오히려 현재의 한국은 15세기 네덜란드 화가 히에로니무스 보스가 그린 유명한 지옥 그림들에서와 똑같다는 것이다. 즉 '예수 천국 불신 지옥'의 어법에 따른다면, 한국사회는 결국 '재벌 천국 청년 지옥'이라는 것이다.

청년 세대가 한국사회를 지옥이라고 부르는 것에 대해서 기성세대의 극히 일부, 그러니까 상위 1퍼센트에서 10퍼센트에 해당하는 기득권층은 이것을 엄살 내지는 어리광으로 여긴다. 노년 세대 기득권층을 대변하는 한국의 전현직 대통령들 중에서 전두환은 "나한테 당해보지도 않고서"라고 했고, 비슷한 버전으로 번역한다면, 이명박은 "중소기업에서 배워보지도 않고서", 박근혜는 "중동에 가서 일해보지도 않고서"라고 한 바 있다. 반면에 청년 세대는 이런 말들이 결국에는 열정이나 노력 등과 같은 구호를 앞세워서 현실을 기만하는 것이며, 본디 청년 세대를 착취하기 위한 '개드립'이라고 주장한다.

전현직 대통령들이 청년 세대에게 중소기업이나 메르스 창궐 지역에서의 취업만을 권유했다는 것은 대기업 및 이와 유사한 수준의 일자리에는 아무나 취직할 수 없다는 사실을 공공연하게 선포한 셈인데, 바로 그런 점에서 신자유주의 한국사회는 청년 세대에게 일종의 '조건 만남'을 노골적으로 강요하고 있는 것이다. "백과 스펙이 없으면 대기업 취직은 안 돼!"

다수의 청년 세대는 헬조선의 상황에 지친 나머지 정답은 이민이라는 식으로 얘기하기도 한다. 이와 관련해서 이미 1988년 올림픽 하키 은메달리스트인 김순덕 씨가 어처구니없는 화재로 아이를 잃은 뒤 훈장을 우체통에 집어넣고 이민을 떠난 선례가 있다. 물론, 많은 청년은 실제로 이민이 불가능하다는 것을 잘 안다. 얼마 전 터키 해안에서 익사체로 발견된 시리아 난민 아이 등이 처한 현실을 놓고 본다면, 이민이라는 것이 결국 로또 당첨과 같다는 것 정도는 청년 세대 다수가 이미 잘 깨우치고 있다.

청년 세대는 일찍이 독일의 문예비평가 발터 벤야민이 그의 대작 『파사젠베르크(아케이드 프로젝트)』에서 '현대'를 "지옥의 시간"이라고 묘사했다는 것을 꼭 염두에 둘 필요가 있다. 여기서 현대란 자본주의 현대를 말한다. 그런데, 가령 디시위키의 '헬조선' 항목은 맨 앞에서 '한 줄 요약문'을 60개 이상씩이나 나열하고 있다. 문제는 모순들의 나열이 아니라 그 모순들을 응축시켜내는 것이다. 프랑스 철학자 루이 알튀세르는 모순의 응축을 혁명이라고 불렀다.

2015년 9월 16일

시월드.

시월드란 시댁을 가리키는 말이다. 한국어로는 굳이 귀댁이라고 번역할 수 있고, 쓰임새에서는 듣는 이를 높여 부르던 일본말 오타쿠お宅가 오덕으로 번역되어 쓰이는 것을 생각하면, 시댁은 시덕이라고 불릴 수도 있었는데 그렇게 되지 않았다.

소리 자체만으로는 테마파크 이름처럼 들리는 시월드란 말은, 결혼한 여성의 입장에서 과거에 시댁이라고 불렀던 것이 알고 보니, 같은 세계 안에 있는 어떤 다른 집이 결코 아니라 아예 전혀 다른 세계, 그러니까 시媤자를 돌림자로 쓰는 다른 종족의 사람들, 즉 샵쥐(시아버지), 셤니 혹은 셤마(시어머니), 시누 등이 살고 있는 세계라는 통찰을 강조하고 있는 것이다.

영어 'world'는 원시 게르만어, 혹은 게르만 조어라고 부르는 계통에서 생겨났으며, 어원적 의미 성분은 'old man'이라고 한다. 최초의 용법에서 world는 사후세계와 다른 바로 이 세계, 혹은 이 지상에서의 삶 등을 가리키는 것이었다고 한다. 단어 자체가 오래된 세속적 세계란 뜻에서 만들어졌다는 얘기다.

한자어 시媤는 고대 중국에서 여성의 인명으로 쓰였다고 하는데, 갑골문에서 전서체에 이르는 형태가 없는 것으로 보아 비교적 후대에 만들어진 글자로 여겨진다. 현대 중국어에는 시어머니 집의 의미로 포쟈婆家나 남편 집의 의미로 푸쟈夫家가 있고, 일본어에는 남편이나 아내의 본가란 의미로 짓카實家라는 말이 쓰인다.

이에 반해서, 한국의 시월드는 명절이나 제삿날에 며느리들이 '시댁 교복'(간편한 옷)을 입고 온종일 '졸라' 음식 장만을 한다는 용례상의 뉘앙스가 강하다. 시월드란 말은, 좁게는 시부모의 생신이나 시댁의 관혼상제 및 기타 기념일이나 행사 등과 관련해서 며느리들이 겪어야만 하는 과중한 가사 노동 및 각종 스트레스를 연상시킨다. 또 크게는, 시댁 사람들과의 관계에서 여러 가지로 신경을 써야만 하고 동시에 계속해서 늘 상당한 정도로 정서적 학대를 받거나 마음에 상처를 받는 일이 쌓이고 쌓이는 과정에서 억압받는 타자인 며느리들이 시댁 전체를 억압하는 타자들의 세계로 표상해내고 있는 말이다.

시월드에서의 갖가지 체험이나 사건은, 한국의 매스미디어가 수십 년간 고질적, 타성적으로 재현해내는바 소위 고부 갈등에 제한되는 것이 아니다. 요즘에는, 며느리 사랑은 시아버지란 말과 달리 시아버지와 며느리 사이의 갈등도 점점 더 커져가고 있다. 또,

아들-남편들도 결코 중립 지대나 비무장지대에 머물 수만은 없는 게, 시월드에서 남편의 정체란 결국 마마보이였다는 게 아내에게 폭로되기 때문이다. 온통 지뢰밭인 시월드에서는 성격 좋고 능력 있고 똑똑한 여성들도 끊임없이 시친며(시어머니 친구 며느리)와 비교당하게 되며, 마침내 이 세계에서는 모든 사람이 서로를 끊임없이 피곤하게 만들거나 크든 작든 서로 학대를 하고 상처를 입히게 된다.

한자어 시媤는 여자女와 생각思으로 이뤄진 글자다. 중세 한국어에서 사랑이란 말은 생각이란 뜻과 사랑愛이란 뜻 두 가지를 동시에 지녔다. 애증이란 말이 없지는 않지만, 그래도 그 말의 순서에서 일단 사랑/생각이 먼저다. 민족의 명절 추석이 다가온다. 시월드의 극장에 출연하는 모든 사람들은, 여자들끼리는 물론이고, 여자에 대해서, 그리고 또 여자들 스스로가 어떤 말이든 간에 입밖에 내기 전에 한번쯤 좀더 깊이 생각해야만 한다.

어차피 오늘날 한국의 시월드에서 모든 사람은 상처를 주고받을 수밖에 없다. 이 세계는 단지 젠더나 세대라는 점에서만 문제가 있는 것은 아니다. 이 세계는, 그 밖에도 노동, 계급, 재산, 지역, 나이 등의 다른 여러 요인에 있어서 수직적인 것과 동시에 수평적인 것이 얼기설기 짜여 있으며 가족사에서의 폭력적 정서로 얼룩져 있는 세계다. 하지만 그렇더라도 서로 상처를 덜 받고 덜 주는 편이 마구 주고받는 편보다는 훨씬 더 낫다. 따지고 보면, 나르시시즘을 제외하고 모든 사랑은 결국 타자와의 것이며, 부모도, 남편도, 아내도, 자식도, 형제자매도 본디 모두 다 타자다. 이런 생각에서만이 더 모던하게 둥근 보름달을 맞을 수 있다.

2015년 9월 23일

혁신

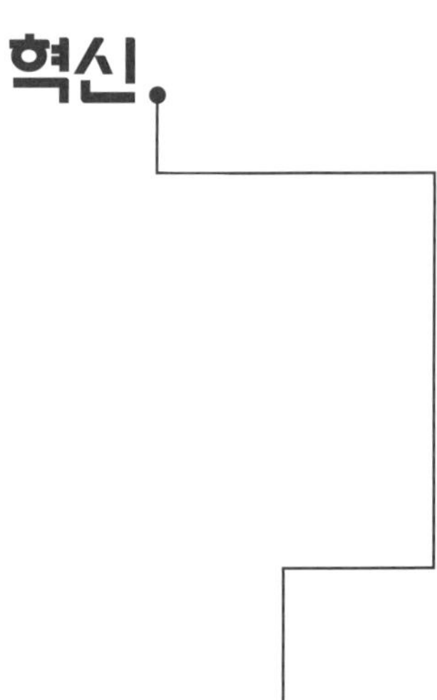

혁신은 영어 'reform' 및 'innovation'의 번역어로 만들어진 말이다. 새정치민주연합의 혁신위원회를 국내 영자 신문들은 대개 'reform committee'라고 번역하고 있다. 일본 근대 최초의 철학 및 사상 번역어 사전인 『철학자휘』의 1881년 초판에서는 'reformation'을 종교 개혁이라는 의미에서 '개화改化'라고 번역하고 있고, 'revolution'을 국가를 흥하게 한다는 취지에서 '혁명'으로, 또 망하게 한다는 취지에서 '전복'으로 번역하고 있으며, innovation은 항목이 없다. 같은 책의 1912년 판에서는 innovation에 대해서는 '신설, 쇄신'이라는 번역어가, reformation에 대해서 '개혁, 혁신, 개정'이, 'revolution'에 대해서는 '혁명, 전복'이 주어져 있다.

중국의 경우, 혁신이란 말을 최초로 쓴 사람은 량치차오梁啓

超(1873~1929)로 알려져 있다. 그는 1902년의 글 「근세 문명 창시자 두 대가의 학설近世文明初祖二大家之學說」에서 서양 근대 사상과 관련된 번역어를 대량으로 소개했는데, 오늘날 우리에게 익숙한 '철학' '종교' '궤변' '관찰' '실험' '경험' '이론' '의식' '진리' '유오(오류)' '원리' 등과 같은 말들이 바로 그러하다. 이것들 대부분은 먼저 일본에서 한자어로 번역된 다음에 중국으로 수입되었는데, 1898년 소위 변법자강운동이 실패한 뒤 일본으로 망명한 량치차오는 그 당시 일본에서 번역·번안된 많은 서양 사상사 책을 접할 수 있었던 것이다.

1902년의 글에서 두 대가라 함은 영국의 베이컨과 프랑스의 데카르트인데, 량치차오는 영국 경험론을 '격물파格物派'로, 또 대륙의 합리론을 '궁리파窮理派'로 요약하고 있다. 그 글에서 량치차오가 강조하고자 했던 바는 서양 근대사에서 학술적 '혁신'이 현저했다는 것이다. 당시 중국에서는 정치·경제·사회적 혁신에 앞서는 것이 바로 사상·학술적 혁신이라는 게 그의 지론이었다.

혁신이란 말 이전에 개혁, 유신, 변혁, 변법과 같은 어휘가 이미 있었는데, 각기 『후한서』 『시경』 『예기 대전』 『상군서』에 나온다. 이 어휘들은 조선 시대 조광조의 개혁, 박정희의 10월 유신, 중국의 무술변법 등에서도 잘 알 수 있듯이 체제 내의 개량 내지는 변화였을 뿐, 체제 자체의 혁명적 변화를 뜻하지는 않았다. 다만 주목할 만한 것은 '개량'이란 말이 캉유웨이康有爲(1858~1927)의 『대동서』에 처음 등장한다는 것이다.

'천명을 바꾼다'는 의미의 한자어 혁명革命은 『주역』의 혁革 괘에 나온다. 그런데 여기서의 혁명은 그저 왕조의 교체를 뜻하는 것이지, 근대적 의미의 혁명, 즉 피지배계급이 지배계급을 타도하고 정치 권력을 빼앗아서, 사회 및 경제 체제를 밑바닥에서부터 뒤집어엎는다는 의미의 변화는 아니었다. 유럽에서 revolution은 원래 천체의 회전, 특히 공전을 의미하는 것이었던 반면 자전의 경우 rotation이란 말이 쓰였다.

기술 혁신 및 경영 혁신이란 의미의 innovation은 'novice (초보자)'와 같은 어근을 갖는 말이며, 거슬러올라가자면, 명사로서 '새로 도착한 노예' 혹은 형용사로서 '새로운' 등에서 파생된 말이다. 이에 비해 한자어 '혁'의 어원적 형태를 놓고 말한다면, 혁신이란 견딜 수 없을 정도의 심한 고통 없이는 애당초 불가능한 것이라고 할 수 있다.

허신의 『설문해자說文解字』에서는 혁革 자에 대해서 일단, 짐승의 가죽을 벗겨서 털을 뽑아 다듬는다는 뜻으로 설명하고 난 다음에, 거기에서 파생된 의미로 '다시 새롭게 바꾸다'는 뜻을 덧붙여 놓았다. 허신은 갑골문과 금문을 보지 못한 채 『설문해자』를 지었는데, 혁 자의 금문 형태는 극克 자의 변형된 형태에 양손이 더해진 형상이다.

극 자의 갑골문 형태는 사람이 입을 크게 벌리고 피를 흘리며 비명을 지르는 모양새를 나타내는데, 본디 사람을 죽여서 하늘에 제사를 지내는 것을 의미했다. 극 자에 사람 손이 하나 더해져서

피皮 자가 되었고, 두 개가 더해져서 혁 자가 된 것이다.

2015년 9월 30일

꼰대.

꼰대는 본디 선생, 혹은 아버지를 뜻하는 속어다. 내 귀에는 1970년대부터 들리기 시작했으므로 꽤 오래된 말인데 과거와 크게 다른 점이라면 이제 아주 많은 사람이 쓰고 있다는 것과 '꼰대질'이란 말이 나타내듯 선배나 직장 상사를 가리킬 때에도 쓰인다는 점이다. 그러니까, 꼰대는 그저 늙은이 혹은 구세대를 뜻하기도 한다.

오늘날 상당수 아버지가 자식과의 관계에 있어서 품고 있는 이상적인 상이 '친구 같은 아버지'임에도 불구하고 꼰대란 말이 더 폭넓게 쓰이게 된 이유는 뭘까. 또, 이미 1990년대부터 학급 붕괴가 시작된 이후 선생들이 말로밖에 학생들을 '통치'할 수 없게 되었는데도 오히려 '꼰대질'이 더 자주 언급되는 것은 왜일까. 아버지들과 선생들도 젊었을 때는 꼰대들 때문에 지긋지긋한 세대 간 염증을 느끼면서 청춘의 귀중한 시간을 낭비했는데 말이다.

제일감으로는 한국사회에서 일종의 '장기 지속'으로 존재하는 권위주의적 헤게모니 때문이라고 여겨진다. 장기 지속인 만큼 개인, 세대가 이 헤게모니로부터 자유로울 수 없다. 더 거슬러올라가서 말한다면, 소위 성인이나 할아버지를 문화적으로 숭상하는 유교의 영향이 계급사회 일반의 헤게모니에 스며들어 있었기에 더 그러했던 것이다. 이런 점에서 한국사회 전반의 '꼰대성'은 헬조선에 고유한 반半봉건성과도 통한다.

젊은이들은 다양한 사회 단위 안에서, 즉 집, 학교, 군대, 직장 등에서 꼰대질을 겪게 된다. 그런데 기본적으로 폭력에 의해 유지되는 군대의 경우, 상관을 특별히 꼰대라고 부르지는 않는다. 이 점에 주목하면, 결국 꼰대질은 말을 둘러싼 문제라는 것을 알 수 있다. 즉 꼰대질은, 폭력이 더 이상 직접적으로는 행사되지 않는 권위주의적 위계 질서 안에서 이뤄지는 명령, 지시, 훈계, 잔소리, 충고, 조언 등으로 인해 생겨나는 문제인 것이다.

오늘날 꼰대질이 특별히 더 문제가 되는 곳은 직장이며, 꼰대의 반대말은 멘토다. 후배가 원할 때 어드바이스를 해주면 멘토이지만 원하지도 않는데 훈계나 충고를 길게 늘어놓으면 꼰대라는 식이다. 이런 점에서, 꼰대의 젠더는 원래 남성이지만, 여성 상사나 때에 따라서는 선배도 꼰대가 되어버린다. 그도 그럴 것이, 가부장제 권위주의 시스템에서 여성이 성공의 사다리를 올라간다는 것은 어느 정도는 불가피하게 가부장적이고 순응주의적인 에토스를 내면화해야 함을 뜻하기 때문이다.

'해라' 혹은 '하지 마라' 등과 같은 꼰대의 말 대부분이 꼰대질로 여겨지는 가장 큰 이유는 꼰대들이 자기 경험과 사고방식을 너무 안이하게 일반화시키고 주관적으로 특권화시키는 데서 비롯된다. 인생 100세 시대인 요즘 40대에서 70대까지의 사람들이 쌓아둔 인생 체험은 크게 봐서 별것 아니다. 연공 서열적 체험에 바탕을 둔 얘기는 지혜가 아닌 지뢰일 뿐이다. "내가 겪어봐서 아는데"라는 사고방식이 자동적으로 통할 수는 없다. PC나 인터넷, 혹은 스마트폰을 써온 햇수만을 따진다면, 후배들이 더 선배이며 아이들이 더 어른이다.

꼰대질에 내장된 이데올로기는 기본적으로 권위주의, 순응주의, 기회주의 등이다. 이는 해방 이후의 세대라고 하더라도 적어도 1990년대 이전에 20대를 보낸 사람들은, 대부분 그들이 지닌 민주주의, 합리주의, 개인주의 등이 단지 교과서에 나와 있을 뿐이라는 점과 관련된다. 그런 가치와 지향들은 개개인의 일상적 삶에서 미시적으로 표출되거나 지속되지는 못했다. 그것은 1980년대에 386이라고 불렸던 세대도 마찬가지다.

그런데, 나름대로 권위를 스스로 획득한 사람, 예컨대 토익 만점자나 증권 투자 고수나 게임의 만렙(최고 레벨)이나 픽업 아티스트나 성형 수술에 성공한 사람들이 하고 있는 충고나 조언 등도 곰곰이 따져보면, 근거가 없고 황당하게 주관적일 때가 제법 많다. 하지만 그 사람들 얘기가 꼰대질로 여겨지지 않는 이유는 도대체 뭘까. 성공담 듣기를 우리 스스로 원해서인가 혹은 그들의 성공이 시스템 안에서의 '자동빵'은 아니라서인가. 아니면, 아예 이러한 물음 자체도 여전히 꼰대질에 속하는 것일까.

2015년 10월 7일

역사.

역사란 말의 의미에는 크게 두 계열이 있다. 하나는 과거에 일어난 사건 혹은 과거에 사실로서 존재했던 것이고, 다른 하나는 그것들에 대한 지적 탐구 및 그 탐구의 결과로서 기록된 것이다. 후자는 그리스어 'historia'에서 유래된 영어 'history'에 상응하고, 전자는 독일어 'Geschichte'에 상응한다. 독일어 동사 'geschehen'은 생기다, 일어나다, 발생하다, 벌어지다라는 뜻이다.

기원전 5세기 헤로도토스의 책 제목 『역사histories apodexis』를 영어로 직역하면 'history on display'가 된다. 헤로도토스가 살던 시절에 historia란 합리적이고 실용적인 탐구를 뜻했다. 어원적으로 '탐구하다' '증인' '알다' 등에서 파생된 그리스어 'historia'는 탐구 자체는 물론이고 또 그 결과로서 얻은 지식이나 저작을 뜻하기도 했다. ‘apodexis’는 드러나지 않았던 것을 공개적으로 보여주거나 해명하거나 전시하는 것을 뜻하는 동사에서 나온 명사다.

역사의 ‘역歷’은 지나간 것, 경과한 것을 뜻하며, ‘사史’는 그것을 기록하는 일을 맡은 관리를 뜻했다. 하나의 단어로서 ‘역사’가 처음 등장한 것은 역사책 『삼국지』에 대해 배송지裴松之가 달았던 주에서라고 알려져 있다.

역歷의 갑골문자는 형태상 민엄호厂가 없는 채로, 나무 두 개와 발止로 이루어져 있다. 좀더 나중에 나무가 벼禾로 바뀐 것인데, 그것이 단지 적는 과정에서의 오기였는지 아니면 의미상 상통해서 그런 것인지는 분명하지 않다. 고대 문명에서 나무와 벼는 둘 다 세월의 흐름을 나타내는 상징적 기능을 하기도 했을 터이기 때문이다.

형태상으로만 본다면 역歷의 최초 의미는 울창한 숲을 뚫고 지나간다는 것이었고, 이러한 공간적 경과의 의미에 시간적 경과의 의미가 덧붙여진 것으로 이해된다. 시간적 경과의 의미는 달력이나 역법에서의 역曆 자를 낳았다. 사마천의 『사기』에서 역歷과 역曆은 서로 통하는 글자였다고 하며, 현대 중국어 간체 역历은 이 두 글자 모두를 대신한다.

사史의 갑골문자는 ‘중中’에 ‘손又’이 붙어 있는 형태를 하고 있다. 일본의 저명한 한자학자 시라카와 시즈카의 해석에 의하면, ‘사史’와 ‘중中’에 공통적으로 들어 있는 입 구口 자 모양의 네모는 축문을 담는 그릇이며 세로로 뚫고 있는 막대기 모양은 그 안에 보관되는 기록 도구라고 한다. 물론 시라카와 특유의 이러한 주술적 해석에 대해서는 강력한 반론과 논쟁도 존재한다.

상식적으로 말해서, 역사란 과거의 주요한 사건에 대한 특정 공동체의 집단적 기억을 기록한 것이다. 1860년대 초 서세동점의 시기 일본에서 간행된 영일사전에 history가 '역사 기록'으로 번역된 점도 이것을 강력하게 시사한다. 기록은 망각하지 않기 위해서 하는 것인데, 굳이 뒤집어서 말한다면 공동체가 먼저 있고 기억이나 기록이 나중에 생기는 게 아니라, 집단적 기억이나 기록을 통해서 어떤 공동체가 탄생하고 또 유지된다고 할 수도 있다.

박정희의 딸이라는 경력과 이명박의 후계자라는 이력을 갖는 박근혜 대통령은 자신의 입맛에만 맞는 국정 교과서를 강요했다. 흔히들 역사는 두 번 되풀이된다고 한다. 그 말에 기댄다면, 이명박은 공동체의 땅과 물을 망쳤고, 박근혜는 공동체의 기억을 망치려고 한 셈이 된다. 헤겔과 맑스의 레토릭을 따르자면, 전자는 비극이고 후자는 희극이다.

역사 탐구와 서술은 선택적 재구성을 전제한다. 그런 만큼 공동체의 집단적 기억을 둘러싸고 여러 세력 사이에서 정치적 상징 투쟁이 벌어지는 것은 당연하다. 그렇다고 하더라도 역사가 지적 탐구인 한, 성찰과 비판의 다원성을 보장하지 않으면 안 된다.

공동체적 기억의 기록에 관해서 국가가 일방적·강제적으로 권력을 휘두르는 짓은 바로 이 성찰과 비판의 숨통을 조이는 것이 된다. 한마디로 파쇼다. 이탈리아어 파쇼fàscio란 말은 무기 등으로 쓰이는 나무 막대기들을 한데 묶어 세워놓는 관행에서 나왔다. 허,

참, 이제 다시금 그 지겨운 파쇼의 나무들을 뚫고 지나가야만 한다는 말인가.

2015년 10월 14일

이산.

남북 이산가족 상봉이 진행 중이다. 제1차 이산가족 상봉은 2000년에 있었다. 거슬러 올라가서, 1983년 여름에 KBS는 「누가 이 사람을 모르시나요」라는 제목의 이산가족 찾기 생방송 프로그램을 방영한 적이 있다. 원래는 몇 시간만 방영하고 끝내려 했는데, 신청이 너무 많이 밀려드는 데다가 매일 TV 앞에서 이산가족들의 사연을 보면서 감정이입의 눈물을 흘리는 국민적 관심이 지대해서 몇 달 간 마라톤 생중계를 했다. 이 프로그램을 통해서 남한에 살고 있었지만 서로 헤어져 살아온 가족들이 만 명 넘게 만나게 되었다. 또 1985년 가을에는 분단 이후 처음으로 남북 적십자사의 합의에 의해, 서울과 평양에서 이산가족 고향방문단과 예술 공연 교환 행사가 이루어지기도 했다.

'이산'은 거의 모든 인도유럽어에서 디아스포라diaspora라고 한다. 원래 이 말은 기독교 구약 성서의 「신명기」를 히브리어에서 그리스어로 번역하는 과정에서 생겨난 말이다. 디아스포라의 일차 의미는 흩뿌리고 퍼뜨리는 것이다. 그래서 파종播種 또는 이산離散 등으로 번역한다. 그리스어 접두사 'dia'는 영어로 across, through, by, over 등의 뜻으로, 대화dialogue라든가 지름diameter과 같은 단어 앞에 붙어 있다. 뒷부분 'Spora'의 어원은 '뿌리다'란 뜻을 갖는 고전 그리스어 동사 'speirein'으로, 오늘날 영어 싹sprout 등에 그 흔적이 남아 있다.

고대 유대인의 역사가 다뤄지는 기독교 구약 성서에서, '디아스포라'는 기원전 607년 바빌로니아인들이 이스라엘에서, 기원후 70년 로마 제국이 유대 지방에서 유대인들을 쫓아내는 대목에 등장한다. 「신명기」 28장 25절의 표현은 이렇다. "네가 또 땅의 모든 나라로 흩어지고." 근대에 들어와서는, 예컨대 수많은 아프리카인이 소위 노예무역에 의해 제 땅으로부터 뿌리 뽑혀서는 중남미 및 서구로 이주하게 되었고, 많은 중국인도 전쟁과 기근을 피해 다른 땅에서 농민이나 막노동꾼coolie이 되었다. 참고로, coolie란 말은, 고된 일을 뜻하는 한자어 고력苦力에서 만들어졌다. 그런데, 명백한 것은, 세계에 흩어져 살고 있는 영국 사람이나 미국 사람들에게는 디아스포라라는 말을 잘 쓰지 않는다는 점이다. 근대의 디아스포라는 어쨌거나 정치·경제적인 압력, 그러니까 좀 거칠게 개괄한다면, 제국주의 압력에 의해서 강제된 것이라고 할 수 있다. 영어에서 영미계 화자가 고국을 떠난 국외 거주자로서의 자기를 가리킬 때, 또는 영미계 국외 거주자들에 대해서는 대개 그저

'expat'라고들 한다. 'expat'는 'expatriate'의 준말인데, 애국심 patriotism과 같은 단어를 염두하면 그 뜻을 잘 알 수 있다. 여기서 ex는 'out of, from'의 뜻이다.

문화이론의 주요 개념으로 디아스포라가 대두된 것은 1990년대 포스트식민주의 이론이 부각되면서부터다. 이 이론은 식민지 상태로부터 독립한 이후에도 언어, 욕망, 무의식 및 갖가지 관행과 제도에 남아 있는 식민지 체험의 흔적을 설명하려는 패러다임이다. 이것은 과거의 소위 신식민지주의가 정치, 군사, 경제적인 측면만을 강조했던 것과는 매우 미묘하게 다른데, 주로 문화적인 측면을 강조한다.

오늘날 디아스포라 과정은 제국주의 전쟁 및 이로부터 파생된 내전, 그리고 글로벌한 자본주의 분업 체계에 의해서 가속화되고 있다. 디아스포라적 삶의 고유한 혼성적 성격은 떠나온 모국의 에스닉한 전통을 지키려고 하는 문화적 구심력과 살고 있는 곳의 이질적 환경이 가하는 문화적 원심력 사이의 갈등과 긴장으로부터 생겨난다.

한반도에서 디아스포라는 역사적으로 주로 분단과 전쟁 및 경제성장에 의해 만들어져왔고, 또 최근에는 이주민 노동자들의 일상적 삶에도 각인되어 나타난다. 이러한 디아스포라적 삶에 스며들어 있는 혼성적인 것들의 힘을 다이내믹하고 긍정적인 잠재력으로 만드는가, 아니면 배타적 증오나 단말마적 혐오의 동력으로만 삼는가는 전적으로 우리 모두의 깨달음과 노력에 달려 있다.

2015년 10월 21일

트롤

인터넷 문화 내지는 사이버 공간에서, 트롤troll이란 정해진 주제에서 벗어난 내용이나 다른 사람의 화를 부추기고 감정을 상하게 만드는 내용을 일부러 공격적으로 올림으로써 판을 어지럽히는 사람을 가리킨다.

원래 트롤은 스칸디나비아와 스코틀랜드 신화 및 민담에 나오는 심술쟁이 요괴를 가리키는 말이었다. 요괴로서의 트롤은 사람들이 모두 잠든 밤에 나타나서 마을을 서투른 걸음으로 배회하며, 단어 몇 개로만 이루어진 소리를 내며 말한다.

이러한 습성으로부터 '트롤'은 동사로도 쓰이게 되었는데, 뚜렷한 목적 없이 여기저기 걸어다니는 것, 또는 터덜터덜 구르듯이 쏘다니는 것, 더 나아가 같은 일을 반복하거나 돌림노래를 부르는 것을 가리켰다. 좀더 나중에는, 소리가 비슷한 저인망 어업trawl과

혼동되면서 사람을 미끼로 낚거나 홀리는 것까지도 뜻하게 되었다.

트롤링을 하는 사람으로서의 '트롤'을 한국식 영어로 '트롤러'라고 표현하기도 하는데, 이는 예술가를 아티스터artister라고 부르는 것과 비슷하다고 할 수 있다. 인터넷 트롤링을 일본어로는 아라시荒らし라고 하며, 트롤을 중국어로는 바이무白目 혹은 샤오바이小白라고 부른다. 아라시란 사회 질서를 어지럽히는 일을 뜻하는 데서 나왔고 바이무란 눈동자가 없이 흰자위만 있는 사람, 즉 말도 안 되는 얘기를 맹목적으로 늘어놓는 사람을 뜻한다.

한국어 위키 웹사이트인 '나무위키'에는 트롤링의 유형에 관해서 다음과 같은 항목들을 나열하고 있다. 어그로, 악성 떡밥, 일부러 헛소리하기, 염장질, 스포일러, 말투. 더 나아가, 나무위키에 의하면, 트롤링은 낚시질이나 놀리기의 뜻으로도 쓰이며, 또 '리그 오브 레전드'와 같은 게임에서는, 본래 뜻에서 상당히 벗어나서, 그저 게임을 못하는 사람을 가리킬 때조차 트롤이란 말을 쓴다고 설명하고 있다.

이중에서 특히, '어그레시브aggressive'의 줄임말인 '어그로'는, '월드 오브 워크래프트'와 같은 게임에서 플레이어가 적(몬스터)으로부터 받게 되는 위협 수준을 가리키는 용어에서 생겨났다. 플레이어가 유달리 공격적이거나 도발적이라면, 그럴수록 게임 속 적으로부터 받는 위협도 그만큼 더 커지게끔 설계되고 시행되는 시스템 속성에서 생겨난 것이다.

많은 젊은 한국어 화자는 '어그로'에 대해서 '끈다'는 동사를 붙여 사용한다. '쏜다(한턱 낸다)' '까인다(비난이나 비판을 받는다)'

'발린다(비난이나 비판을 받아서 무너진다)' 등에서와 같이, '어그로를 끈다'는 표현은 젊은 세대의 감각적이고도 직관적인 동사 사용법을 보여준다.

요즘 '어그로를 끈다'는 말은 사이버 공간에서가 아닌 실제 공간에서도 쓰인다. 특별한 이유나 근거 없이 다른 사람에게 시비를 걸어 도발함으로써 기분을 나쁘게 하는 일을 가리켜 '어그로를 끈다'고 한다. 그렇다면, 역사 교과서의 국정화를 고집하는 일도, 국민 전체를 대상으로 삼아 정치적이고도 역사적인 어그로를 끄는 것이라고 할 수 있다.

다수의 국민이 반대하는데도 왜 국정화를 강행하려는 것일까. 가장 먼저 떠오르는 답은 박근혜 대통령이 그것을 스스로의 역사적 소명이자 정치적 과제로 삼고 있기 때문이라는 것이다. 또, 시기도 딱 지금이다. 선거가 있는 내년 봄부터는 역사 교과서를 가지고 어그로를 끌 수 없기 때문이다.

사이버 공간에서 트롤을 퇴치하는 가장 효율적인 길은 무시해버리는 것이다. 물론, 분명하게도 역사 교과서 국정화 문제는 우리가 무시할 수 없는 일이다. 그런데 나는 이 문제를 좀 다른 각도에서도 보고 있다. 즉, 그러한 정치적 어그로에 의해 도발되어 가는 것이 바람직한 것만은 아니라는 얘기다.

역사 교과서 국정화 문제는 그것 자체만큼이나 중요한 다른 문제를 은폐하고 억압하는 기능을 수행하는 중이다. 박근혜 정부는 개혁을 빙자해서 '노동에 대한 공격'을 해왔고 지금도 하고 있다. 바로 그런 심층적 배경 때문에 국정화에 반대하던 보수 언론들이 갑자기 찬성으로 홱 돌아서게 되었을 것으로 짐작된다. 흔히들 오해하는 것과 달리, 박 대통령은 머리가 나쁘지 않다.

2015년 10월 28일

흙수저.

부잣집 자식을 가리키는 금수저와 은수저의 반대말이다. 하위 계층을 가리키는 다른 말로는 동수저, 똥수저 및 지옥불수저가 있다. 현재 한국사회에서 스스로의 노력만으로는 계층 상승이 거의 불가능하다는 취지에서, 흙수저는 개룡남 및 개룡녀(개천에서 용이 된 남자나 여자)의 반대말이기도 하다.

금이 은보다 더 귀하고 값지기는 하지만, 숟가락의 재질을 통해서 사회 계층구조를 직관적으로 이해하는 이러한 인지언어학적 분류의 출발점은 영어 관용 표현인 "입에 은수저를 물고 태어나다 born with a silver spoon in one's mouth"이다. 이 표현은 부와 특권을 지닌 채 태어났음을 뜻하는데, 영어권에서는 금수저보다는 은수저란 표현이 먼저 생겨났다.

은수저를 물고 태어났다는 표현은 18세기 초 영국에서 꽤 널리 퍼져 쓰인 듯하다. 이 표현은 문헌상으로 세르반테스의 『돈키호테』의 1719년 영어 번역본에서 최초로 나오며, 당시의 속담집에도 실려 있었다. 그 번역본의 거의 맨 끝부분인 후편 73장에서 산초 판사가 그의 처 테레사에게 했던 대사는 다음과 같다. “반짝인다고 해서 다 금은 아니고, 또 모든 사람이 입에 은수저를 물고 태어나는 것은 아니야.”

영어 번역을 옮긴 것인데 사실 이 문장은 지나친 의역에 해당된다. 최근의 영어 번역본에는 “사람은 가끔 갈고리는 있지만 베이컨이 없을 때가 있어”라고 옮겨져 있다. 한편, “반짝인다고 해서 다 금은 아니다”라는 관용 표현의 발상은 이솝 우화로부터 생겨났으며, 세르반테스와 동시대인인 셰익스피어의 작품에서도 쓰였다.

최근 한국에서는 금수저냐 은수저냐를 판정하는 빙고 게임이 유행하기도 했다. 20개나 25개로 이루어진 문항을 빙고 게임처럼 직사각형 표 안에 배열한 것이다. 흙수저 빙고 게임의 문항은 “냉동실 비닐 안에 든 뭔가가 많음”이라든가 “집에 장판 뜨거나 뜯긴 곳 있음” 혹은 “인터넷 쇼핑할 때 최저가 찾느라 시간 많이 투자함” 등으로 이루어져 있다.

인터넷에 떠도는 분류와 논쟁에 의하면, 20~30억 이상의 자산을 가진 집을 가리켜서 금수저라고 부르기도 한다. 하지만, 다른 한쪽에서는 그 정도로는 금수저가 못 된다는 반론도 있다. 대개는, 상위 1퍼센트를 금수저, 상위 3퍼센트 내외를 은수저라고 칭하는 경향이 있다고 볼 수 있다.

놀랍게도, 영어 단어 스푼spoon의 어원은 '나무 숟가락'이었고 더 거슬러올라가면 그저 '길고 평평한 나무 조각'이었다. 한편, 금의 어원은 '빛나는 것'이었고, 은은 확실히 밝혀지진 않았지만 어떤 이는 '은 재질의 정련된 금속'이 그 어원이라고 주장한다. 금과 은을 원소기호로는 Au와 Ag로 표기하는데, 이는 각기 라틴어 'aurum'와 'argent'에서 나왔다. 그러니까, 대항해 시대 유럽의 약탈자들이 남미 대륙에 있으리라고 상상한 '은으로 된 산맥'으로부터 나라 이름 아르헨티나가 만들어진 것이다.

대다수 젊은 인터넷 유저는 스스로를 '헬조선 흙수저'라고 자조적으로 표현한다. 금수저니 흙수저니 하는 말은 부모를 돈이나 자산으로만 평가하는 것이어서 지나치게 잔혹하다는 지적이 있다. 반면 이런 말들은 사회 양극화, 저성장, 고령화, 청년 취업난, 엄청난 규모의 가계 부채, 또 무엇보다 사회적 신분 상승의 완전 봉쇄 등과 결합된 한국사회의 계층구조를 직관적으로 잘 표현한다는 견해도 있다.

이런 분류적 표현에 따른다면, 노무현과 이명박은 흙수저이기는 하지만 개룡남이다. 박근혜는 정치적인 금수저를, 또 김무성과 삼성의 이재용, 한진의 조현아 같은 이는 경제적 금수저를 물고 태어났다고 할 수 있다. 한편, 현대 창업주 정주영은 동수저에, 삼성 창업주 이병철은 금수저에 해당한다.

숟가락을 뜻하는 한자어 시匙가 음을 가리키는 시是와 의미 성분을 나타내는 비수匕로 이루어져 있다는 것은 의미심장하다. 요즘 잘 쓰이지 않는 말인 십시일반이 쉽게 통할 수 있는 사회를 만들어내지 못한다면, 극단적으로 고착된 계층구조 자체가 모든 사회 구성원의 가슴을 찌를 것임에 틀림없다. 흙수저는 물론이고, 금수저와 은수저까지도 말이다.

2015년 11월 4일

뒤끝

보통 사람이라면 잊거나 묻어버리고 지나가는 과거의 일, 언행, 사건 등에 관해서 격렬하고 끈질긴 증오와 원한의 감정을 남다르게 질질 끌면서 남겨두는 상태, 또 바로 그 남겨둔 것을 다른 사람들이 놀랄 정도로 급작스럽게 터트리는 상황을 나타낼 때 쓰는 말이다.

이 말의 원래 뜻은 '일의 맨 나중이나 끝' 혹은 '어떤 일이 있은 바로 뒤'였으며, 비교적 중립적인 뉘앙스를 지녔다. 그러나 요즘은 '뒤끝 작렬'이라는 관용적 표현을 더러 쓴다. '뒤끝 작렬'은 뒤끝이 있는 사람이 드러내는 볼썽사나운 작태를 풍자하거나 비꼬면서 유머러스한 공감을 나누고자 할 때 주로 젊은 세대 화자들에 의해 사용된다.

뒤끝은 얼마간 의미 중첩을 갖는 어휘다. 역전앞, 처갓집, 족

발, 계집년, 사내놈 등과 비슷한 언어 심리에서 만들어졌다. 젊은 세대의 유행어 중에는 '전설은 아니고 레전드'라든가 '킹왕짱' 등의 표현이 어휘적으로 이러한 동의 중복 현상을 보여준다.

한국어 '뒤끝'에 직접 대응하는 낱말이나 표현을 유럽어나 일본어, 중국어 등에서 찾아내기는 어렵다. 앙심, 원한, 유감, 악감정, 반감, 적의, 적대감, 분함, 억울함 등을 나타내는 영어 단어로 'grudge' 'animosity' 'resentment' 등이 있기는 하지만, 이 어휘들은 그러한 감정 상태를 가리킬 뿐, 한국어와 같은 미묘한 뉘앙스를 내포하지는 못하다.

영어 resentment는 불어 'ressentiment'에서 파생된 말인데, 어원적으로는 어떤 감정 상태sentiment가 반복·강화되면서re 지속된다는 뜻이다. 이 말을 애용했던 니체는 르상티망을 노예 등과 같은 소위 아랫것들이 사로잡힌 질투 내지는 복수의 심리 구조, 더 나아가서는 여기서 형성된 도덕적 반란의 사고방식으로 보았다. 니체는 심지어 예수나 바울의 가르침마저도 일종의 르상티망에서 생겨난 것으로 해석했다.

고전 그리스 서사시 『일리아스』에서는 아가멤논의 교만hubris이 불러일으킨 아킬레우스의 분노menis가 이야기 전체를 끌고가는 모티브다. 아킬레우스의 분노는 그리스군의 연속적인 패전과 역병 등을 낳게 되는데, 나중에 아킬레우스는 분노를 풀어버리고 그리스군을 승리하게 만든다. 반면, 셰익스피어의 『리어왕』에서 비극을 낳은 원인은 독선과 아집으로부터 생겨난 분노였다. 결국 미쳐버린 리어왕은 죽은 막내딸 코딜리어를 안고 슬픔에 몸부림치다가 후회하며 죽는다.

한국 사람 대다수는 속에 있는 말을 적절한 기회에 서로 쏟아내서 감정적 응어리를 풀어버림으로써 뒤끝을 남기지 않는 게 좋다고 여긴다. 그런 한국에서 '뒤끝 작렬'의 전범을 보인 이는 박근혜 대통령이다. 전현직 국회의원인 이정희, 정의화, 김무성, 이종걸, 유승민 등은 그가 시전해낸 바의 '뒤끝 작렬'을 몸소 처절하게 겪은 바 있다. 혈액형 성격설에 의하면, '강한 뒤끝과 집착'을 보이는 것이 A형이라고 한다. 하지만 B형인 그의 혈액형을 염두에 두면 역시 혈액형 성격설은 틀린 게 아닌가 하는 합리적 의심이 든다.

초지일관 '뒤끝 작렬'을 보여주는 것을 두고 일종의 '편집성 인격 장애'라고 말하는 사람들도 없지는 않다. 하지만 나는 그렇게까지는 생각하지 않는다. 박 대통령의 문제는 '뒤끝 작렬'에 있는 것만은 아니었다. 오히려 문제는 그것이 '아몰랑'과 결합되어 있다는 데 있었다.

그런데 '아몰랑'은 유음 'ㄹ'이 두 개나 들어가는 데다 밝고 경쾌한 느낌을 주는 양성 모음 'ㅏ'와 'ㅗ'가 서로 조화를 이루고 있어서 소리 자체만으로는 매우 귀엽고 좋은 어감을 준다. 그래서 내 정치 취향으로는 굳이 박 대통령에게 쓰고 싶지 않은 단어다. 하지만 어쩔 수 없는 노릇이다.

그는 국가의 주요 현안에 대해, 또 그에 대한 대통령의 정치적 책임에 대해 계속해서 '아몰랑'만을 외쳐왔다. 박 대통령이 '뒤끝 작렬'에 몰두하기보다는, 경제 민주화 및 국민 대통합 등과 같은 애초의 약속을 지켜내는 '반전'을 보여주었다면 어땠을까.

2015년 11월 11일

열정 페이.

이 말은 일부 악덕 자본가들이 청년 세대 노동자들에 대한 착취를 정당화하기 위해 써먹던 논리다. 그들은 말한다. "너는 열정이 있으니까, 또 네가 좋아서 하는 일이니까, 네가 일한 것에 대해서 돈은 아주 조금만 줘도 된다." 그들은 종종 열정이란 말 대신에 재능, 재주, 끼 등을 사용하기도 한다. 열정 페이가 횡행하는 배경으로는 무엇보다도 저성장, 높은 체감 실업률, 불안정 노동 등을 꼽을 수 있다.

열정 혹은 정열이란 말은 동북아 근대에서 서구어 'passion'의 번역어로 등장했는데, 그 어원은 '겪다, 견디다, 버티다'의 뜻을 갖는 라틴어 동사 'pati'다. 예수 그리스도의 수난을 오늘날 영어로 'passion' 또는 'suffering'이라고 하는 것도 여기에서 비롯됐다. 19세기 말에서 20세기 초까지 동북아에서는 passion의 번역어

후보로 열정 내지 정열 외에 정욕, 번뇌, 극정, 격정 등이 제시되기 도 했다.

아리스토텔레스 시절 고전 그리스의 사상에서는, 인간의 정신 내지 마음은 능동적인 데 반해 육체 및 그것에 바탕을 둔 감각과 감정은 수동적이라고 보았다. 이런 발상은 오늘날 'passive'(수동적인)란 말에도 반영되어 있다.

서구에서 상당 기간 passion은 능동적인 것이라기보다 수동적인 것이었고, 그런 한에서 열렬한 감정 내지는 정서로 간주되었던 것이다. 예컨대, 뜨겁게 흐르는 땀이라고 하더라도 불가마 앞에서 수동적으로 흘리는 것과 러닝 머신 위에서 능동적으로 흘리는 게 서로 다른 것과 비슷한 이치다. 비록 그 생화학적 성분이 같을지라도 말이다.

데카르트 시절까지만 해도 passion은 정열의 의미로서가 아니라 감정, 정념, 정서 일반과 같은 의미로 쓰였다. 이즈음 'emotion'이란 단어도 함께 쓰이기 시작했는데, 외부 환경의 자극으로 인해 생겨난 내부의 감정적 움직임이나 동요motion가 너무 강해서 신체 밖으로ex 드러나는 것을 뜻했다. 그러다가 passion이 오늘날과 같은 의미를 갖게 된 것은 대체로 근대적 로맨스 관념과 연결되면서부터였다고 할 수 있다. passion은 열정적 사랑이나 애착의 감정적 기초가 된 것이다.

1960~1970년대에 유소년기 및 청년기를 보낸 내 세대는 '정신력'이란 말을 지겹게 들어왔다. "정신력으로 버텨, 정신력으로!" 이와 더불어 투지라든가 헝그리 정신이란 말도 자주 들어가

면서 고단한 삶을 버텨야 했다. 예컨대, 한때 한국 축구에서는 개인기 및 넓은 시야, 부분 전술, 전략보다는 선수들의 투지만을 일방적으로 강조했다. 헝그리 정신을 전형적으로 대변하는 스포츠인 복싱이 매일 스포츠 신문 일면을 장식하던 때도 있었다.

"일하면서 싸우고 싸우면서 일하자"라는 1970년대 구호는 한국적 압축 성장 내지는 산업 근대화에 필요한 국민 전체의 사회적 열정을 파쇼적으로 호출하고, 관리하기 위해서 만들어졌다. 그러나 한국이 경제협력개발기구OECD에 가입하기 시작한 이후로 그런 말이나 구호는 잘 쓰이지 않게 되었다. 삶의 물질적·경제적인 기초가 어느 정도 갖추어졌기 때문으로 이해된다.

언젠가 오세훈 전 서울시장은 헬조선의 상황에 대해서 "개발도상국에 가서 한 달만 지나보면 금방 깨닫는 게 국민적 자부심"이라며 반박한 바 있다. 김무성 의원은 "우리나라는 전 세계가 부러워하는 대단한 나라임에도 불구하고 정작 우리 청년들은 헬조선이란 자학적 분위기에 빠져 있다"고 일갈했다.

이들 정치인의 말은 내 귀에 '열정 페이'의 변종으로 들린다. 그들은 이렇게 말하고 있는 것이다. "너희는 자부심이 있으니까, 'N포 세대'여도 된다." 자부심이 있으니까 일자리가 없어도 되고, 결혼이나 연애를 못 해도 되고, 애를 못 낳아도 되고, 집이 없어도 된다는 얘기다. 혹은 그런 것들이 없어서 불만이어도, 단지 자부심만 가지면 모든 게 해결된다는 얘기다.

나는 이들 정치인에게 이렇게 말하고 싶다. "니가 가라, 방글라데시." 방글라데시에서는 국정 교과서가 쓰이고, 노동운동을 하는 노동자들이 총에 맞아 죽는다. 방글라데시 사람들에게는 매우 미안한 말이지만.

2015년 11월 18일

인민

인민이란, 일반적으로는, 국가와 사회를 구성하는 피지배층을 말한다. 국민과 같은 뜻으로 쓰일 때도 많지만 국민이 지배 엘리트를 포함한다는 점에서는 서로 분명히 다르다.

통상 '인민, 민중'으로 번역되는 영어 'people'과 프랑스어 'peuple', 그리고 스페인어 'pueblo'와 이탈리아어 'popolo'는 라틴어 'populus'에서 유래했는데, 이 말은 어원적으로 평민, 대중, 다중, 군중 등의 의미를 포함했다. 독일어로는 'Volk'인데, 이 말은 영어 'folk'에 상응한다. 그러니까, 폴크스바겐은 정확히 말해서 '인민 차'다.

고대에는 '인민'에 속하는 사람들이 사회의 공식적이고 주체적인 구성원으로 간주되지 않았다. 절대왕정 시대에 이르기까지 인민은 사회의 '외적' 구성원이었고, 프랑스 대혁명을 거친 다음에

야, 소시민 및 중간 계층, 노동자, 농민 등이 '인민'으로 불리면서 서서히 사회와 국가의 '내적'인, 그러나 경제적으로는 여전히 피지배층에 속하는 구성원으로 간주되었던 것이다.

한자어 인민人民은 예컨대 『맹자』에 나온다. "제후의 세 가지 보물은 토지, 인민, 정사政事다"라는 구절이 그것인데, 여기서 알 수 있듯이, 인민은 토지와 마찬가지로 제후의 소유물이었고, 오늘날 정치 행위에 해당된다고 볼 수 있는 '정사' 역시 제후만의 고유한 행위였다.

동북아시아에서 people의 번역어로 인민이 처음 쓰인 것은 1862년 판 『영일사전』에서였다. 이때부터 인민은 근대적 의미로 쓰이기 시작했고, 봉건 군주에게 예속된 '신민臣民'과는 대조적인 의미를 갖게 되었던 것이다.

한국의 보수 언론들은 전국교직원노동조합을 공격하면서, '인민'이란 표현을 썼다고 비난한 바 있다. 실제로 전교조에서 사용한 단어는 '빈민'이었으므로, 결국 오보에 바탕을 둔 이념적 공세였다. 이에 대해 한 신문은 자그마한 정정 기사만을 내보냈고, 다른 두 신문은 모른 척했을 뿐이다.

그런데 문제는 오보 그 자체, 오보에 대한 사과나 정정 여부 따위가 아니다. 문제의 핵심은 보수 언론들이 이념적 색깔 공세를 통해 사상 통제를 시도하고 있다는 점이다. 이것은 한반도에서 역사적으로 보자면 일제 식민지 시기에나 통했을 법한 일이니, 반공 이데올로기에 집작하는 보수 진영은 이념적 시체애호증에 사로잡혀 낡아빠진 사상적 폭력을 휘두르고 있는 셈이다.

한국에서 사회·경제적인 양극화가 점점 더 심해지고 있으므로 이에 상응하는 이념적 좌우 갈등이 남아 있는 것은 매우 당연한 일이다. 또, 그 갈등이 정치·사회적으로 적당히 쉽게 봉합될 것을 기대하는 것도 매우 유치하고 나이브한 생각일 것이다. 하지만 이념적 대립, 갈등, 공방 등이라고 하더라도 최소한 지킬 것은 지켜야 한다.

우리가 만약 조세 문제를 거론한다면, 인민이란 말로는 부족하다. '국민'이란 단어를 쓰지 않을 수 없다. 또 민주적 시스템이라든가 공동체를 지켜내는 데 필수적이라 할 수 있는 윤리적 자질 등에 관해서 따질 때는 '시민'이란 단어를 쓰지 않을 수 없다.

'헬조선'의 젊은 세대들은 소위 금수저, 은수저를 동수저, 흙수저 등과 직관적·일상적으로 구분한다. 그렇다면, 동/흙수저가 바로 인민이다. 링컨의 게티즈버그 연설에서 유명한 구절도 '동/흙수저의, 동/흙수저에 의한, 동/흙수저를 위한'이 된다.

보수 언론은 권력과 자산과 매스컴을 독점한 자들의 편이므로, 인민이란 말을 싫어하고 두려워하는 것은 당연하다. 하지만, 좌우를 떠나서 우리가 합의하고 있는 체제가 자유민주주의이므로, 어떤 사상, 어떤 개념 등을 일방적으로 강요하거나 파쇼적으로 배제하려고 하는 것은 '반칙'이다.

갑골문자를 보면, 한자어 민民은 눈 아래 십자형의 도구가 놓여 있는 형태로 구성되어 있다. 일부러 눈을 찔러 멀게 한 상태에서 노예로 부린 사람을 가리키는 말로 해석된다. 이후 '장님 노예'란 의미가 소실되었는데, 그런 까닭에 전서체에서는 다시 망亡을 붙여 '백성 맹氓' 자를 새로 만들어냈다. 동/흙수저로 밥 먹는 것도 서러운 일인데, 우리 인민은 계속해서 다시 눈까지 찔리고 있는 중이다.

2015년 11월 25일

자뻑.

자뻑이란 고스톱에서 생긴 말로서, 자기가 '싼 것'을 자기가 먹는 상황을 가리킨다. 즉, 깔려 있는 어떤 패를 먹으려고 손에서 패를 내놓고 더미에서 뒤집었는데 다시 같은 패가 나와서 패 석 장이 모두 같은 달일 때, '뻑' 또는 '쌌다'고 한다. 이때 싸서 모아둔 패 석 장은 같은 종류의 마지막 한 장을 갖고 있거나 뒤집는 사람이 먹게 되는데, '뻑'을 먹으면 다른 사람들로부터 피를 한 장씩 더 받는다.

요즘 보통 '자뻑'은 자기도취에 빠진 사람을 슬쩍 조롱하는 느낌으로 묘사할 때 주로 쓴다. 이때의 '뻑'은 '뻑(이) 간다'는 표현과도 연관되어 있는 것으로 보인다. 세게 맞아서 정신을 못 차릴 정도로 강렬하게 다른 사람이나 무엇인가에 빨려드는 상태를 일컬어서 '뻑(이) 간다'고 한다. 한참 전에는 '뿅 간다'는 말이 유행하기도

했는데, '뽕'은 상당히 애교 섞인 표현이고 '뻑'은 그보다 훨씬 더 건조하고 리얼하다. 둘 사이의 강도 차이는, 예컨대 뽕망치로 맞았을 때와 퍽치기를 당했을 때의 차이와 비슷하다.

'자뻑'이나 '뻑(이) 간다'는 표현은 일상에서 쓰이는 현대 한국어의 묘미를 잘 드러낸다. 그 묘미란, 원래 의태어 내지는 의성어 역할을 하던 부사 '뻑'에 조사를 붙여서 명사처럼 다루고, 또 여기에 '간다'는 동사를 붙여 쓰는 데 있다. 그러니까 보통의 현대 한국어 화자에게 '감'이나 '필feel'은 오는 것이고 '뻑'은 가는 것이다. 이때 '간다'에는 매우 오래전에 쓰이던 '홍콩 간다'에서의 그 '간다'는 느낌도 깃들어 있는 듯하다.

자기도취, 혹은 자아도취라고 옮겨지는 나르시시즘narcissism은, 잘 알려져 있다시피 그리스 신화에 나오는 인물 나르키소스Narcissos로부터 생겨났다. 젊고 아름다운 나르키소스는 연못에 비친 누군가를 사랑하게 됐는데, 그것이 자신의 반사된 모습임을 알아채고 나서는 자살했다.

도취陶醉란 단어는 중국 당나라 시인 최서崔曙의 시에서 유래했다. 「중양절에 망선대에 오르다九日登望仙臺呈劉明府」란 제목의 시 마지막 부분에서 시적 화자는, 거칠게 옮기자면 "차라리 신선에게 도연명이 있는 곳을 묻고 싶다. 함께 즐겁게 실컷, 중양절 국화를 놓고 취할 수 있도록"이라고 노래한다. 여기서부터 '즐겁게 실컷

취한다陶醉'란 말이 만들어졌고, 점차 거나하게 술에 취해 있듯이 무엇인가에 홀딱 빠져 있다는 뜻으로 확장되어 쓰이게 된 것이다.

대통령에서부터 여야 국회의원에 이르기까지 한국 정치인들의 공통점은 '자뻑'이 심하다는 것이다. 자뻑을 즐기는 정치인들은 국민이나 유권자를 쳐다보지 않는다. 유권자 눈에는 '비풍초'로 보이는 정치인들이 제 거울의 '똥팔삼'에 도취되어 있다.

정치인들의 자뻑이 계속되는 이유는 근본적으로 한국 정치판 자체가 '낙장불입'이라는 나쁜 관행에 젖어 있기 때문이라고 판단된다. 한번 뽑아서 정치판에 던져놓으면 유권자들로서는 다시 주워 담을 수가 없다. 한국 정치판에서 투표라는 것은, 상품으로 치자면 반품, 교환, 애프터 서비스 등이 전혀 안 되는 매우 질 나쁜 상품인 것이다. 유권자들에게는 단지 사후에 욕하는 권리만이 주어져 있다.

막스 베버는 "소명으로서의 정치"라는 유명한 글에서 '국민투표제 민주주의plebiscitary democracy'에 관해서 언급한 적이 있다. 투표에 의해 정치인을 한번 뽑으면 그것으로 그만일 뿐, 그다음에는 유권자들이 무시되는 형해화된 민주주의를 가리키는 개념이다. 소위 국민투표제 민주주의와 한국 정치인들의 자뻑은 깊은 상관관계를 갖는다.

오늘날 정치학자들은 국민투표제 민주주의를 '수동성의 정치' '괴리의 정치' '극장형 관망의 정치' '정치 없는 민주주의' 등으로 규정한다. 이런 상황에서는 정치 전반에 대한 환멸이 커지기 때문에 결국 악순환에 빠진다. 한국사회의 가장 중요하고 시급한 과제는 바로 이 악순환의 고리를 끊는 것이다.

그것이 누구에 의해서냐고 묻는다면, 이렇게 답하고 싶다. “잃을 것은 쇠사슬밖에 없으며 얻을 것은 온 세상”인 사람들. 이 사람들은 지금 헬조선에서 ‘N포 세대’라고 불리고 있다.

2015년 12월 2일

싹쓸이 쇼핑

매년 12월 초 일본에서는 '신조어·유행어 대상'이라는 게 발표된다. 신문사같이 공신력 있는 기관에서 하는 것은 아니고 『현대 용어의 기초 지식』이라는 책을 매년 발간하는 출판사에서 시행하는 것이다. 그렇더라도 30년 이상 계속되었고, 언론에서 기사로 다루어져왔으므로 일본에서는 꽤 알려진 연례 행사다.

2015년의 대상으로는 '트리플 스리'와 '싹쓸이 쇼핑'이 뽑혔다. 트리플 스리란 야구에서 타자가 한 시즌에서 타율 3할 이상, 홈런 30개 이상, 도루 30개 이상을 동시에 달성하는 것을 가리킨다. 그해 일본 프로 야구에서는 두 명의 선수가 트리플 스리를 기록했다.

'싹쓸이 쇼핑'은 외국인 관광객, 특히 중국인 관광객이 대형

마트와 면세점 등에서 엄청난 규모와 방식으로 쇼핑하는 것을 뜻한다. 구매 제품은 주로 전기밥솥, 보온병, 온수 비데, 의약품, 화장품 등이라고 한다. 어떤 경우는 주민이 쓰는 생필품까지 동나서 일본에서는 연초부터 화제가 되기도 했다.

10위 안에 든 다른 유행어로는 일본 정치 상황과 관련된 것들이 있다. '아베 정치를 불허한다' '실즈SEALDs' '1억 총활약 사회'가 그것이다. '아베 정치를 불허하다'는 전쟁과 안보 법안에 반대하면서 "아베 물러나라"를 외쳤던 반정부 시위대의 슬로건이었고, '실즈'는 바로 이 시위를 이끌었던 학생 및 청년들의 네트워크인 '자유와 민주주의를 위한 학생긴급행동'의 약자다.

아베 정권이 만들어내서 유포시킨 '1억 총활약 사회'는 1960년대의 소위 '1억 총중산층 사회'란 말에 기대면서 일본 국민 전체를 아베 체제에 동원하기 위해 만들어낸 말이다. 이 말이 유행어로 꼽힌 것은 이 말에 대한 일본 국민 다수의 혐오와 조롱의 분위기 때문인 듯하다.

일본의 '신조어·유행어 대상'은 심사위원회에서 결정하고, 선정된 말과 관련된 개인이나 단체에게 상을 주는 방식을 채택한다. 2014년에 대상을 받은 말 중 하나는 '집단적 자위권'이었는데, 수상자가 누구인지 밝혀지지 않은 채 수상자가 수상을 거부하는 해프닝이 벌어졌다.

이런 탓에 2015년에는 정치적인 배경을 갖는 말이 아닌 '트리플 스리'와 '싹쓸이 쇼핑'이 채택된 게 아닌가 싶다. 일본에서는 2015년 대상 선정 결과를 납득하지 못하겠다는 사람이 더러 있었다. 좌파 성향의 사람들은 정치적인 용어가 뽑히지 않은 것이 불만이고, 우파 성향의 사람들은 정치적인 용어가 10위 안에 여럿 있다는 것 자체가 불만이다.

'싹쓸이 쇼핑爆買い'을 문자 그대로 직역하면 '난폭한 구매'가 되는데, 한국에서는 '폭탄 구매'란 말로 번역되기도 했다. 하지만 '폭탄 구매'는 약간 빗나간 번역어로 생각된다. 어쨌든 표면적으로 보아서 이 말에는 중국인들에 대해 일본인이 갖고 있는 경악과 혐오의 정서가 깃들어 있는 듯하다.

하지만 분명히 이 정서적 경악과 혐오는, 소위 일본의 '혐한' 현상과 마찬가지로 이데올로기적 작용의 결과다. 즉 지배 체제는 사회 내부의 적대적 모순을 은폐하고 희석시키기 위해서, 이른바 외부의 적을 우선적인 표적으로 삼게 만드는 것이다. 그 결과 혐한이나 혐중 등과 같은 표피적인 정서가 생겨난 것이다.

2015년 한국 트위터에서 사회 분야의 키워드로 꼽힌 말은 '메르스' '광화문' '세월호' '역사 교과서' 등의 순서라고 한다. 특히, '세월호'가 2014년에 이어 연속해서 키워드로 꼽힌 것은 "전세계적으로도 매우 특이한 현상"이라는 게 트위터코리아 대표 소영선 씨의 설명이다.

트위터는 그 속성

상 '지금 이 순간, 가장 뜨거운 주제에 대한 실시간 토론이 벌어지는' 소통 공간의 하나이기 때문에 더 그렇다는 것이다. 트위터 통계에 의하면, '세월호'의 연관 감정은 '아픔, 분노, 의혹'이고 관련어는 '국민, 박근혜, 정부, 대통령' 순이라고 한다. 세월호 사건을 국민 전체가 제대로 애도하기 위해서는 무엇보다 의혹을 없애야 한다. 의혹이 없어져야만 분노도 잦아들고, 아픔도 시간의 흐름에 맡겨질 것이다. '세월호'가 해를 거듭해가며 한국의 트위터를 싹쓸이하지 않기만을 바랄 뿐이다.

2015년 12월 9일

사소한 차이.

정신분석학을 창시한 프로이트는 1917년에 쓰고 이듬해 발표한 글에서 '사소한 차이들의 나르시시즘'이라는 개념을 제시했다. 이 개념은 쉽게 말하자면, 남들이 보기에 별것 아닌 차이를 증폭시켜 자기도취에 푹 빠져버려서는 대립, 갈등, 반목, 불화 등을 유발하게 되는 현상을 가리킨다. 뒤집어서 생각해보면, 바로 그러한 대립 등을 정당화하기 위해 사소한 차이를 강조하는 심리 구조를 뜻한다고 말할 수도 있다.

약간 손을 대서 프로이트를 인용한다면 다음과 같다. "각 개인을 '개인적 고립의 터부'에 의해 타인들과 분리시키고 사람들 사이에 낯섦과 적대감의 감정이 형성되도록 하는 것은, 그렇지 않았다면 다 똑같았을 사람들이 지닌 사소한 차이 때문인데, 이것으로부터 더 나아가면, '사소한 차이들의 나르시시즘Narzissmus der kleinen

Differenzen'이라고 하는 적대감을 도출해낼 수 있다."

좀더 나중에 프로이트는, 사소한 차이라는 개념을 지리적으로 인접한 두 부족 사이의 불화나 적대, 또는 심지어 같은 정치·사회적 단위 안에서 에스닉한 차이 등으로 인해 생기는 불화나 적대를 해명하는 분석 도구로 확장했다. '사소한 차이'라는 개념은 오늘날 집단 심리학에서 중요하게 다뤄지는 테마인 자아(집단)와 타자(집단) 사이의 차별적 심리 구조를 해명하는 중요한 키워드가 되었다.

안철수 의원이 새정치민주연합을 탈당했다. 많은 사람이 안 의원의 탈당 사태를 비판적으로 보고 있다. 그런데 이번 탈당이 안 의원의 책임만은 아니다. 문재인 대표에게도 분명한 책임이 있다. 물론, 지금 나는 누구의 책임이 더 무거운가를 따지려 하거나 혹은 둘 다 책임이 있다는 식의 허망한 양비론을 말하려는 게 결코 아니다. 그렇게 되면, 결국 위에서 말한 '사소한 차이'의 함정에 다시금 말려드는 것에 불과하다. 내 얘기는 이번 탈당 사태의 핵심이 그저 사소한 차이에 놓여 있음을 강조하려는 것뿐이다.

대부분 사람의 눈에 사소한 차이로 보이는 것이 문재인 대표나 안철수 의원, 그리고 두 사람 각각의 지지자들에게는 크게 느껴질 수 있다. 야권의 대통령 후보가 누가 되는가는 후보자 본인 및 그 지지자들에게는 매우 중대하고도 큰 차이일 것이다. 하지만, 그것은 그들만이 느끼는 사소한 차이에 불과하다. 그들은 바로 그런 사소한 차이에 매몰되어 그들만의 정치적 나르시시즘을 정당화하고 있을 뿐이다.

많은 국민은 이명박 정부 이래 지속돼온 한국 경제의 쇠락, 민주주의의 퇴락, 불안정 노동의 확산, 생태 환경의 파괴 등을 정치적으로 걱정하고 있다. 젊은이들 일자리는 없고, 집값은 천정부지로 치솟고, 아이들을 키우거나 교육시키는 것은 늘 힘들며, 어른들은 일자리에서 일찍 쫓겨나 할 일이 없고, 그래서 놀게 된 사람들은 치킨집을 시작했다가는 금방 폭삭 망하고, 늙어서는 병원비 걱정을 하며 살아야 한다. 그리고 이러한 문제들을 정치적으로 해결할 길은 제도적으로 꽉 막혀 있다.

안 의원의 탈당 사태를 사소한 차이에서 비롯된, 그러나 현실적으로 이미 벌어진 정치 상황이라고 본다면 이제 우리가 갈 수 있는 길은 크게 두 가지일 것이다. 하나는, 문 대표나 안 의원 등이 앞으로는 그러한 '사소한 차이'에 더 이상 매몰되지 않은 채 바람직한 의미에서의 정치 경쟁을 벌여나가고, 또 적절한 수준과 형태의 연대와 협력을 반드시 제때 하도록 감시하는 일이다. '사소한 차이'를 고집하고 강조하는 사람에게는 정치적 지지를 보내지 말아야 한다.

다른 길은 비관적으로 보이지만 현재로서는 어쩔 수 없다. 우리가 선호하고 지지하고 열망하는 정당이나 후보 없이 다음 선거들을 겪을 가능성이 커졌다. 그렇다면, 총선이나 대선에 일희일비하기보다는 더 느리고 힘들기는 하지만 해야 할 일을 꾸준히 해가는 길만이 우리에게 주어져 있다고 볼 수 있다. 나는 오히려 이 점에서 희망을 본다. 이미 한국은 반칙과 특권을 결코 용납하지 않으려는 초보적 수준의 시민사회를 만들어냈다. 이러한 시민사회로부터 더 발전된 토대 위에서만 민주주의가 제대로 작동할 수 있는 것이다.

2015년 12월 16일

소요.

한국 형법상 소요죄의 원형은 일본 메이지 시대 1882년에 시행된 구 형법의 '흉도취중죄兇徒聚衆罪'다. 후자는 문자 그대로 '흉악한 도당이 무리를 짓는 죄'란 뜻이다. 봉건 체제로부터 얼마간 타협적으로 탄생한 일본 메이지 정부는 근대적 민주주의를 추구하는 자유민권운동을 진압할 목적으로 이 조항을 만들었다고 한다.

이 조항은 1907년에 제정된 형법에서 소요죄로, 다시 1995년의 개정에서 소란죄로 죄명이 바뀌었다. 1995년 일본의 형법 개정은 전체적으로 법률 용어나 문장을 일상적으로 쉽게 이해할 수 있게끔 바꾸려는 취지에서 이루어졌다. 오늘날 일본 형법에는 제106조에 소란죄가, 제107조에 다중불해산죄가 있는데, 이는 한국 형법 제115조 소요죄와 제116조 다중불해산죄에 그대로 대응

한다.

양국 형법에서 이 두 조항의 내용은 거의 같다. 다만, 소란죄에서 주모자, 지휘자 및 적극 가담자, 부화뇌동한 자를 구분하여 처벌의 내용 및 수준을 달리하고 있을 뿐이다. 다중불해산죄의 경우, 한일 모두 권한 있는 공무원이 3회 이상의 해산 명령을 내린 후 해산하지 않은 사람을 처벌할 수 있도록 되어 있다. 한마디로, 소요죄는 메이지 시대 이래 일본 형법을 계속해서 베낌으로써 만들어져서 지금까지 존속하고 있는 것이다.

한일 형법 체계상, 소요죄나 소란죄는 내란이나 국가 전복에까지 이르지 않은 수준의 소위 폭동을 처벌하기 위한 조항이라고 여겨진다. 미국 연방 법전『USCUnited States Code』18편은 우리의 형법 및 형사소송법에 상응하는 내용을 담고 있는데, 제102조는 폭동riot, 제115조는 반역treason, 선동 및 전복적 활동sedition and subversive activities을 다룬다. 미국의 각 주는 집회에 관한 법률을 각기 따로 갖고 있다. 독일의 연방 형법에도 소요죄Landfriedensbruch가 들어 있다. 직역하면 “국가 평온을 깨뜨리는 일”이란 뜻인데, 역시 소위 폭동에 관한 조항이다.

고전 중국어에서 소요騷擾는 소란 및 요란과 거의 동의어로 쓰였다. 오늘날 한국어에서 일상적으로 ‘소란’과 ‘요란’이 보통과는 다르게 시끄럽고 어수선한 상태를 비교적 중립적으로 묘사하고 있는 것과는 크게 다르다. 근대 이전 체제의 집권층 입장에서 보자면, 소란이나 요란은 그 단어들의 뒷 글자 성분이 나타내듯이 결국 일종의 ‘난亂’이었던 것이다.

영어권에서 요즘 잘 쓰이지는 않는 단어로 'commotion'이 있다. 소란, 소동 등의 의미인데, 철학자 존 로크의 시기까지는 자주 쓰인 것으로 보인다. 로크는 그의 유명한 『관용론』에서 다음과 같이 말했다. "사람들을 모아서 선동적 폭동seditious commotion을 하게 만드는 유일한 것이 있는데, 그것은 바로 압제다." 지배층이 폭동으로 몰아가는 행위는 대개가 압제에 대한 저항에 불과하다는 것을 간결하게 잘 표현했다. commotion의 어원상 뜻은 '함께 움직임'이다.

경찰은 2015년 11월 민중총궐기 집회에 나선 한상균 민주노총 위원장에게 소요죄를 적용해서 검찰에 송치한 바 있다. 소요죄가 적용된 것은 거의 30년 만이다. 백남기 씨를 의식불명 상태로 만든 물대포 남용을 정당화하기 위해 억지를 부린 게 명백하다. 경찰의 의도는 평범한 집회를 폭동으로 둔갑시킴으로써 경찰이 범한 치명적 과잉 진압을 무마해보려는 것이다.

국민들의 평범한 집회를 폭동으로 처벌하겠다는 발상은 무엇보다 비례의 원칙에 맞지 않는다. 한국 형법에서 소요죄가 역사적, 법체계적, 비교법학적으로 보아서 폭동죄라는 사실을 감안한다면, 경찰의 수작 자체는 극히 '흉악한' 일로 보인다.

경찰의 이런 작태는, 마치 경찰이 그동안 그토록 원하던 수사권을 얻어낸 것처럼 보인다. 경찰의 수사권 독립에 대해 입에 게거품을 물면서 극렬하게 반대하며 사회적 소란과 정치적 난동을 피웠던 검찰의 반응이 잠잠했던 것도 도무지 이해되지 않는다. 검찰이 경찰을 따라서 평범한 집회를 폭동으로 기소한다면, 검찰과 경찰은 정치·사회적 흉도로 전락해서 무리를 지어 모여 민주주의와 기본권을 폭행하고 협박하는 것이 되는 셈이다.

2015년 12월 23일

전해라.

25년 무명 가수 이애란의 노래 「백년 인생」의 가사는 "육십 세에 저세상에서 날 데리러 오거든 아직은 젊어서 못 간다고 전해라"라는 틀로 되풀이된다. 죽음과 관련된 오래된 문화적 세계관을 놓고서 말한다면, 여기서 데리러 오는 사람은 틀림없이 저승사자일 것이다.

이 노래의 시적 화자는 모든 인간에게 있어서 '최종적이고 불가역적인' 죽음을 여러 연령대에 걸쳐서 거부하고 있는데, 다만 특이한 것은 시적 화자가 저승사자에게 대놓고 직접 말하는 것이 아니라, 제3자를 통해 그 거부 의사를 간접적으로 전하고자 한다는 것이다. 2015년 하반기 최대 유행어였던 '전해라'는 이렇게 '거부' 의사를 간접적으로 표현하는 화법으로 큰 인기를 모았다.

우리는 일상생활에서 "~라고 (전)하세요"라든가 "~라고 (전)

해주세요" 등과 같은 표현을 쓴다. 이에 반해서, 이 노래는 반말투 명령형인 "전해라"를 쓰고 있다. 한국의 일상 언어 감각에서 '전하다'의 반말투 명령어는 군대나 성서에서만 쓰인다.

어떤 점에서 '전해라'는 '너나 잘하세요'라든가 '처드세요'와 비슷하다. 이 '전해라' 화법은 무시무시한 저승사자에게 마치 직접 반말을 하는 듯한 효과를 낳는다. 이런 효과는, 이 '전해라'가 많은 사람에 의해 패러디되면서, "팀장님께 오늘 회식 못 간다고 전해라" "사장님께 주말 등산 못 간다고 전해라" "김장날 시댁에 못 간다고 전해라" "학교 짱에게 빵 셔틀 못 간다고 전해라" 등으로 변형된 데서도 잘 알 수 있다.

노래의 저승사자에 상응하는 이가 갑질이나 꼰대질을 일삼는 사람일수록, 즉 패러디되는 권력이 크면 클수록 이 화법적 패러디의 풍자 효과도 더 크다. 그러니까 '전해라'는 거부 의사의 간접화법으로서, 결국 화법의 코스튬 플레이로서 유행한 셈인데, 힘 있는 사람에게 직접적으로는 표현하기 힘든 바를 에둘러서 동시에 풍자적으로 표현하는 의사 전달의 복음이 되었던 것이다. '전해라'는 범용성과 편리성이 있을뿐더러 전투력까지도 갖춘 표현의 아이템 노릇을 했다.

노래 「백년 인생」 자체는 많은 사람에게 인기를 모았다. 중장년층 및 노년층에게는 '백 살까지 살아보자'는 취지에서, 젊은 층에게는 '짤방' 자체의 우스꽝스러움 때문에 더 그러했다. '전해라'라는 말이 젊은 층 사이에서 유행하게 된 최초의 계기는 노래 동영상의 일부를 사람들이 '짤방'이나 '움짤' 이미지로 만들고 거기에 여러 가지로 패러디한 '전해라'를 자막으로 넣어 유포시킨 것이다.

짤방이란 '짤림 방지'의 준말이고 '움짤'은 움직이는 짤방의 줄임말이다. 과거 어느 인터넷 사이트 게시판에 글을 올릴 때 반드시 이미지를 첨부해야 했는데, 유저들이 글이 짤리는 것을 방지하기 위해 첨부했던 이미지를 짤방이라 부르면서 널리 쓰이게 됐다. 그중에는 글 내용과 상관이 없는 것도 많았고, 심지어 일부러 그러한 이미지를 골라 붙이기도 했다.

「백년 인생」의 유행은 1993년 신신애의 「세상은 요지경」이나 2000년 신바람 이박사를 연상시킨다. 하지만, 신신애 때는 아직 초고속 인터넷이 보급되기 전이었고, 이박사 때는 디지털 카메라나 포토샵을 활용한 짤방 이미지 사용이 일반적이지 않았다. 이애란이 미니 스커트를 입고 묘한 표정과 진지한 톤으로 부르는 뽕짝풍의 노래 「백년 인생」은 젊은 층의 인터넷 문화와 만나면서 큰 덕을 보았다.

'전해라'의 범용성과 편리성은 누구나 어떤 상황에서든 쉽게 활용할 수 있다는 데 있다. 박근혜 대통령은 "배신의 정치는 반드시 선거에서 국민이 심판해주셔야"라고 말한 바 있다. 그 말을 유행하는 자유 간접화법으로 표현하면 다음과 같다. "X는 배신자니 선거에서 떨어뜨리라고 전해라." 또 "진실한 사람들만이 선택받을 수 있도록 해주시길"은 "Y는 친박이니 선거에서 뽑으라고 전해라"가 된다.

마찬가지로, 정치적 반대편에서 '전해라'를 사용할 수도 있다. "교과서 국정화 안 된다고 전해라" "노동 개혁은 사기질이니 재벌 개혁부터 하라고 전해라" "위안부 관련 한일 간 합의는 야합이니 인정 못 한다고 전해라." 참 쉽쥬?

2015년 12월 30일

불가역적

일본 수상 아베 신조는 정치적으로 금수저 출신이며, 동시에 전범 집안 출신이다. 그의 아버지 아베 신타로는 외무상을 지냈고, 외할아버지 기시 노부스케는 일본 수상을, 그리고 기시 노부스케의 동생 사토 에이사쿠도 일본 수상을 지냈다.

기시 노부스케는 1930년대 후반 만주국의 총무청 차장으로서 '산업 개발 5개년 계획'을 입안했다. 패전 직후 기시 노부스케는 A급 전범 용의자였지만 기소되지 않고 풀려났다. 그는 자민당을 만든 주역으로 초대 간사장을 지냈다.

아베의 진외고조부 오시마 요시마사는 일본 육군 장군으로 한반도에 출병하여 동학농민운동을 진압했고 당시 고종이 머물던 경복궁을 점령해 친일 내각을 구성하게끔 했다. 오시마 요시마사는 정한론의 주창자인 요시다 쇼인의 신봉자였으며, 아베 신조 역시 요시다 쇼인을 가장 존경한다고 말한 바 있다.

아베는 일본의 소위 역사 수정주의 흐름과 역사 인식을 같이 한다. 그 인식의 골자는 일본의 제국주의 전쟁, 식민지 지배 및 전쟁 범죄가 결코 잘못이 아니라는 것이다. 현재, 아베가 공언하는 최우선 과제는 평화 헌법 9조를 바꾸는 것이다. 패전 후 일본사회에서 불가역적인 것으로 여겨져온 평화 헌법 체제를 뒤집으려고 하는 것이다.

2015년 말 위안부 관련 한일 합의안에 "최종적이고 불가역적"이라는 조건을 꼭 넣을 것을 아베가 지시했다는 보도가 있었다. 박근혜 정부는 그 문구를 넣을 것을 주장한 쪽이 한국이라고 우겼지만, 정황상 박근혜 정부가 거짓말하고 있는 것으로 보였다.

"최종적으로 해결"이라는 표현 자체는 1965년 한일 협정에 나타난다. 제2조에는 "두 나라 및 두 나라 국민 사이의 재산, 권리 및 이익과 청구권에 관한 문제가 완전히 그리고 최종적으로 해결된 것이 된다는 것을 확인한다"고 되어 있다. 일본 행정부 및 사법부가 그동안 위안부 문제 등과 관련해서 법적 책임이 없다고 주장할 때 내세워온 근거가 바로 이 조항이다.

여기에 이번에는 '불가역적'이란 표현이 추가되었다. 불가역적이란 말은 쉽게 말해 되돌릴 수 없음, 돌이킬 수 없음, 뒤집을 수 없음 등을 뜻한다. 여기에 상응하는 영어 'irreversible'은 동사 'reverse'에 부정을 뜻하는 접두사 'ir'과 가능을 뜻하는 접미사 'ible'가 붙어서 만들어졌다. 한자어 '불가역적'과 의미 요소 및 형태 구성이 똑같다.

'불가역적으로'는 문법적으로 정도 부사에 해당하며, 특히 강조어라고 할 수 있다. 강조어란 다른 단어의 의미를 강화하거나 약화시키는 효과를 갖는 부사어를 통칭하는 말이다. 예를 들어 영어 'very' 'quite' 'absolutely' 'definitely' 등이 바로 강조어다. 한국어에서는 매우, 엄청나게, 끔찍이 등이 강조어이며, 요즘 젊은 사람들은 '졸라' 등을 즐겨 쓴다.

아베는 합의 뒤에 "이제 모두 끝이다. 더 이상 사죄하지 않는다"고 말했다고 한다. 의아한 것은 아베가 제대로 사죄한 적이 한 번도 없다는 것이다. 당시 합의에서도 마찬가지였다. 위안부 문제와 관련해 아베가 한국 정부에 대해 가졌던 불만은 한국 정부가 계속 '골문 위치'를 바꾼다는 것이었다. 하지만, 우리가 요구해온 것은 단지 공식적인 사과였을 뿐이다.

불가역적이란 말은 민주주의, 자유, 평화, 공존, 진보, 경제 번영 등과 같은 사회적이고 역사적인 업적이나 성취에 대해서 쓸 때 빛난다. 반면에, 그 말이 환경 파괴, 정치적 퇴행, 계층구조 고착, 분배 구조 양극화 등과 같은 것에 대해서 쓰일 때는 거부감을 준다.

합의문에서 '불가역'이란 말을 썼다고 해서 그 합의가 불가역적이 되는 것은 결코 아니다. 사회 구성원 전체 내지는 대다수에 의해 그 합의가 받아들여지고 지켜질 때만 불가역적이 되는 것이다.

'배신' '진실' 등의 초보적 어휘만을 쓰던 박 대통령이 급기야 '대승'을 입에 담았다. 소승이든 대승이든 간에 탈 것은 얼마든지 뒤로 굴러간다. 이미 그 스스로도 많은 분야에서 정치적·역사적 역주행을 해왔다. 대승적으로 되돌리고 뒤집어야 할 것은 그가 저지른 과오들이다.

2016년 1월 6일

애데릴라.

'애데릴라'는 말 그대로 애 데리러 가는 엄마들 사이의 유행어로 그들 자신을 가리키는 말이다. 인터넷에서 이미지를 검색해보니 사진의 주인공들은 대개 20대 중반에서 30대 중후반까지로, 아마도 애 데리러 가기 전에 찍은 셀카로 여겨진다.

애데릴라는 애와 신데렐라의 합성어다. 신데렐라 이야기가 중세 이후 유럽에서 처음 등장한 곳은 프랑스다. 영어 신데렐라는 프랑스어 상드리용Cendrillon의 번역어로, 샤를 페로의 유명한 동화책에 등장한다. 최초의 이야기 제목은 『상드리용, 또는 작은 유리 슬리퍼』였다. 상드리용은 어근인 재Cendre에 축소 내지 감소의 뜻을 갖는 접미사를 붙여 만든 말이니, 상드리용을 직역하면 '재투성이 아이'가 된다.

신데렐라 이야기의 끝은 왕자님과의 결혼이라는 점에서 애데릴라라는 말에는 행복으로 골인하는 미혼 시절의 낭만적인 여운이 깃들어 있다. 비록 애를 데리러 매일 어린이집이나 유치원에 가야 하지만, 그 전에 셀카를 찍으면서 자기의 외모나 피부 상태를 꼭 확인해볼 정도로 나이나 마인드가 아직 젊다는 뜻이다.

한편, 애데릴라에는 왕자를 만나기 전까지 개고생 하던 신데렐라의 이미지도 분명히 담겨 있다. 그런데 재투성이 애처럼 집에서 머물던 애데릴라는 애를 데리러 가기 위해 반드시 몸단장을 해야 한다. 애데릴라는 꼭 그렇게 하고 나가는 센스를 지니고 있다.

'Cinderella'의 발음을 가급적 들리는 그대로 적어보자면 '신더렐러'가 된다. 악센트는 세 번째 모음에 있고, 두 번째와 네 번째 모음인 '어'는 'american schwa'라고 부르는, 짧고 약하고 불분명한 중성모음이다. 귀로 들리는 것을 그대로 적는다면, 때로는 '으'라고 표기할 정도로 모호하게 발음된다.

'데릴러'는 '데리러'가 어법에 맞는 표현이라고 한다. '데리러'의 원형은 불완전동사 '데리다'이다. 불완전동사는 보통의 완전동사와는 달리 극히 제한적으로만 활용된다. '데리다'의 활용형은 '데려' '데려다' '데리러' '데리고'뿐이다. 또 '데리다'는 그 자체만으로 동사 역할을 하지 못한다. 늘 뒤에 '가다' '오다' '주다' '살다' 등이 붙는다.

'데리다'의 뜻은 "아랫사람이나 동물 등을 자기 몸 가까이에 있게 하다"라고 풀이되어 있다. 그러니, '데리다'의 동작 주체는 대개 나이, 힘, 돈, 경험, 스킬 등이 많다. 이렇듯 '데리다'는 나이 등이 많은 사람이 보호자가 되어 더 어리거나 약하거나 모자란 사람

등을 '동반, 인솔, 대동한다'는 뜻이었는데, 1980년대 중후반 한국에 마이카가 보급된 이후 '데리다'란 말에는 영어 'pick up'의 의미가 부가되었다.

만약 '신더렐러'와 '데리러'의 표기만이 굳이 옳다고 고집한다면, 애데릴라란 말은 상당한 착오를 범하고 있다고 할 수 있다. 이 언어 표기상의 착오는, 젊다고는 하지만 엄마가 거울을 보면서 아직 자기 외모와 피부에 애착을 두는 심리 상태와도 은근히 연결이 되며, 또 '신데렐라 콤플렉스'란 말에 함축되어 있는, 능력 있는 남편-왕자님에 의존하고 싶은 심리 구조와도 관련된다. 이것들의 문제는, 무엇보다 신데렐라가 되기 위해서는 결국 '트로피 와이프'가 되어야 한다는 것이다.

'데릴라'를 로마자로 어거지로 표기하면서 이미 있는 단어 중에서 찾아본다면, 'Delilah'가 떠오른다. 전에는 '삼손과 델릴라'라는 식으로 적었지만, 요즘 성서에서는 '들릴라'로 표기하며, 영어 화자 발음으로는 '딜라일러'다.

내 문화적 취향은 신더렐러보다는 딜라일러 쪽이다. 신더렐러의 왕자님은 뭔가 페티시즘에 빠져 있다는 느낌이 들기도 하거니와, 내게 매달리는 사람보다는 나를 망가뜨리는 사람이 차라리 더 매력적이다. 재투성이 콩쥐보다는 '팜므 팥알' 쪽이 더 끌린다.

신데렐라 하면, 유리 구두와 더불어 새엄마와 배다른 두 언니의 학대, 심술, 구박, 모함 등이 떠오르기 마련이다. 오늘날 그런 학대, 심술, 구박, 모함 등에 해당되는 것은 무엇일까. 나는 곧 다가올 '보육 대란'이 그것이라고 생각한다. 보육 대란은 슈퍼우먼의 개인적 행운만으로는 이겨낼 수 없다.

2016년 1월 13일

젠트리피케이션

젠트리피케이션gentrification이란 도시 어떤 지역의 자산 가치가 갑자기 치솟는 것을 뜻한다. 독일 태생의 영국 여성 사회학자 루스 글래스가 1960년대에 처음 사용한 말이다. 도시사회학자였던 그녀는, 도심의 노후지역이 개발되어 땅값과 집값이 급격히 오른 뒤에 원래 살던 하층계급 주민들이 쫓겨나고 그 대신 중간계급이 몰려드는 과정을 이 개념으로 설명했다.

어휘론적으로 젠트리피케이션은 'gentry + fy'로 이루어진 gentrify라는 동사의 명사형이다. 그러니까, 이 말 자체의 뜻은 '중류계급이 되다' 혹은 '그런 한에서 고급화되다'이다. 원래 젠트리는 근대 이전의 영국에서 지주계급을 가리켰다. 젠트리 계급 아래는 요먼이라는 자영농 내지 자작농 계급이었고, 또 그 아래가 허즈번드먼이라는 차지농 내지 소작농 계급이었다. 오늘날 남편이란 뜻으로 쓰이는 'husband'는 차지농으로서의 세대주 남성을 가리키는 말이었던 것이다. 예컨대, 만유인력으로 유명한 아이작 뉴턴 집안은 뉴턴이 태어나기 몇 대 전에 허즈번드먼 계급에서 상승해서 요먼 계급이 되었고, 뉴턴의 아버지는 요먼에 속하기는 했지만 교육을 받지 못해서 글을 읽을 수 없었다. 유복자인 뉴턴이 네 살 되던 해에 뉴턴의 어머니는 매우 늙었지만 재산이 엄청나게 많은 목사와 결혼한다. 그녀의 새 남편은 결혼한 지 7년 만에 세상을 떠나는데, 이 재혼을 통해서 뉴턴 가문은 젠트리 계급으로 상승하게 되었다고 한다.

오늘날로 치면 '은수저' 정도에 해당하는 계급을 가리켰다고 할 수 있는 젠트리란 말의 어원은 '고귀한 출생'이란 뜻이었고 집합명사로서 젠트리 계급에 속한 남성이 젠틀맨이었다. 젠트리 및 젠틀맨의 어근인 'gen'은 '출생, 종족' 등의 의미를 갖는데, 「창세기genesis」, 유전자gene, 세대generation란 말에도 들어가 있다.

그런데 젠트리 계급은 토지 소유관계에서 보자면, 위로는 대지주 계급이자 고관대작 귀족 계급인 노빌리티nobility와 또 아래로는 자영농 계급인 요먼 사이에 놓인 토지 소유 계급을 가리켰다. 그러다 좀더 광범위한 중간계급, 즉 중소 지주층은 물론이고, 더 나아가서 종교계 및 법률계 등의 고위 전문직 종사자들과 부유한 상인까지도 아우르게 되었다. 또 이 과정에서 젠틀맨은 경제적인 측면보다는 사회적인 측면에서 그 문화적 가치가 강조되기에 이르렀던 것이다.

한편, 젠틀맨이라는 단어는 근대 초에 동북아시아로 전해지면서, 향신鄕紳 혹은 신사紳士란 말로 번역되었다. 한자어 신紳은 예복에 갖추어 매는 큰 띠를 일컫는 말이고, 신사는 이러한 예복을 입은 선비를 뜻했다. 『논어』를 보면 공자님 말씀을 자장이라는 제자가 급히 받아 적는 이야기가 나오는데, 이때 허리띠를 풀어 거기에 적었다고 한다. 중국 명청 시대에 과거시험에서 초급 단계에만 합격해 중앙 관료로 진출하지 못한 채 향촌에 거주하거나 혹은 퇴직 관리들로서 향촌에서 권력을 잡고 있는 유교적 교양을 갖춘 지주계급을 향신 혹은 그저 신사라고 불렀다. 향신 계급 출신 중에서도 몰락한 사람들이 백발이 성성할 때까지 과거시험에 매달리는 이야기를 다룬 소설이 바로 『유림외사儒林外史』다.

요즘 한국사회에서 젠트리피케이션이 일어나는 과정은 이렇다. 먼저, 임대료가 상대적으로 싼 곳에 작은 문화 시설, 카페, 식당, 술집, 옷가게 등이 하나둘씩 들어와서 장사를 한다. 사람들이 몰려들면서 이곳이 소위 '핫 플레이스'가 된다. 그 후 입소문과 소셜 미디어 등의 영향으로 더 많은 사람이 몰려든다. 그 결과, 보증금과 월세가 천정부지로 치솟으면서, 처음 들어와서 문화적·상업적 분위기를 조성해낸 임차인들은 다른 곳으로 쫓겨나게 된다.

젠트리피케이션의 부작용을 막는 방법은 무엇일까. 일단은, 임차인을 보호하는 법적·사회적 제도를 강화하는 것이다. 더 나아가서는 근로소득 및 사업소득에 대해서 가능한 한 세금을 경감하는 동시에, 자산소득 등의 불로소득에 대해서는 세금을 무겁게 때리는 길 뿐이다. 궁극적으로는 토지공개념이 답일 테지만 말이다.

2016년 1월 20일

영입.

문자 그대로의 뜻이 '환영하며 맞아들임'인 이 말은 정치권이나 스포츠계, 그리고 기업 등에서 새로운 사람을 충원함으로써 유권자나 팬들, 혹은 주주나 소비자들의 관심을 끌려고 시도할 때 쓴다. 영어로는 정치권에서의 영입을 'recruitment', 스포츠계의 영입을 'scout'라고 한다. 사전적으로 영입의 반대말은 환송이지만, 현실 정치의 쓰임새에서 그 반대말은 탈당이다.

'recruit'의 라틴어 어원은 '다시 성장하다'란 뜻이고 17세기 중반에 신병을 소집한다는 뜻으로 쓰였다. 오늘날 기업의 신입 사원 모집도 recruitment라고 한다. scout는 정보를 얻기 위해 멀리 내보낸 사람을 뜻했다. 한편, 영입에서의 영迎이란 글자는 '우러를 앙仰' 자에 길거리를 간다는 뜻의 책받침 변⻌이 더해져서 만들어진 말이라고 한다. 어원상 높은 사람을 맞이하기 위해 길로 나간다는 뜻인 것이다.

현대 정치는 정당 정치이므로, 영입되는 사람은 특정 정당에 들어가게 된다. 그런데 요즘 뉴스에서의 쓰임새를 놓고 보면, 영입과 입당에는 미묘한 차이가 있다. 예컨대, '더불어민주당'에서 김종인은 영입이고 김홍걸은 입당이다. 듣는 입장에서 말한다면, 영입은 맞이하는 쪽의 노력이 부각된다는 느낌이, 입당은 들어오는 쪽의 의지나 무게가 강조된다는 느낌이 든다.

스포츠계의 영입은 돈으로 이뤄지고, 정치권의 영입은 공천 약속으로 이뤄진다. 후자는 명시적으로 확정되어 진행되는 것은 아니지만, 관행상 묵시적으로 서로 그렇게들 알고 일이 진행된다. 공천 약속이 묵시적인 만큼, 영입을 하는 사람의 정치적 영향력이 실질적이든 상징적이든 명백히 현존해야 한다. 그래서 봉건사회에서 영입을 추진하는 사람은 군주였고, 현대 정치에서는 정당의 지도자나 그 대리인이다.

중국사에서 가장 유명하고 성공적인 영입 사례를 가리키는 말로 '삼고초려'가 있다. 여기서 '초려'는 초가집이란 뜻이므로, 이 말을 엄격하게 쓰면 김종인은 '삼고'인지는 모르겠지만 '초려'는 분명히 아니다.

'민주당'의 영입 명단은 주로 대다수가 정치권에는 잘 알려지지 않았지만 각자 자기 분야에서 상당한 경력을 쌓은 사람들이다. 일단, 그렇게 말해도 큰 잘못은 아닌 것처럼 보인다. 하지만 좀더 세밀하게 들여다보면 구태의연하다는 느낌을 갖게 된다. 대다수가 결국 기업인, 법률가, 관료 출신의 정치 지망생이기 때문이다.

이런 유형의 사람들은 굳이 영입이라는 방식에 의해서가 아니라도 충원이 가능했다. 즉, 기존의 초선 국회의원 충원 유형과 크게 다를 바가 없는 뜻이다. 다만 과거와 큰 차이가 있다면, 그것은 시민운동이나 사회운동 영역으로부터의 충원이 거의 없다는 정도일 뿐이다. 물론, 민주당의 영입이 다른 당들에 비해 상대적으로 분명히 나은 편이기는 하다. 다른 당들은 소위 낙하산 공천이나 정치적 야합에만 몰두하고 있는 중이다.

하지만 무의식적으로 내 귀에 '더민주'의 '더'가 '더불어'의 '더'라기보다는 '더 많은'의 '더'로 들리는 상황에서, '더민주'의 김종인 영입이 기존의 국회의원 충원 방식과 크게 다르지 않다는 점은 상당히 불만족스럽다. 영입이라는 말 아래 이뤄지는 행위 자체가 입법 엘리트를 아주 조금 색다르게 충원하는 수준에 머물러 있기 때문이다. 나는 더 많은, 더 근본적인 민주주의를 원한다. 기업인, 법률가, 관료 출신들만이 더 큰 정치적 기회를 누리는 구조를 두고 이것이 더 민주적이라고 할 수는 없는 노릇이다.

선거를 앞두고 대다수 국민이 갖고 있는 심각한 우려는 '이선망'으로 요약될 수 있을 것이다. 신자유주의적 양극화 및 저성장 경제 구조에서 영입recruitment이 봉쇄된 청년들은 '이생망(이번 생은 망했어)'란 말로 스스로와 세상을 자조한다. 반면, 국민 대다수는 정당들이 지리멸렬한 상태로 이합집산을 거듭하고 있어서, 기꺼이 투표를 하더라도 결과적으로 선거에서 망하게 될 것을 크게 걱정한다. 현재와 같은 영입만으로는 다수 국민의 우려를 잠재울 수 없다. 국민은 감동적이고도 성공적인 연대를 원한다.

2016년 1월 27일

기준금리

2016년 1월 미국 연방준비제도(연준) 산하 공개시장위원회는 시중 은행들이 연준에 예치해야 하는 지불준비금(지준금)의 초과분과 관련된 기준금리(연방기금금리)를 동결했다. 며칠 뒤 일본의 중앙은행인 일본은행은 지준금 초과분에 대해서 사상 최초로 마이너스 금리를 부과할 거라고 발표했다.

시중 은행들은 예금주의 지급 요청에 대비해 중앙은행에 지준금을 예치해야 하며, 지준금의 비율은 대개 법으로 정해져 있다. 그런데, 이 지준금의 실제 예치 잔고는 각 은행의 사정에 따라 정해진 것을 초과할 수도 있고 그보다 부족할 수도 있다.

초과분이 있는 은행은 잔고가 부족한 은행에 돈을 꿔주고 이자를 받는다. 연준이나 일본은행의 기준 금리란 바로 은행들 간의 이런 단기 거래에 대한 정책 금리를 가리킨다. 또, 잔고가 부족한

은행들은 직접 중앙은행으로부터 정해진 이자율에 따라 긴급 대출을 받기도 한다.

미국은 지준금을 '연방 기금Federal Funds Rate'이라고 부른다. 일본은 각 시중 은행의 지준금이 일본은행의 당좌예금 계좌에 예치되어 있다. 일본에서 마이너스 금리를 적용하겠다고 한 대상이 바로 이 당좌예금 잔고다. 결국 쉽게 말해서, 개개 시중은행의 일반 고객 예금에 마이너스 이자가 붙는 것은 결코 아니라는 얘기다.

어느 나라든지 지준금 제도를 운영할 때 시중은행의 예치금에 대해서는 원칙적으로 이자를 주지 않는다. 일본에서는 당좌예금의 금리가 제로라고 특별히 법으로 정해져 있다. 따라서, 지준금 잔고에 붙는 이자를 중앙은행이 과도하거나 급격하게 정책적으로 통제하는 것 자체가 실은 비정상적인 일이다.

이번 일본의 조치를 자세히 들여다보면, 일본은행 당좌예금 계좌에 들어가 있는 시중은행 지준금 예치 잔고 전체에 대해서 무조건 마이너스 금리를 붙이겠다는 것은 아니다. 그보다는, 잔고 전체를 세 가지로 나누어, '기초 잔고'에 대해서는 0.1퍼센트, '매크로 가산 잔고'에 대해서는 0퍼센트, '정책 금리 잔고'에 대해서는 −0.1퍼센트의 이자를 붙이겠다는 것이다. 잔고를 세 가지로 나누는 데 있어 세부적인 기준은 밝혀지지 않았다.

미국은 2007년 금융 위기 때 기준 금리를 긴급 인하한 이래 2008년에 최초로 제로 금리를 도입했다. 그랬다가 2015년 12월에 금리를 인상한 후 추가 금리 인상의 기대를 깨고 금리를 동결한 것이다. 취업률이나 적정 인플레율과 관련해서 경제가 호전된 것은 아니라고 연준이 조심스레 판단한 것이다.

일본은 1990년대 초 거품이 붕괴되고 구조적 장기 저성장 체제에 돌입한 이후에 여러 번 통화 공급을 늘리는 정책을 써왔다. '양적 완화'란 개념이나 표현을 처음 쓴 것도 2000년대 초 일본이다. 이번에 구로다 하루히코 일본은행 총재는 언론 발표에서 금리 이외에 양적–질적 완화에 관해서도 언급했다. 양적 완화란 중앙은행이 정부 채권이나 신용 등급이 높은 회사채 및 증권 등을 매입함으로써 시중에 돈을 푸는 것을 뜻하고, 질적 완화란 바로 그 매입 대상이 되는 금융 자산의 구성을 유동성 등을 기준으로 바꾸어가는 것을 가리킨다.

양적 완화를 확대하거나 지속한다는 것은 정부가 중앙은행에 대해 계속 큰 빚을 진다는 의미이고, 이 빚은 세금으로 갚아야 하는 것이므로 결국 국민 부담이 된다. 미국은 달러가 기축통화인 데다가 최근 몇 년간 국내총생산GDP이 조금씩이나마 증가해왔으므로 양적 완화 자체가 일본만큼 문제가 되지는 않는다. 중장기적으로야 정부 채무가 경제 위기의 핵심 요인이지만, 적어도 당장은 그렇다.

반면 일본의 아베노믹스는 이미 실패해버렸다. 통화량이 증가하고 환율이 올라서 대기업 및 증시에는 약간 도움이 되었지만, 경제 체질 자체는 생산성이 크게 떨어져 있고 수출 상품의 경쟁력도 거의 없기 때문이다. 중소기업과 서민들은 망해가고 있다.

2016년 아베는 기존의 '세 화살' 말고 또 다른 새로운 '세 화살'에 관해 발표했다. 소설 『삼국지연의』에서 제갈량은 자욱한 안개 밤을 이용해서 조조로부터 화살 10만개를 얻어냈다. 물론, 이건 역사적 사실과는 다른 허구의 얘기다. 어쨌든, 일본 경제는 제갈량이 되살아나도 어렵다.

2016년 2월 3일

미국.

2016년 2월 미국 상원은 '대북제재강화법'을 96대 0의 표결로 통과시켰다. 민주당 대선 후보 중 한 명이던 샌더스 상원의원은 표결에 참가하지 않았다. 이 일은 위안부 문제에 관한 굴욕적이고도 졸속적인 합의, 북한의 핵 실험 및 장거리 미사일 발사, 개성 공단 폐쇄, 한국의 사드 배치 논란 등으로 이어진 일련의 사건을 대체 어느 나라가 의도적으로 또 지속적으로 촉발하고 있는가, 또 결국 누가 가장 큰 이익을 얻는가에 관해 통찰할 수 있게 해주는 실마리가 된다.

잘 알다시피, 아메리카 대륙을 처음 발견한 사람은 콜럼버스다. 하지만 그 미지의 대륙은 이탈리아 사람 아메리고 베스푸치의 이름을 따서 명명되었다. 16세기 초 독일의 지도 제작자인 마르틴 발트제뮐러는 『우주지 입문』이라는 책에서 아메리고의 이름을 라틴어로 'Americus'라고 표기하면서 그렇게 명명했다. 그 말을 여성 명사 형태로 만든 게 바로 아메리카인 것이다. 이탈리아어에서 보통 남성 명사는 o로 끝나고 여성 명사는 a로 끝난다. 대륙 이름에 여성 명사를 쓴다는 게 이채롭기는 하지만, 유럽이란 말도 그리스 신화에 나오는 페니키아 공주의 이름에서 따왔다는 걸 알고 나면 쉽게 이해될 것이다.

서세동점의 시기에 미국의 이름은 동아시아에서 한자어로 음역되었는데, 청나라 초기에는 미리견咪唎堅이라고 했다. '미咪'의 뜻은 양의 울음소리이고, '리唎'는 가늘고 작은 소리다. '견'에 해당하는 한자는 좀 복잡한데, 원래는 굳을 견堅 자 왼쪽에 입구 변이 붙어 있는 글자였다.

서세동점 초기에 중국은 미국을 미이咪夷, 즉 '미국 오랑캐'라고 불렀다. 오랑캐에 대한 국가 정책과 업무인 이무夷務가 양무洋務라는 이름으로 바뀐 것은 19세기 후반 무렵이었다. 19세기 중반에서 20세기 초 중국이 미국과 맺은 조약들에서 미국은 '미리견합중국美利堅合衆國'이라고 표기되었다. 합중국은 'the United States'의 번역어인데 제대로 번역한다면 합주국合州國이 되었어야 했다.

양 울음소리가 아름다울 미美로 바뀐 것은 전적으로 중국에 와 있던 미국 선교사 브리지먼Bridgman 덕분이다. 그는 18세기 중반 중국어로 미국을 소개한 책『대미연방지략大美聯邦志略』에서 '美' 자를 썼다. 또 그는 중국과 미국 사이에 맺어진 조약들의 문서 작성에도 관여하면서 아메리카의 '메'를 '美'로 표기했다. 선교사는 본디 제국주의의 척후병이라는 걸 잘 알려준다.

일본에서는 에도 막부 중기의 정치가 시라이 하쿠세키新井白石의 저서 『서양기문西洋紀聞』(1709)에 아묵리가亞墨利加라는 음역 표현이 등장한다. 19세기 중반의 책 『곤여도식坤與図識』에는 "아묵리가는 아메리고亞墨利屈의 이름을 본따서 만들어졌다"고 설명되어 있다. 일본이 1854년에 미국과 맺은 불평등조약인 가나가와 조약에는 미국이 '미리견합중국米利堅合衆國'으로 표기되어 있다.

미국은 유럽 백인들이 아메리카 원주민의 땅에 와서 수많은 원주민을 학살하고 세운 나라다. 또 아프리카인들을 노예로 데려다 썼다. 미국은 건국 이래 계속된 전쟁으로 커온 나라이며, 핵무기와 미사일을 개발할 때 다른 나라들로부터 전혀 '제재'를 받지 않았다.

미국은 실제로 핵무기를 사용해서 민간인 수만 명을 죽이거나 다치게 했다. 최근에 벌인 큰 전쟁인 이라크 전쟁은 이라크의 대량살상무기를 명분으로 시작했지만 그 무기의 존재를 결코 입증해낼 수 없었다. 다만, 이슬람 국가IS라는 괴물을 만들어냈을 뿐.

사드는 미국의, 미국에 의한, 미국을 위한 무기다. 미국이란 나라가 군산복합체에 의해서 지배되고 있다고 폭로한 이는 육군 원수 출신 대통령 드와이트 아이젠하워다. 한국전쟁 때 중국 땅에 핵무기를 쓰려고 했던 것도 미국이며, 1960년대에 소련이 쿠바에 미사일을 배치하려고 했을 때 핵 전쟁 불사를 외친 쪽도 미국이다.

그러니, 더티한 무기인 사드가 배치되고 나서 중국이 곧바로 남한의 사드 기지를 공격한다 하더라도 영구 전쟁 국가 미국은 반발할 명분이 없다.

2016년 2월 17일

공천

선거 때 정당이 자기 당의 후보자를 공적으로 추천하여 내세우는 것을 뜻한다. 영어에서는 'nomination(지명)'이란 말을 쓴다. 일본에서는 정당이 후보자를 '공인公認'한다고 표현한다.

갑골문에서 공公은 공평하게 나눈다는 뜻의 성분과 음식을 담아 먹는 그릇을 나타내는 성분으로 이루어져 있다.

고대 중국어에서 천薦은 '동물이 먹는 풀' '짚으로 만든 거적' '되풀이해서' '바치다' '천거하다' 등의 뜻으로 쓰였다.

천薦은 『설문해자』에 '짐승이 풀을 먹는 곳'이라고 풀이되어 있지만, 지은이 허신은 금문을 보지 못하고 뜻풀이를 한 것으로 여겨진다. 금문의 천 자는 사슴을 닮은 동물이 풀들 사이에 있는 형태를 하고 있다. 아마도, 제사 지낼 짐승이 귀하던 시절에 산 채로 피를 흘리지 않게 해서 상징적으로 제사에 쓰던 짐승을 뜻하던 것으로 추정된다. 『맹자』에는 맹자와 제자의 문답 중에 "하늘에 사람을 천거하다"라거나 "요임금이 순임금을 하늘에 천거하다"라는 표현이 나온다.

『사기열전』에서 진시황의 생물학적 아버지로 되어 있는 여불위가 편찬했다고 하는 『여씨춘추』의 「거사去私(사사로움을 버린다)」편에는 기황양祁黃羊이란 사람의 고사가 나온다. 춘추시대 진秦나라 평공이 기황양으로부터 사람을 천거받았는데 그는 기황양의 원수였다. 평공이 놀라서 묻자 기황양은 이렇게 답했다. "공께서는 누가 적당한가를 물으신 것이지 누가 저와 원수지간이냐를 물으신 게 아닙니다" 다시 또 평공이 기황양에게 사람을 천거하라고 하자, 이번에는 자기 아들을 천거했는데, "공께서는 누가 적당한가를 물으신 것이지 누가 제 아들인가를 물으신 것이 아닙니다"라고 답했다고 한다.

이 고사 뒤에는 이야기를 들은 공자가 했다는 말이 덧붙여져 있다. 공자는 "선하도다! 기황양의 논리로다. 천거할 때 밖으로는 원수를 피하지 않고, 안으로는 자식을 피하지 않는구나"라고 했다. 물론 공자의 코멘트가 실제로 있었던 것이라기보다는 공자의 권위를 빌어서 기황양의 공평무사함을 강조하려는 의도에서 허구적으로 추가된 것으로 해석된다.

박근혜 대통령의 아버지가 대통령을 하던 시절에는, 크게 봐서 두 가지 유형의 국회의원 공천 방식이 있었다. 하나는 시키는 대로 충성스럽게 거수기 노릇을 할 만한 사람을 지명하는 것이고, 다른 하나는 돈을 갖다 바치는 사람에게 후보 자리를 주는 것이었다. 박 대통령의 아버지는 주로 전자를, 새누리당 지도자들은 전자와 후자의 방식을 섞어 썼다고 거칠게 말할 수 있다.

오늘날에는 각 당이 한편으로는 무엇보다 당원이나 유권자들을 고려하고 다른 한편으로는 흠이 없으면서도 능력이 뛰어난 사람들을 공천할 것이라고 공공연하게 선전한다. 또 공식적인 공천위원회를 만들어서 공천과정을 진행시키려 한다. 그런 만큼 좀더 민주적이 되었다고도 할 수 있다.

하지만 공천에서의 민주주의는 전체적으로 여전히 미숙하다. 그 과정과 방법이 가급적 아래로부터 공개적이고 공정하게 이뤄져야 한다는 점은 이제 다들 인정하지만, 구체적으로 어떤 기준에 따라 이루어져야 할 것인가에 관해서는 퍽 지저분하고 시끄러운 갈등이 노출된다.

다 아는 얘기지만, 거의 모든 현직 국회의원의 일차적 관심과 목표는 늘 다음번 선거에서 다시 당선되는 것이다. 그들에게 대통령 선거라든가 정권 교체 등은 부차적인 문제다. 입법활동을 포함한 의정활동의 평가는 의원들이나 유권자들에게 힘을 거의 미치지 못하고 있다. 또, 한국 정치 문화에서 특이한 것 중 하나는 공천을 받지 못했거나 스스로 받지 못하리라고 예견한 사람 다수가 굳이 탈당이나 분당을 해서 기어코 선거에 출마한다는 것이다.

무엇보다도 문제는 현재 한국의 정치 제도가 보수 정당들 위주로만 굴러가고 있고, 그것도 고질적인 지역주의 틀 안에 갇혀 있다는 것이다. 그래서 많은 유권자가 정당과의 정치적 일체감을 갖기 어렵다. 내 생각에는, 현직 의원들에게만 유리한 선거법을 확 바꾸고, 의원의 절반은 꼭 정당명부제를 통해서 뽑고, 의원 임기도 2년으로 줄이는 게 나을 듯하다. 하지만 어떻게?

2016년 2월 24일

놉.

놉은 영어 'nope'을 그대로 가져다 쓰는 말이다. nope의 원래 발음에 들어 있는 이중모음을 굳이 억지로 살려서 발음하려고 한다면 '노읍'이 되겠지만, 'no'를 그저 '노'라고 하듯이 nope도 '놉'이라고 한다.

no의 변이형인 nope은 입술을 꾹 다물면서 강조해서 발음하며 그럼으로써 의미도 강조된다. 또, 문법적 기능도 대답할 때뿐이다. 미국식 영어에서 nope은 1880년대 후반에 만들어졌고, 한 해 뒤에 'yep'이 만들어졌다고 한다. yes의 변이형인 yep도 nope과 마찬가지로 발음으로나 의미로나 강조형이다.

영어 yes와 no, 불어 'oui'와 'non' 독일어 'ja'와 'nein'은 모두 1음절이다. 영어 no와 독어 nein은 이중모음이지만 어느 나라 말에서든 청각적으로 이중모음은 2음절이 아닌 1음절로 지각된다. 시작할 때와 끝날 때의 소리가 다를 뿐 매끄럽게 이어지는 것이다.

no에 해당되는 한국어는 보통 '아니요'다. '아니요'는 3음절이어서 일단 입 밖으로 꺼내기가 '예'보다 더 어렵다. 음절수를 기준으로 거칠게 말하자면, 한국어는 거부 의사를 밝히거나 거절하는 게 화자로서 매우 불리한 언어인 셈이다. '예'에 비교하면, '아닙니다'는 더 불리하달 수 있다.

'아니요'와 서로 바꿔 쓰일 수 있는 '안 돼요'도 마찬가지다. 이 경우에는 "안 돼요, 돼요, 돼요……"라는 농담도 있다. 거부, 부정 등의 의사표시를 하기 위해 입 밖에 내는 말은 '돼요'보다 1음절이 더 많다. '아니요'와 '안 돼요'는 유저-프렌들리하지 않다.

전통적으로, 대개 한국 사람은 정이 많아서 야박하고 매정하게 거절하거나 거부하는 걸 힘들어했다고 할 수 있다. 물론, 그것은 지금 사라져가는 추세의 인류학적 특성이기는 하지만 그래도 많이 남아 있다. 보통이라면 대개 거부, 거절 등을 쉽고 편하게 하지 못한다. 특히나 화자가 마음이 모질지 않고 부드러운 사람이라면 매번 제대로 거절하지 못해서 나중에 마음고생을 하기 마련이다.

또 한국어는 경어법 체계가 엄격하기 때문에 존댓말을 쓰면서 거부, 거절한다는 건 심리적으로도 결코 쉽지 않은 일이다. 이것은 상대가 집안의 어른이거나 학교나 직장의 선배 혹은 상사, 거래처의 고객 등이라면 몇 번씩 되풀이해서 겪게 되는 일이다. 그래서 속으로는 당연히 거절하고 싶거나 거부해야 하지만, 한국어 관습과 한국의 인류학적 습속 때문에 본의 아니게 '네'라든가 '예'라고 대답해버리고 마는 일이 한국인들 사이에선 드물지 않게 벌어진다.

바로 그런 배경 때문에 '놉'이 선호되는 듯하다. 그저 '노'라고 하는 것은 아무래도 싸가지가 없게 들린다. 그렇기 때문에 한 번 더 꺾은, 혹은 에두른 표현인 '놉'을 쓰는 것일 터이다. '아니요'라고 하는 것보다는 '놉'이라고 말하고 나면, 단호하면서도 우아하고, 정중하면서도 깔끔하게 거부와 부정의 의사표시를 할 수 있다. '놉'은 아직까지는 그다지 불손하거나 퉁명스럽게 들리지 않는다.

물론, 직장 같은 데서 높은 사람에게 '놉'이라고 말하는 것은 당연히 절대 불가능하다. 한국에서는, 아래 직원이 임원이나 대표 등에게 반대 의사나 논리를 겸손하게 표현한다고 하더라도 "어디라고 함부로 직답을 하는 거냐?"라며 야단맞는 게 흔하다. 그래서인지, 시중에 나와 있는 처세술 책에는, 거절을 할 때 예컨대 이렇게 하라고 나와 있다. "(침을 잔뜩 바른 뒤에) 으음…… 죄송하지만, 도와드릴 수 없겠는데요." 대체 이건 뭥미?

제대로 '놉'이라고 말하는 것은 매우 중요하다. 사드? 놉! 테러방지법? 놉! 쉬운 해고? 놉! 헬조선? 놉! 20세기 중반 독일계 미국 철학자 헤르베르트 마르쿠제는 책『일차원적 인간』에서 '위대한 거부'를 강조했다. 우리는 자본주의적이고 권위주의적인 사회에서 순응주의적으로 살아가고 있기 때문에 그럴수록 비판적 부정이 필요하다는 게 그의 주장이었다. 놉? "어머, 이건 꼭 써야 돼."

2016년 3월 2일

인공지능.

한국 프로 바둑기사 이세돌 9단과 구글의 자회사가 개발한 인공지능 바둑 프로그램 '알파고'가 100만 달러를 내걸고 5번기 승부를 냈다. 굳이 토를 달자면, 한국을 대표하는 이세돌 9단이 일본식 이름의 게임을 중국 룰에 따라서 미국 독점 자본이 만든 인공지능 기계와 하게 된 것이다.

이세돌의 '돌乭'은 우리나라에서 만든 한자인 반면, '알파고AlphaGo'의 '고'는 바둑을 뜻하는 한자 기棋 혹은 기碁의 일본어 발음을 그대로 따른 영어다. 바둑이란 뜻으로서의 'go'는 1890년부터 쓰이기 시작했다고 한다. 알파고는 구글의 클라우드 컴퓨팅에 의해 실행되며 그 서버는 미국에 있다.

가로세로가 열아홉 줄인 바둑은 경우의 수가 이론적으로 361팩토리얼(361×360×···×2×1)보다 훨씬 더 많다. 그 수는

'1.43 × 10^{768}'인데, 바둑은 이미 한 번 돌이 놓였던 자리에 다시 돌을 놓을 수 있기 때문이다. 패 등이 바로 그것이다. 물론 우주류가 아닌 한, 또 초반부터 축 머리를 두지 않는 한, 초반의 착점은 대개 귀와 변에 한정되며, 판을 마칠 때에도 바둑판을 다 메우는 경우는 없다. 또, 두어진 수에 대해서 해설하는 프로 기사들이 예상하는 적절한 대응 수는 많아야 대여섯 가지 정도이고 열 가지가 넘는 경우란 거의 없다. 정석, 행마, 정수, 맥점, 묘수, 승착, 호착, 응수타진 수 등의 착점은 완착, 실착, 패착 등과 더불어서 결국 일정한 숫자 안에서 정해진다. 그러니 실제로 361팩토리얼보다는 분명히 더 작다. 하지만 그래도 바둑은 경우의 수가 엄청나게 크다. 한 번에 선택할 수 있는 수를 평균 4로 치고, 이것이 150회 계속된다고 하면, 경우의 수는 4^{150}이 된다. 이 수는 '2.03 × 10^{90}'이다.

우주 전체의 원자 수가, 관찰될 수 있는 것에 한해서 대략 10^{78}에서 10^{82} 사이라고 하니, 위 경우의 수는 모두 우주의 원자 수보다 더 많은 것이다. 참고로, 3^{150}은 '3.69 × 10^{71}'이다. 이제야 겨우 우주의 원자 수보다 작아졌다.

바둑에는 종종 필연적인 수순이라든가 기세의 흐름이라는 것이 있고, 또한 끝내기 단계에 이르러서는 완전히 좁은 의미의 계산만으로도 수순이 정해진다. 그러니 실제 경우의 수는 그것보다는 훨씬 더 줄어들 것이다. 하지만 그렇다 해도 바둑에서 경우의 수는 엄청나게 크기 때문에 그 모든 수를 일일이 확인한다는 건 물리적으로 불가능할 것이다.

알파고의 알고리즘은 인공지능의 여러 접근법 중에서도 '기계

학습machine learning'과 '트리 순회'를 사용한다고 한다. 컴퓨터 공학에 무지한 나로서는 이게 무슨 얘기인지 알 수 없다. 내가 아는 건 알파고가 인간으로 치면 바둑을 1000년쯤 학습한 정도의 실력이라는 것, 즉 16만 개의 기보에서 3000만 개의 수를 가져 와서 스스로 학습했다는 것, 또 이러한 학습 성과에 바탕을 두고 최적의 수를 찾거나 찾은 수의 승패를 예측한다는 것이다. 또한 알파고는 모든 경우를 일일이 확인해서 평가하지 않고 정해진 횟수 이내에서 무작위로 탐색을 한 다음 통계적·확률적으로 가장 이득이 큰 경우를 선택한다. 전문가에 의하면, 상대 선수가 생각하고 있을 때도 30초당 약 10~20만 번의 시뮬레이션을 수행할 것으로 추정된다고 한다.

2016년 1월 조훈현, 서봉수, 이창호 등 5인이 펼치는 리그전 때 유창혁과의 대국에서 조치훈은 시간패를 당했다. 두 사람 모두 초읽기에 들어간 상황이었는데 조치훈이 둘 차례에 갑자기 그의 머리에서 땀이 흘러 바둑판 위로 떨어졌고, 조치훈은 황급히 자신의 손수건으로 땀 묻은 바둑돌과 바둑판을 닦다가 시간패를 당한 것이다. 알파고라면 있을 수 없는 일이다.

현재까지의 인공지능은 대개 단일한 기능만을 수행했다. 인간의 매우 복합적이고 유연한 지적 능력은 생물학적 육체와 감각, 또 여기서 진화한 감정과 정서를 유기적 토대로 한다. 인공지능이란 말은 치매라는 말만큼이나 오염되어 있는 것이다.

2016년 3월 9일

인공지능의 윤리

비록 전패를 면하기는 했지만 이세돌의 패배는 상당히 충격적이었다. 비록 바둑의 수가 무한에 가까울 정도로 많다고는 하지만 결국에는 유한한 것이어서 알파고는 이세돌을 이겼다. 이쯤 되면, 서봉수 9단이 오래전에 바둑에 대해 내린 정의를 다시금 음미해볼 필요가 있다. "바둑은 나무판 위에 돌을 늘어놓는 것이다."

361개의 점으로 이루어진 보드 위에 돌을 놓는 게임에 관한 한 알파고가 이세돌을 이겼다. 이세돌이 제4국에서 거둔 승리는 우리로 하여금 잠시 안도감을 느낄 수 있게 해주었다. 하지만, 지금은 소위 알파고의 승리라는 것에 함축한 많은 문제를 하나하나 성찰하지 않으면 안 되는 상황이다.

인공지능의 윤리란 인공지능 기술의 발전이 가져올 윤리적·철학적 문제들에 관련된 것이다. 이것은 크게 로봇 윤리roboethics와 기계 윤리machine ethics로 나뉜다. 로봇 윤리란 인공지능 기술의 설계, 생산, 사용 등과 관련된 문제들, 즉 로봇공학에 관련된 문제들이고, 기계 윤리란 인공지능을 갖춘 로봇이나 컴퓨터 쪽의 문제들이다. 양자는 서로 무관하지 않다.

이런 문제들을 대중적으로 처음 다룬 이는 SF 소설가 아이작 아시모프다. 그는 1942년의 단편에서 로봇공학의 3원칙을 언급했다. "1. 로봇은 인간에 해를 가하거나, 혹은 행동을 하지 않음으로써 인간에게 해가 가도록 해서는 안 된다. 2. 로봇은 인간이 내리는 명령들에 복종해야만 하며, 단 이러한 명령들이 첫 번째 법칙에 위배될 때는 예외로 한다. 3. 로봇은 자신의 존재를 보호해야만 하며, 단 그러한 보호가 첫 번째와 두 번째 법칙에 위배될 때에는 예외로 한다."

오늘날 아시모프의 원칙들은 복잡하고 예측 불가능하며 역설적인 상황에서 발생하는 문제들을 제대로 해결할 수 없다는 것이 밝혀졌다. 2009년의 한 실험에서는, 애초에 서로 협력하도록 설계된 로봇들이 서로 거짓말을 하는 결과에 이르기도 했다.

이런 문제 가운데 가장 심각한 것은 인공지능 로봇을 전쟁에 사용하는 것이다. 그래서, 스티븐 호킹과 노엄 촘스키 등은 인공지능을 무기에 사용하는 것에 반대하는 캠페인을 벌이기도 했다. 인공지능 무기의 사용은, 초지능을 갖춘 존재에 의한 인류의 절멸이라는 SF의 단골 소재가 단지 상상의 영역에 머물지 않는다는 것을 뜻한다.

그런데, 이런 문제들은 어느 정도 먼 미래, 아무리 빨라도 10년 혹은 대체로 30~40년 뒤에나 겪을 문제들이다. 지금 당장 닥친 문제는 인공지능 기계에게 인간의 일자리를 빼앗기는 것이다.

예컨대, 이미 『한국일보』에 보도되었듯이, 골드만삭스가 이용하는 인공지능 금융 분석 로봇 '겐쇼見性'는 50만 달러의 연봉을 받는 전문 애널리스트가 40시간에 걸쳐 하는 작업을 수분 내에 해치우고 있다. 이런 프로그램 때문에 앞으로 10년 내에 금융계 종사자의 절반이 일자리를 잃을 것이라는 전망도 있다.

지금 우리 논의의 초점이 인공지능에 놓여 있기는 하지만, 기계의 채용이 인간의 일자리를 없앤다는 문제를 가장 체계적이고도 집요하게 고찰한 이는 칼 맑스다. 칼 맑스는 기계 도입에 의한 비용이 해고될 노동자들의 임금과 같거나 그보다 더 적을 때, 자본가들은 언제나 기계를 도입한다고 했다. 또, 이 과정은 자본가 개개인의 의도나 의지와 관련된 게 아니라, 자본주의 체제 안에서 자본 간의 경쟁이 유발하는 필연적 결과라고 설명했다.

한 산업 분야에서 채용되는 특정한 새로운 기술은 일정한 시간이 지나면 일반적인 것이 되기 마련이다. 하지만 그렇게 되기 전까지 극히 제한된 자본가들은 특정 기술을 독점적으로 이용함으로써, 특별 이윤, 즉 특별 잉여가치를 얻을 수 있다.

알파고의 승리는 글로벌 독점자본인 구글의 승리라는 점을 잊어서는 안 된다. 이를 인공지능 기계 대 인간의 문제, 분산 처리 컴퓨터 시스템에서 돌아가는 소프트웨어 대 정상급 프로 바둑기사의 문제로 보고 마는 것은 지나치게 안이하다. 사물 인터넷은 인공지능 무기와 그다지 멀리 있지 않다. 둘 다 글로벌 독점자본들이 침을 질질 흘리고 있는 분야다. 4차 산업혁명이라는 말에 속아 넘어가서는 안 된다.

2016년 3월 16일

힙하다.

'힙하다'는 영어 'hip'에 한국어 '-하다'를 붙여서 만든 말이다. hip은 일차적으로 허리와 다리가 만나는 신체 부분을 가리키지만, 형용사로서 '최신 유행이나 세상 물정에 밝은, 잘 알고 있는, 통달한'이라는 뜻을 갖는다. hip이 이런 의미로 쓰인 건 1904년부터다.

강남의 귤이 강북에서는 탱자가 되듯이, 힙하다는 말은 트렌디하다라는 말과 비교해 한국에서는 영어권에서보다 상당히 더 큰 문화적 차별성을 갖는다. 이제 누구나 쉽고 편하고 싸게 트렌디한 것을 지향하고 성취할 수 있는 상황에서, 다른 사람들보다 더 빨리 좀더 새롭거나 특이한 것, 혹은 남다른 것을 찾아서 지향하는 스타일을 가리켜서 힙하다고 한다. 힙하다는 것은 단순히 트렌디한 것이라기보다는 좀더 팔팔하고, 거칠고, 살아 있는 날것에 대한 선호나 지향을 뜻한다. 그러니까, 힙하다는 말 자체가 힙한 것이다.

hip에 행위자를 뜻하는 접미사 '-ster'를 붙이면 힙스터가 된다. 미국에서 힙스터는 1990년대 이후 대두한, 하위문화 중심의 소비 코드를 추구하는 사람들을 가리킨다. 힙스터는 주로 20~30대의 젊은이들이고, 주류 정치나 문화와는 독립적인 사고방식과 대항문화적 가치, 진보적인 정치 성향, 환경 친화, 사람들에게 잘 알려지지 않은 음악과 문화, 지식 그리고 유머 등을 더 선호하는 사람들을 일컫는다.

미국의 힙스터 문화를 상징하는 아이콘으로는 스키니 청바지, 기어 없는 자전거, 담배, 고급 차와 커피, 인디 음악, 독립 영화 등이 있다. 힙스터들의 스타일은 꾸미지 않은 듯한 멋으로 이루어져 있다. 다듬지 않은 머리카락, 깎지 않은 수염, 뿔테 안경, 딱 붙는 하의, 늘어난 상의, 빛바랜 체크무늬 셔츠와 같이 소탈한 스타일을 중시한다는 것이다.

어원으로 보나 문화적 코드로 보나, 힙스터는 1960년대 히피적 세계관이나 감수성을 반복하고 있다고 할 수 있다. 또, 더 좁은 시대적 맥락에서 보면 힙스터는 1980년대의 여피yuppie(young urban professional)에 대한 반작용의 의의를 갖고 있다. 미드 「섹스 앤 더 시티」나 「가십 걸」에서 묘사된 여피 문화의 핵심이 경제적 풍요에 바탕을 둔 트렌디하고 화려한 도시적 소비라고 한다면, 힙스터의 포인트는 그것에 매몰되지 않고 주류와는 다른 문화적 가치를 의식적으로 지향한다는 것이다.

스타일의 효과라는 점에서 힙스터와 부분적으로 공통점을 갖는 게 바로 너드nerd다. 너드란 우리말로 범생이쯤에 해당되는 말인데, 머리는 뛰어나지만 사회성이 무척 떨어지고, 또 대개 외모나 패션이 형편없는 사람을 가리킨다. 너드란 말은 너드 룩nerd look이라든가 너드 시크nerd chic 등과 같은 표현으로 사용된다. 작고한 애플의 스티브 잡스로 대표되는, 바로 이런 사람들의 패션 스타일도 하나의 유행 아이템이 되고 있다.

힙스터와 너드의 차이가 있다면, 힙스터는 꾸미지 않은 남다른 스타일을 의식적·적극적으로 추구하는 데 비해 너드는 단순하게 말해서 신경을 쓰지 않거나 쓰지 못한 결과로서 촌스러운 스타일을 갖게 되었다는 점이다. 물론, 한국에서는 너드 스타일도 의식적이고 적극적으로 추구해야만 얻어지는 법이다. 한국에서는, 패션에 신경 쓰지 않는 범생이들의 촌스러운 스타일을 너드라고 해주지 않는다.

힙스터들의 역설적 의식성이 지나치게 되면, 혹은 그 문화적 새로움이 어느 정도 시효를 다하게 되는 시점에 이르러서는 힙스터들의 문화적 허위의식이 두드러져 보이는 상황이 발생한다. 힙스터들은 인디 음악이나 독립 영화를 좋아하지만, 이를 따라 많은 사람이 인디 음악이나 독립 영화를 좋아하게 되면, 그것들을 버리고 새로운 무언가를 추구하려고 들기 때문이다.

한국에서는 여피든 힙스터든 너드든 간에 결국 수입되어서 어느 정도 한국적으로 변형된 스타일이며, 또 자본주의적 문화 소비의 유형이라는 점에서도 큰 차이가 없다. 그 모든 것은 돈과 시간과 노력을 필요로 한다. 힙하지 못한 보통 사람들에게 옷장의 정의는 '열어 보았자 입을 게 없는 옷들을 보관하는 가구'다. 특히 환절기에는 더 그러한 법이다.

2016년 3월 23일

종이 신문.

영국 일간지 인디펜던트가 2016년 3월에 마지막 종이 신문을 냈다. 신문사가 문을 닫은 것은 아니고 온라인으로 전환한 것이다. 위키피디아는 이제 인디펜던트를 '온라인 신문'이라고 소개한다. 종이 신문의 쇠퇴라는 것은 어제오늘 일이 아니건만, 그래도 짠한 마음이 든다.

독일 철학자 헤겔은 19세기 초엽 독일 신문 『알게마이네차이퉁』에서 읽은 제르멘 드 스탈 부인의 베를린 동정 기사를 메모해 놓았다. 프랑스 낭만주의 작가 스탈 부인은 당시 독일 여행 중이었다. 요즘으로 치면, 제주도 소길댁 이효리가 채식 식당에서 일일 셰프를 했다는 걸 신문에서 읽은 거나 마찬가지다.

또 헤겔은 다음과 같은 아포리즘을 적어놓기도 했다. "아침 일찍 신문을 읽는 것은 일종의 현실주의적 아침 기도다." 아침 기도 대신 신문 읽기를 택하게 되었다는 것은 그 이전과 비교해서 삶이 더 세속화되고, 아침은 더 바빠졌으며, 사람들은 더 값싸고 덧없는 세상사에 관심을 쏟게 되었음을 뜻한다. 물론, 그 후 신문은 TV에, 그리고 다시 TV는 인터넷과 스마트폰에 주도권을 빼앗겼다.

뉴스news란 말은 형용사 'new'를 명사로 바꿔서는 거기에 복수를 나타내는 s를 붙인 것이다. 유럽에서 신문이 그 전부터 있긴 했지만 '뉴스페이퍼newspaper'란 말은 1660년대 들어서야 생겨났다. 근대 이전의 중국과 한반도에는 저보邸報와 당보塘報라는 게 있었다.

저보는 조보朝報라고도 했는데, 조선에서는 승정원에서 만들어 필사를 해서 돌렸다. 주로 국정의 주요 소식과 민간에서의 여러 기문기사奇聞奇事가 실렸다. 『조선왕조실록』을 검색해보면, 당보는 안팎 정세에 관한, 상대적으로 시급하고 중요한 첩보를 다루었던 듯하다.

유럽에서 신문은 산업혁명을 맞아서 대중화되었다. 종이 양면을 동시에 인쇄할 수 있는 기계가 도입된 이후에야 시사적 사건이나 사안을 빠르게 인쇄해서 유포시킬 수 있었던 것이다. 활판 인쇄술 이후에야 책이 대중적으로 읽힐 수 있었던 것과 비교될 만하다.

미국에서 1830년대에 대량 생산된 타블로이드 판형의 신문들은 '페니 프레스penny press' 신문이라고 불렸다. 이전 가격 보다 6분의 1 정도 더 저렴한 신문의 창간은 매우 뜻 깊은 일이었다. 부르주아들뿐만 아니라 근로 대중들도 신문을 읽을 수 있게 된 것이니까.

종이 신문이 인터넷 신문과 결정적으로 다른 것은 편집이다. 그것은 뉴스 기사들이 제한된 크기와 분량의 종이에 인쇄된다는 물리적 한계로부터 생겨났다. 물론, 둘 사이에는 기사 길이와 사진 이미지 및 동영상 등의 사용 방법, 그리고 유저 인터페이스 등에서도 큰 차이가 있다. 하지만 종이 신문의 핵심은 역시 편집이라고 나는 생각한다.

나는 주로 변기 위에서 혹은 흔들리는 전철 안에서 종이 신문을 본다. 본다기보다는 지면과 지면 사이, 그리고 기사와 기사 사이를 미끄러져나간다. 이런 미끄러짐은 내 맘대로 하는 것은 아니다. 편집된 지면과 기사라는 물리적이고 문화적인 구조물들 사이에서 벌어지는 것이다. 넘기고 펼치고 접어가면서 종이 신문을 읽는 신경생물학적 과정은 매우 독특하다. 전자책을 읽는 것과 종이책을 읽는 것이 다르듯이, 인터넷 신문과 종이 신문을 읽는 것도 엄연히 다르다.

신문으로 모자를 만들어 쓰거나 책 표지를 싸던 시절, 어린 나는 아침에 일어나면 대문 앞의 신문을 아버지께 가져다 드리곤 했다. 그때 매번 일부러 맡아보았던 신문의 잉크 냄새는 내게 도시의 냄새였고 근대성의 냄새였다. 그런가 하면, 정육점에서는 고기를 신문 종이에 싸주기도 했고, 푸세식 변소에서는 쭈그린 채 신문 종이로 밑을 닦기도 했다.

인쇄 기술이 떨어졌던 시절에는 한참 신문을 읽다 보면 손가락이 지저분해지곤 했다. 어느샌가 신문에서 점차 한자가 사라지고, 모든 신문이 차차 가로쓰기를 하게 되었다. 지금은 신문 스크

랩을 하는 사람이 거의 없다. 또, 요즘 신문에서는 시사만화나 만평을 찾아보기가 여간 어렵지 않다. 온라인 신문은 공짜이고 빠르지만, 그 대신 우리는 종이 신문의 정겨운 촉감을 잃어버렸다. 인디펜던트가 온라인 신문으로서 오래 살아남기를 바란다.

2016년 3월 30일

선거.

하늘 아래 새로운 것은 없다. 기독교 구약 성서 「전도서」에 나오는 말인데, 이 말이 참이라는 걸 요즘 절감한다. 곧 닥친 총선을 앞두고 사람들은 각자의 정치적 염원을 담은 말들을 쏟아 내고 있는데, 내 귀에는 다 이미 30여 년 전에 들은 얘기와 똑같아서 지겹다. 예컨대 "투표가 세상을 바꾼다"든가 "4월 13일 이변을 기다린다" 등은 이미 1987년에 회자되었던 '선거혁명'이라는 슬로건의 변종에 불과하다. 우리는 속았고, 지금도 속고 있다.

지난 여러 번의 선거와 달리 이번 총선은 여야 모두 각각 분열된 채 싸우고 있다는 느낌을 준다. 하지만, 그것은 외관과 가상에 사로잡힌 관찰이다. '진박' 내지 '친박' 사람들은 유승민 후보 등에게 대통령의 '어진御眞'을 돌려달라며 다투고 있지만(진박의 정치적 정서를 강조한다면, '존영'이 아니라 '어진'이 맞다), 어차피 유승민은 당선되어서 새누리당으로 돌아갔다.

만약 안철수가 민주당을 탈당하지 않았다면 사태가 달라졌을까 상상해본다. 그랬더라면, 각 지역구에서는 여야가 일대일 대결 구도를 만들게 되었을 것이고, 민주적이고도 개혁적인 유권자는 야당 후보에게 투표할 수도 있었을 것이다. 동시에 비례 투표에서는 느긋하게 정의당이나 노동당이나 녹색당에게 표를 줄 수도 있었을 것이다. 하지만 현실은 그렇지 않았다.

투표로 세상을 바꾸자는 얘기는 아주 잘못되었다고 나는 판단한다. 경사진 축구장의 아래쪽에 자기 골문을 두고 경기를 하면서 선거 결과에서 막연히 이변을 바란다는 것은 바보 같은 일이다. 더민주는 분당 사태 이후 당해 선거를 망치기 시작했고, 필리버스터링을 중단하면서 패배해버렸다.

표심에 관한 여론조사가 언론을 도배하는 선거철이면 내가 제일 싫어하는 단어가 바로 '박빙'이다. 이 박빙이란 말은 선거를 지배 체제의 단순한 재생산 장치로 만드는 역할만을 할 뿐이다. 그것은, 유권자인 국민들에게 "대한민국의 주권자는 여러분입니다"라고 말하면서 국민들을 속이는 장치일 뿐이다. 선거가 끝나면 바로 드러나겠지만, 대한민국의 주인은 삼성과 현대다. 머슴인 흙수저들을 잠시 속이는 게 선거인 것이다.

박빙이란 말은 마치 선거에서 주체적 판단과 선택으로 한국 사회를 바꿀 수 있다는 환상을 우리에게 심어준다. 그 말은 우리로 하여금 계속해서 선거를 기다리게 만들고, 투표를 하게 만들고, 또 선거를 통해 성립될 지배 체제에 순응하게 만든다.

근대사회를 합리성으로 요약하고, 합리성이란 주술적인 것으로부터의 탈피라고 말한 이는 독일 사회학자 막스 베버다. 하지만 우리는 여전히 정치적 합리성으로부터 먼 상태와 수준에 놓여 있다. 물론 1원 1표인 주식회사 제도보다 1인 1표인 선거가 더 좋은 제도이기는 하다. 그렇지만, 구조적으로 야권만 분열되어 있는 상황에서 유권자들에게 현명한 선택을 요구한다는 것은 말도 안 되는 얘기다.

혜안이, 그러니까 정치적 혜안이 우리 모두에게 필요한 것이다. 선거가 끝나면 세상은 다시 원래대로 되돌아간다. 크게 변하는 것은 없을 것이다. 우리는 여전히 흙수저로서 월세방을 전전하며 살게 될 것이고, 취직은 하지 못한 채 지겹게도 백 살까지 살아갈 것이다. 우리는 선거만으로 배부르지 않다.

심술궂게 들리겠지만, 분명히, 선거만으로는 세상을 바꿀 수 없다. 선거란 "투표만 하고 가만히 있으라"는 것에 불과하다. 역설적으로 말해서, 선거란 예컨대 촛불 시위를 못 하게 만드는 장치인 것이다. 물대포 맞아 사경을 헤매게 될 시위는 그만두고 다음 선거 때 투표나 잘하라는 식인 것이다. "가만히 있으라"는 말이 어떤 결과를 낳았는지는 세월호의 비극이 지독히도 처절하게 보여주었다.

판판이 선거 때마다 속아왔으면서도, 다시 '선거 혁명' 운운하며 정치적으로 자기 자신을 기만하는 일은 이제 그만두자. 그런데, 여기까지 써놓고 보니, 이 글이 결과적으로 새누리당과 박근혜 대통령에게만 도움이 되었으리라고 잘못 판단할 사람이 있을지도 모르겠다. 노파심에서 덧붙이건대, 언젠가 화제가 된 이승만 찬양시를 읽듯이 이 글을 다시 읽어보시기를 권한다. 세로 드립!

2016년 4월 6일

한남.

'한국 남자'의 줄임말인 '한남'은 된장녀, 김치녀 등과 같이 여성 혐오를 표현하는 말에 대해서, 전략적으로 공격적이며 투쟁적인(이하 전공투) 20대 페미니스트들이 대응하는 과정에서 전술적으로 영리하게 사용하고 있는 말이다. 한편, 전공투 20대 페미니스트들은 보통 인터넷상에서 '마초' 한남들에 의해 '메갈년(메갈리아 년의 줄임말)'이라고 불린다.

한남은 더 비하적인 취지에서 종종 '한남충'이라고 표기되기도 하며, "한남 섹스 못한다" "한남 못생겼다" "한남 69" 등에서처럼 쓰인다. 물론, '한남'이 전형적인 한국 남자를 뜻하는 것은 아니다. 예를 들어 노무현 정권 시절이었다면, 전형적인 한국 남자는 아마도 50대 고졸 자영업자를 가리키는 말이었을 것이다. 지금은 전형적인 한국 남자에 대한 사회적 합의도 없고, 아카데믹한 접근도 부재한 편이다. 단지 사회 여러 집단이 소위 전형적인 한국 남자에 대해서 각기 서로 편할 대로 상상하고 주장할 뿐이다.

그러니까, 한남은 예컨대 한국 아줌마라든가 한국 아저씨 등과는 전혀 다른 맥락과 뉘앙스를 지닌 말이다. '한남'을 중립적으로 뜻풀이 하자면, 가부장제 한국사회의 각종 억압과 폭력을 당연하게 여기고 이런 사회에서 아무런 자각 없이 행동하고 말하고 살아가는 남자가 된다. 그렇다면, 현실의 한국 남자 중 다수가 '한남'이며, 이런 취지에서 보자면 '한남'은 전형적인 한국 남자를 실질적으로 가리킨다고도 할 수 있다.

"한남충 69"란 한국 남자의 평균 성기 사이즈가 6.9센티미터라며 전공투 여성들이 한남들을 조롱하는 말이다. 원래 6.9센티미터 운운하는 얘기는 일본의 혐한 사이트에서 시작되었는데, 전공투 20대 여성들이 이것을 가져다가 마초 한남들을 약 올리는 데 쓰고 있다. 일부 진지한 한남들은 그게 실은 6.9센티미터보다는 더 길다고 반박하고 있지만, 결과적으로 이런 반박이야말로 '한남'이란 말을 발명한 전공투 20대 여성들에게 말려든 것으로 보인다.

한남들 중에서 그나마 상대적으로 양심적인 남성들조차도 전공투 20대 여성들의 어휘 선택이나 말투가 지나치다고 여긴다. 예컨대, '씹치' '갓치'라는 말이 그렇다는 것이다. '씹치'는 한남을 더 비하시켜서 부르는 단어고, 갓치는 전공투 20대 페미니스트들이 스스로를 가리키는 말이다. 갓치의 갓은 영어의 'god'을 뜻한다.

하지만 전공투 20대 페미니스트들의 입장에서 보자면, 바로 그렇게 지나치다고 느끼는, 상대적으로 양심적인 한남들의 젠더 감수성이나 젠더 불안 역시 문제다. 전공투 20대 페미니스트 입장에서는, 양심적인 한남들이 제대로 더 깨우치고 단결하고 봉기해서 마초 한남들의 성폭력 및 억압과 여성 혐오적 언어 폭력 등에 대해 뭔가 변혁을 성취해내지 않으면 안 된다는 것이다.

돌이켜보자면, 원래 '된장녀'라든가 '보슬아치'와 같은 말은 정치적으로나 사회적으로 올바르지 않은 혐오 발언hate speech이라고 할 수 있다.

이런 혐오 발언이 사회적으로 만연한 상황에서 전공투 20대 페미니스트들이 남성 중심의 언어 권력 헤게모니와 맞싸우려는 취지에서 고안해낸 말들이 바로 한남, 씹치, 갓치 등의 어휘다. 전에는 "남자는 다 애" "남자는 다 짐승" "남자는 다 개새끼" 같은 정도에 머물렀다면, 지금은 담론적 상황이 달라진 것이다.

전공투 20대 페미니스트들의 이러한 담론 전술에 대해 그것이 기존의 여성 혐오 및 여성 혐오 발언에 관한 단순하고 즉자적인 반사 내지는 반동에 그칠 뿐이라는 관점이 있다. 심지어, 이런 관점은 여성들 사이에도 없지 않다. 하지만, 가부장제의 폭력적이고도 불평등한 관계를 염두에 둔다면, 이런 관점이야말로 매우 안이하다고 할 수 있다.

평범한 한남 입장에서 보자면, "한남 섹스 못한다"는 말에 대응할 수 있는 선택지는 단지 두 개뿐이다. 어떻게 해서든 그 스킬의 레벨이라도 올려보든가, 아니면 여성을 외모로만, 또 단지 섹스 상대로만, 혹은 전공투 페미니즘 스타일로 말해서, '보X'로만 보는 삶의 방식과 작별하든가.

2016년 4월 13일

훅

어떤 체제나 조직, 혹은 개인의 성취가 단번에 무너지는 것을 묘사하는 의태어로, 예컨대 "정신 차리자. 한순간에 훅 간다"처럼 쓰인다. 이 말은 2016년 2월 말부터 새누리당 회의실 벽에 붙어 있었다. 그 밖에도 같은 벽에는 "국민이 갑이요, 너희는 을이다" 등과 같은 말이 붙어 있었는데, 이것들은 새누리당이 소셜미디어를 통해 공모한 것이다.

2016년 4월 총선에서 박근혜 대통령은 훅 갔다. 지난번 대선에서 박근혜를 도와주었던 김종인과 이상돈은 각기 더불어민주당과 국민의당에서 선거를 지휘해 승리했고 국회의원이 되었다. 이 두 사람과 마찬가지로 '진실'하지 못한 '배신자'인 유승민도 국회의원이 되었다. 한편, 삼성을 정면으로 비판했다가 국회의원 자리를 잃었던 노회찬은 다시 금배지를 달았다.

미리 고백하자면, 서울시 용산구에 사는 나는 지역구는 민주당 후보 진영을 찍었고, 비례대표는 10번대 중간 번호의 당을 찍었다. 진영 역시 진실하지 못한 배신자인데, 나는 다른 이유에서 진영이 맘에 들지는 않았지만, 박근혜를 훅 가게 하기 위해서 그를 찍은 것이다. 절반의 성공을 거둔 셈이다.

하지만 절반의 성공이 아니라는 게 곧 밝혀졌다. 실제로 박근혜는 훅 가지 않은 것이다. 박근혜는 "민의가 뭔지 생각하는 계기가 되었"으며 "민의를 겸허히 받들겠다"고 말했다고 한다. 책상을 내려치며 말한 것이 아니다. 그러나, 속으로 박근혜는 '민의를 받들' 마음이 전혀 없었던 것으로 보인다.

이렇게 말하는 까닭은, 박근혜가 진정으로 반성하면서 자기 비판하는 모습을 보여주지 않았기 때문이며, 또 평소에 늘 떠벌리던 말, 예컨대 '일하는 국회' 운운하며 책임을 전가하는 말을 여전히 반복했기 때문이다. 게다가 개혁이라는 말로 위장한 채 '노동에 대한 공격'을 계속하겠다고 벼르고 있었다. 총선 이튿날 술자리에서 박근혜는 결코 반성하지 않을 거라는 말이 나왔는데, 모든 사람이 즉각 동의했고 결국 그 말이 맞았다.

박근혜를 정치적으로 반대한 나로서는 박근혜의 그러한 일관된 태도가 반갑고 고마웠다. 박근혜가 그런 식으로 계속 나와줘야만 대선에서 정권 교체가 가능하다 여겼기 때문이다. 또 설령 정권 교체가 안 되더라도 박근혜와는 아주 다른, 그리고 박근혜보다는 훨씬 더 나은, 그러니까 '합리적인 보수' 이념을 내세우는 인물이 보수 진영 당선자가 될 수 있기 때문이다. 이런 이유에서 나는 박근혜에게 '엄지 척'을 보낸다. 역시, 박근혜는 '용자'다. 앞으로도 박근혜는 자기 자신을 결코 배신하지 않을 것이다.

다른 각도에서 본다면, 4.13 총선의 결과는 '보수 양당제' 몰락의 시작이라고 요약할 수 있다. 물론, 그렇다고 해서 '보수 3당'이 된 것은 아니고 그래 봤자 '보수 2.5당' 내지는 '보수 2와 3분의 1당'이 된 것에 불과하지만 말이다. 그래도 이제 균열이 가기 시작했으니, 보수-진보 구도로 정치판이 만들어지는 것은 결국 시간 문제일 따름이라고 기대해본다.

여소야대 상황에서 야 3당은 20대 국회에서 세월호특별법 개정과 중·고교 역사교과서의 국정화 전환 폐기를 위해 공조키로 했다. 둘 다 시급하고 중요하지만 이것들 못지않게 중요한 것이 있다. 선거법 개정이다. 총선에서 민심이 확인된 것은 '교차 투표' 내지는 '분할 투표'에 의해서다. 이것이 지속적·제도적으로 가능하도록 선거법을 개정해야 한다. 선거 때 가서는 안 될 테니까 미리 해놔야 하는 것이다.

지역구 반 비례대표 반으로 해야 한다. 지역구 의원들이 반대한다면, 지역구 수는 놔두고 비례대표 수를 늘리면 된다. 이 정도는 세금을 더 낼 용의가 있다. 또, 국회의원 임기는 미국처럼 2년으로 해야 한다. 국민이 '갑'이 되는 유일한 순간인 선거는 자주 있을수록 좋다.

한국 정치판에 비유적인 지진이 일어나는 동안 일본에는 실제 지진이 일어났다. 지진 피해로 고통받는 일본 국민에게 위로의 말을 전한다. 빨리 피해를 복구하고 상처를 치유하기를 빈다. 그래서, 힘을 내서는, 대기업 위주 경제와 핵 발전소를 고집하고 있는 아베 정권을 다음 선거에서 훅 가게 만들기를 바란다.

2016년 4월 20일

일당.

하루 일하거나 동원된 대가로 받는 돈을 뜻한다. 전경련이 뒷돈을 댔다고 하는 어버이연합의 일당은 공개된 장부에 의하면 2만 원이라고 한다. 반면에 대한건설협회가 공시한 2016년 4월 현재 '보통 인부'(잡부)의 일당은 9만4338원이며, 대한민국의 법정 최저임금은 시급 6030원(하루 8시간으로 환산해서 4만8240원)이다. 어버이연합의 일당은 소위 노가다 잡부 일당의 대략 20퍼센트, 법정 최저임금 일당의 대략 40퍼센트에 해당된다.

카를 마르크스가 저서 『자본』에서 자기의 이론적 주장을 전개하기 위해 산술적 사례들을 거론할 때, 대개 잉여가치율을 100퍼센트로 놓고 계산한 경우가 많았다. 대한건설협회 잡부 일당의 잉여가치율을 100퍼센트라고 놓는다면, 어버이연합의 그것은 500퍼센트가 된다. 잉여가치율이란 다른 말로 쉽게 풀어서 착취율이니까, 어버이연합은 노가다판보다 5배 더 착취를 하고 있는 셈이다.

어버이연합이 노가다판보다 5배 더 착취를 한다는 주장에 대해서 다음과 같은 반론이 있을 수 있다. 즉, 노가다판이 대개 노동 시간이 더 길고, 노동 강도도 세기 때문에 착취율을 일률적으로 5배라고 산정하는 것은 무리라는 것이다. 하지만, 어버이연합 쪽 일은 아무나 할 수 없는 일종의 전문직인 데다가(연세가 많으시고, 목청이 높으시며, 욕을 잘하시는 어르신 내지는 탈북자 분들만이 가능하다) 때로는 가스통과 같이 극히 위험한 물건을 옆에 끼고 일해야 한다는 점에서, 노동 숙련도 및 작업 위험도는 어버이연합 쪽이 훨씬 더 높고 크다. 결국 크게 봐서 서로 '똔똔'이라고 볼 수 있으므로, 어버이연합 쪽이 5배 더 착취한다고 하는 게 아주 틀린 얘기는 아니다.

일부 언론의 보도에 의하면, 어버이연합 쪽 일은 다단계 하청 구조를 갖고 있다고 한다. 명령과 돈이 오고간 것을 도식적으로 정리하면, '청와대/전경련–어버이연합–일당 받는 분'이라는 것이다. 물론, 당시 청와대는 이 구조를 부인했고 전경련은 이에 대해 침묵했다. 하지만, 전경련 소속사들인 재벌이 다단계 하청 구조를 이용해서 떼돈을 벌어왔다는 것을 염두에 두면, 어버이연합 쪽의 하청 구조는 충분히 현실적 개연성을 갖는다고 말할 수 있다. 현재 한국사회의 가장 큰 문제인 비정규직 노동을 양산하는 구조적 원인이 바로 그렇게 지저분한 하청 구조라는 점에서, 어버이연합 쪽의 정치적 하청 구조는 재벌들 자체의 산업 하청 구조와 마찬가지로 크게 비난받아야 마땅하다.

이 점과 관련하여 우리보다 더 먼저 '잃어버린 20년'을 경험한 이웃 나라 일본을 참조할 필요가 있다. 보도에 의하면, 아베 신조 정권은 57퍼센트 수준인 비정규직 노동자 임금을 유럽처럼 정규직의 70~80퍼센트 수준(프랑스가 89퍼센트, 독일이 79퍼센트)까지 대폭 끌어올리기로 했다. 또 아베 정권은 비정규직 비율을 2020년도까지 10퍼센트 이하로 낮추기로 했다고 한다. 한국은 2016년 현재 비정규직 노동자가 전체 고용의 대략 40퍼센트를 차지하고 있으며, 그 상대 임금은 정규직 노동자의 대략 40퍼센트에 불과하다.

내가 특히 분노하는 점은, 소위 '열정 페이'가 이제는 젊은이들뿐만이 아니라 노년 세대 및 탈북자들까지 대상으로 삼아 자행되고 있다는 것이다. 나이 많으신 어르신이나 탈북자 분들에게는 기껏해야 하루 2000~3000원이 고작인 폐지 줍는 일밖에는 없다는 점을 악용해서, '청와대…' 이하의 하청 구조는 법정 최저임금의 반절도 안 되는 일당으로 사람들을 착취했던 것이다.

일당은 결국 돈 문제, 경제 문제니까 이런 것은 정치권에 맡겨서는 결코 해결될 수 없다. 나는 전경련 회장단이 직접 전면에 나서서 어버이연합 쪽 일당을 적어도 법정 최저임금 수준으로 높일 것을 촉구한다. 반면에, 세월호 진상 규명 반대, 역사책 국정화 찬성, 위안부 문제 졸속 합의 지지 등을 외쳐온 어버이연합 쪽에 전경련이 돈을 댄 것 자체는 그다지 심각한 문제가 결코 아니다. 왜냐하면, 전경련은 원래 그런 정치 성향이었으니까 말이다. 재벌에게도 정치적 자유는 있으며, 또 누구든 자기의 정치적 입장을 위해서 돈을 쓰는 것도 자유다.

2016년 4월 27일

비트코인

암호화 전자화폐 비트코인의 개발자가 밝혀졌다. 컴퓨터 공학자 출신 호주의 기업인 크레이그 라이트가 며칠 전 영국 BBC 등에서 자신이 그 개발자임을 인증했다. 비트코인은 "실물 통화를 발행하고 관리하는 중앙은행 같은 곳 없이 다자간 파일공유P2P 방식으로 이용자 사이에 암호화된 공개 키로 거래하는 온라인 가상 통화"라고 한다. 워드프로세싱 프로그램을 쓰는 것과 이메일 주고받는 것 말고는 컴퓨터 무식자인 나로서는 이게 뭔 얘기인지를 잘 이해하지 못한다.

2009년에 만들어진 비트코인은 2013년에 큰 화제가 되었다. 그해 연초 1단위당 15달러 하던 게 연말에는 1200달러 넘게 치솟았다. 2016년 5월 현재는 1단위당 440~460달러 정도다. 현재 비트코인의 총 유통량은 대략 1550만 단위이며 약 70억 달러에 달한다. 전 세계에서 유통되는 지폐와 동전의 총량이 5조 달러라고 하니까, 실제 화폐 총량의 0.14퍼센트 정도의 비트코인이 유통되는 것이다.

비트코인의 발행 총량은 2100만 단위가 그 한계라고 한다. 1단위 비트코인은 소수점 여덟 자리까지 나눌 수 있게 설계되어 있지만, 총량의 한계 때문에 실제 화폐를 대신할 수는 없을 거라고 여겨진다. 또, 1단위 비트코인의 달러당 가치가 높아지면 높아질수록 통용되기보다는 축장될 가능성이 더 클 것 같다.

비트코인의 장점 중 하나는 법정 화폐를 발행하는 중앙은행 같은 게 없다는 점이다. 달러는 미국 연방준비제도가 찍어내고 한국 원화는 한국은행이 찍어낸다. 이들 중앙은행은 가끔 제멋대로 화폐를 왕창 찍어낸다. 양적 완화라는 게 바로 그것이다. 특히 한국에서 중앙은행의 독립성이란 것은 완전히 말뿐인 허구다.

조선, 해양 등 부실 산업 부문의 구조조정과 관련하여 박근혜 대통령의 양적 완화 방침에 거부 의사를 밝혔던 한국은행이 다시 입장을 번복하고 굴복한 것이 그 극명한 사례다. 일단은 한국은행의 윤전기를 돌려서 구조조정을 하겠다는 것인데, 수십조 원에 해당되는 그 돈은 결국 국민 호주머니로부터 나가게 된다. 양적 완화에 관한 한, 박근혜 대통령보다 훨씬 더 잘 안다고 자부하는 안철수 국민의당 대표가 과연 이런 점을 제대로 깨닫고 있는지가 나로서는 궁금하다.

화폐를 건조하게 정의한다면, 그것은 중앙은행이 특수 종이에 특수 잉크로 인쇄해 만든 종이 쪼가리에 불과하다. 다만, 그 종이 쪼가리의 사회·경제적 힘과 근거를 국가가 법으로 보장할 따름이다. 미국 정부가 1971년에 금 태환 정지를 선언한 이후에 그렇게 된 것이다.

비트코인을 얻는 법은 대략 다음 네 가지다. 첫째는 비트코인 거래소에서 그것을 사는 것이다. 둘째는 채굴해서 얻는 것이다. 자기 컴퓨터를 돌려서 복잡한 암호를 풀어냄으로써 가능하다지만, 보통 수준의 컴퓨터 하드웨어로는 전기세도 안 나온다고 한다. 셋째는 비트코인을 받고 물건이나 서비스를 팔거나 혹은 기부를 받는 것이다. 넷째는 불법적으로 얻는 것인데, 비트코인으로 뇌물을 받는다거나 남의 컴퓨터에 침입해서 비트코인 암호 키를 빼낸다거나 아예 통 크게 은행 강도처럼 비트코인 거래소를 해킹한다거나 하는 방법이다.

비트코인은 나로 하여금 혁신적 상상을 하게 만든다. 1980년대 자판기가 처음 한국에 등장했을 때, 나는 화염병 자판기를 상상했다. 알파고가 이세돌을 이기는 동안, 시위를 진압하는 인공지능 로보캅이 가까운 미래에 출현할 수도 있다는 무서운 전망이 나왔을 때 나는 이에 대항해서 '레보몹RevoMob'을 상상했다. 인공지능 로봇들이 시위나 혁명을 대신 해주는 것도 가능할 거라는 꿈을 꿔본 것이다.

비트코인에 사용된 기술 중에 블록체인이라는 것이 있다고 한다. 기술적으로 무슨 얘기인지는 모르겠지만, 아무튼 그 플랫폼을 이용하면 전자 투표라는 게 쉽고 안전하게 이뤄질 수 있단다. 그렇다면 여론조사를 하듯이 선거를 자주 할 수도 있다. 그까짓 정무직

공무원들의 업무일랑 인공지능 로봇을 쓰면 된다. 총선 끝나고 한 달도 안 지나서 다시 개판이 된 정치판을 보고 있노라니 귀가 더 솔깃해지는 얘기다.

2016년 5월 4일

ㅇㅈ

'인정'의 초성만을 딴 말인데, 유년 및 청소년 세대가 즐겨쓴다. 화자가 어떤 주장을 담은 말 끝에 덧붙여서 호응과 찬성을 유도할 때 사용하기도 하고, 또한 청자가 그 주장에 대한 반응에서 찬반의 입장을 간결하게 표현할 때 사용하기도 한다.

'ㅇㅈ'은 인터넷 채팅방에서 사용되기 시작했다. '인정할 수 없다(No 인정)'는 'ㄴㅇㅈ'으로 줄여 표기된다. 용례는 다음과 같다. "탕수육은 부먹(부어 먹는 것)인 거 ㅇㅈ?" "ㄴㅇㅈ 탕수육은 찍먹(찍어 먹는 것)도 맛있어."

'인정'에 대한 갈망을 사이버 공간에서의 무차별적인 '만인 대 만인의 투쟁'으로만 간주해버리고 마는 것은 잘못이다. 젊거나 어린 세대가 'ㅇㅈ'을 자주 쓴다는 것은 한국사회가 아직 성숙하지 못하다는 것을 보여준다. 사회 전체로 보아서, 세상의 부모나 '꼰대'들이 어리거나 젊은 사람들을 자립적이고 자율적인 인격체로서 받아들이지 않고 있음을 뜻하는 것이다. 'ㅇㅈ'받지 못한 어리거나 젊은 사람들은, 그들이 상대적으로 더 많은 자유를 누리는 사이버 공간에서나마 절망적으로 'ㅇㅈ'을 추구하고 있는 것이라고 해석된다.

성숙한 사회라면, 어리거나 젊은 사람들도 정치적·윤리적·문화적으로 그들의 삶 전체와 삶의 갖가지 중대한 행위들을 스스로 알아서 결정하며 또 스스로 책임질 수 있는, 충분한 자격을 갖춘 존재임을 'ㅇㅈ'해야 한다. 하지만 안타깝게도, 한국사회는 전반적으로 볼 때 그것을 인정하는 성숙한 단계로까지 나아가지는 못하고 있다. 누군가를 'ㅇㅈ'한다는 것은 바로 그 사람의 사회적 현존 및 고유의 문화적·윤리적 가치를 제대로 혹은 있는 그대로 인지하고 승인하는 일로부터 시작하는 것이다.

한국사회에서 절망적으로 사회적 'ㅇㅈ'을 요구하는 다른 세대로는 노년 세대가 있다. 노년 세대 중에서 특히 재산이나 권력 등이 거의 없는 분들은 하루 종일 종편 방송을 즐겨보고, 선거에서는 자신들의 '계급적 이익'과는 전혀 반대로 줄곧 보수 정당에 높은 투표율로 지지를 보내며, 공짜 지하철의 노인석에서 큰 소리로 서로의 나이를 밝히고 따져나가면서 사회적 인정을 요구한다.

이러한 인정 요구는 왜곡된 방식이기는 하지만, 따지고 보면 충분히 납득될 만하다. 이분들은 가진 게 나이밖에 없기 때문이다. 대부분 농촌에서 태어나서 1970년대 압축 성장 시대에 젊은 시절을 보낸 이 분들로서는 소위 '박정희 노스탤지어'를 통해서만 자신들의 사회적 존재감을 스스로 'ㅇㅈ'해나갈 수가 있는 것이다.

한편 한국의 다른 'ㅇㅈ' 투쟁 방식으로 고공 농성이 있다. 이것은 주로 노동자들, 특히 노동할 권리가 부인된 해고 노동자들이나 비정규직 노동자들이 삶의 벼랑 끝에서 채택한다. 또, 갖가지 집회나 시위도 계속된다. 한편으로는 생존권이나 기본권, 인권이 무시당하고 짓밟힌 사람들, 다른 한편으로는 문화적으로 정당한 애도의 권리 및 조의의 기회를 박탈당한 유가족 및 남은 사람들이 선택할 수밖에 없는 'ㅇㅈ' 요구 내지는 'ㅇㅈ' 투쟁의 형식이다. 물론, 국가 권력은 주로 사람을 향해서 물대포를 정면으로 쏘아댐으로써 이것을 '개'무시하고 있다.

그 밖에도 한국사회에서 'ㅇㅈ'받고 있지 못한 사례를 나열하자면 끝도 없다. 일자리가 없는 청년들, 조기에 정년퇴직 당하거나 정리해고 당하는 노동자들, 침묵을 강요당하는 동성애자들, 표현 및 발표의 권리를 박탈당한 예술가들, 집 없는 사람들, 또 집 있는 '하우스푸어'들…….

'ㅇㅈ'은 사회적인 한에서 상호 인정인 것이며, 또 제도에 의해 실질적으로 뒷받침되지 않으면 안 된다. 즉 그것은 한편으로 우리 모두에게 상호 인정에 필요한 최소한의 관심, 존중, 소통, 우애, 연대 등의 태도를 요구하며, 다른 한편으로 모든 사회 구성원에게 윤리적·문화적으로 가치 있는 삶과 살림을 그에 상응하는 경제 및 사회 제도로써 뒷받침할 것을 요구한다. 특히, 후자의 측면에서 보자면, 민주주의를 일상의 뿌리에서부터 실현해내고 또 그것을 실체적으로 구현하는 일은 바로 이러한 사회적 상호 'ㅇㅈ' 과정의 밑바탕이다.

2016년 5월 11일

전화 변론

전관예우라는 한국 고유의 타락한 법률 관행과 단단하게 결부된 불법적 로비 수단이자 탈세 수단이다.

2000년 이후로 한정하더라도, 언론 보도에 의하면 변호사 시절의 현직 국무총리, 법무장관 출신 변호사, 검사장 출신 변호사, 부장판사 출신 변호사 등이 이 수단을 악용했다는 의혹이 계속해서 제기되어왔다.

전화 변론이 가능한 변호사를 '사려면', 의뢰인으로서는 적게는 몇천만 원, 보통은 1억 원 이상, 그리고 밝혀진 바에 따르면, 최고가로는 50억 원을 써야만 한다고 알려졌다. 전화 변론은 사법정의를 무너뜨림과 동시에 '유전무죄 무전유죄'를 지속시키는 나쁜 역할을 한다. 쉽게 말해서, 돈이 무척 많은 사람은 죄를 지어도 처벌을 전혀 받지 않거나 혹은 벌을 받는 시늉만을 할 수가 있는

데, 바로 이것을 가능케 하는 장치가 전화 변론이다. 더 쉽게 말자면, 한국에서 전화 변론 서비스를 편리하게 이용할 수 있는 의뢰인은 재벌이거나 혹은 재벌급의 자산을 가진 부유층뿐이다.

전화 변론이 탈세 수단이 되어버리는 것은 전관 변호사들이 선임계를 내지 않고 변론에 임하기 때문이다. 변호사 수임료는 10퍼센트의 부가세, 비용을 제외한 금액의 35퍼센트가 소득세, 다시 소득세의 10퍼센트가 주민세로 부과된다고 한다. 선임계를 내지 않고 전화 변론을 하면 소득 신고의 누락을 통해 탈세가 가능해지며 전화 변론의 대가는 주로 현금으로 전달된다는 것이다.

전화 변론은 기소 이전 단계부터 작동이 가능하다. 상식적으로 형사 사건의 피의자 입장에서는, 경찰–검찰–법원으로 이어지는 사법 절차 가운데 가급적 앞쪽에서 법망을 피해가는 게 여러모로 유리하므로, 전화 변론은 수사 단계에서부터 벌어진다. 수요가 있는 만큼 수사 단계에서부터 전관 변호사가 제공하는 전화 변론은 고액의 돈을 받고서 비밀리에 행해진다.

기소된 이후에도 전화 변론은 효력이 있다. 현직 검사나 판사 입장에서 전관 출신 변호사라는 존재는 바로 엊그제까지 자기를 지휘했던 상급자이므로 대부분의 판검사는 전화 변론을 매몰차게 거절할 수가 없다. 지방 검찰청의 한 간부는 "사람 사이에는 정이라는 게 있다. 내가 모시던 검사장이 변호사 개업 뒤 전화를 했는데 '혹시 선임계는 내셨나요'라고 물어볼 수는 없지 않으냐"고 밝힌 바 있다.

또 현직 검사들은 "검찰 선배들이 전화해서 하는 얘기가 '내가

장관도 잘 알고 총장도 잘 안다'는 말"이라며 "이들의 부탁에 잘 응대하지 않으면 '버릇이 없다'는 식으로 비난의 대상이 되는 경우가 많다"고 밝혔다. 즉 전관 변호사들은 나중에 법무부 장관이나 검찰총장, 혹은 청와대 민정수석 등을 할 수도 있기 때문에, 인사에서 불이익을 받고 싶지 않은 대부분의 검사로서는 '꺼진 불(전관 변호사)도 다시 보'지 않을 수가 없다는 것이다.

사법 정의를 무너뜨리고 계급 간의 불화 및 위화감을 조성한다는 점에서, 박정희 시절의 발상으로 말한다면, 전화 변론은 국가 안보를 위태롭게 한다고 할 수 있다. 한국에서 국가 안보와 관련된 법으로는 소위 국가보안법이 있다. 국가보안법을 지탱하는 발상으로 전관예우를 다루면 전관예우가 사라질 것이다.

그 내용은 다음과 같다. 변론은 꼭 법정에서만 하도록 하고 업무 연락은 법원 서기나 검찰 사무관이 변호사 사무실과 처리하도록 한다. 또 변론 등 업무에 관련된 내용의 전화 등을 변호사나 정치인 등으로부터 받은 판검사 및 경찰은 즉시 소속 기관에 신고하도록 하고, 동시에 그런 내용의 전화 등은 반드시 녹음해두도록 한다. 신고나 녹음의 의무를 저버린 사람은 그것이 아무리 사소하더라도 즉시 파면하고 평생 각종 자격을 박탈한다. 전화 변론이나 청탁을 하는 전관 변호사나 정치인도 마찬가지로 처리한다.

이 내용과 수준이 너무 싱가포르적이라고? 절대 그렇지 않다. 전화 변론을 하는 전관 변호사 자신이나 몇억 원씩을 쓰면서 전화 변론 서비스를 이용하는 부유층 자체가 국가의 적이고 공공의 적이다. 비유적으로 말해서, 그들은 이적 단체의 구성원이다. 나는 북한 핵미사일보다 그들이 더 무섭고 싫다.

2016년 5월 18일

사기

가수 조영남의 그림 대작 사건에 대해서 검찰이 적용하려는 형사 범죄다. 형법의 사기죄는 사람을 속여서 재물을 빼앗거나 재산상의 불법적 이득을 취하는 것이다.

사기죄가 성립하기 위해서는 속이는 행위와 속는 사람의 착오, 그리고 재물 및 재산상의 이익이 오가는 것 사이에 순차적인 인과관계가 있어야 하는데, 착오에 빠진 원인 중에 속는 사람 쪽의 과실이 있는 경우에도 사기죄가 성립한다는 판례가 있다고 한다.

미술계의 반응은 크게 두 가지다. 하나는 조수 등 다른 사람을 시켜서 작품을 대신 만들거나 그리게 하는 것이 현대미술의 관행이라는 것이고, 다른 하나는 이것이 도덕적·사회적으로 문제가 된다고 하더라도 검찰이 개입해서 형사 범죄로 다루는 것은 타당치 않다는 것이다.

관행 운운하는 얘기는 조심스레 접근할 필요가 있다. 설령 그것이 현대미술의 관행이라고 하더라도 전통 매체와 기법에 의한 작업이나 작품이 여전히 큰 부분을 차지하는 미술계 전체로 보아서는 매우 제한된 것이며, 많은 작가가 작품을 직접 만들거나 그리고 있기 때문이다. 대개 대작 행위는 미술품을 다량으로 생산하거나 복제해서 팔 수 있는 상업적으로 성공한 작가들에 국한된다.

대작 관행이 있다고 해서 조영남의 대작 행위가 정당화되거나 당연시되어서는 안 된다. 뇌물 수수가 관행이라고 해도 뇌물 수수가 정당화되지 않는 것과 마찬가지 이치다. 다양한 대작 행위에 대한 섬세한 분류와 평가가 전제되어야 한다.

이 사건을 형사 범죄로 다루어가려는 근거로서 검찰이 제시한 것은, 일부 보도에 의하면, 1992년 미국의 저작권 판례인 듯하다. 이 판례에서 원고 J는 잡지사 R을 포함한 복수의 피고에 대해서 승소 판결을 받았다. J는 잡지사 R에 고용되어 잡지의 표지 그림을 그렸는데, 그 그림은 20세기 전반 미국의 화가 그랜트 우드의 유명한 그림 「아메리칸 고딕」을 패러디한 것이었다.

「아메리칸 고딕」 원작에는 부부 내지는 부녀로 보이는 남녀 농부가 집을 배경으로 서 있고 남자는 세 갈래 쇠스랑을 들고 있다. 잡지 표지 패러디 그림에서는 사람 얼굴 대신 해골이 그려졌고, 쇠스랑은 기타로 대체되어 있다. 원래 이 패러디 아이디어 자체는 피고 중 한 사람인 K로부터 나온 것이었다. 잡지사 R은 이 표지 그림을 나중에 포스터 및 광고 등에서 다시 활용했는데, 이에 대해 J가 저작권 소송을 낸 것이다. 잡지사에 고용된 J가 다른 사람의 아이디어에 따라 그린 것이지만 판결은 J의 저작권을 인정해 주었다.

그러니까 제품 생산에 빗대어 말한다면, 미국의 그 판례는 설령 생산 방식이 제조자 설계 생산ODM이 아닌 주문자 상표 부착 생산OEM이라고 하더라도 저작권은 그림을 생산한 사람에게 있다고 하는 판결인 셈이다. OEM은 설계 및 개발 기획만은 주문자가 하는 반면, ODM은 생산자가 그것들까지도 맡는 방식이다. 다른 사람이 그렸다면 그림이 얼마든지 달라질 수 있다는 논리가 그 판례에 깔려 있다.

OEM이나 ODM이 성립하는 까닭은 주문자가 유통 및 판매에서 큰 힘을 가지기 때문인데, 조영남 대작 사건에서 그 힘은 조영남의 명성이다. 조영남은 작품의 콘셉트 자체가 100퍼센트 자기 것이라고 항변했는데, 검찰은 그렇다고 하더라도 저작권은 실제로 그린 사람에게 있다는 민사 판례를 인용함으로써, 형사 소송을 성립시키려고 하는 것이다.

우리는 대만 제조업체 팍스콘이 생산한 아이폰을 애플사의 제품으로 알고 사서 쓴다. 반면에, 순금이 아닌 것을 순금으로 속여 팔았다면 세상의 통념상 사기다. 검찰은 바로 그 세상의 통념에 의지해서 기소하려는 듯하다.

한자어 만들 작作과 속일 사詐의 차이는 사람人과 말言에 있다. 작乍은 갑골문의 형태로 볼 때, 칼로 기물을 깎아서 무늬를 만들어 넣는 모습을 형상화한 것이다. 그 창조 행위의 주체가 사람이라는 뜻의 글자가 작作이고 말로 속인다는 뜻의 글자가 사詐다.

백남준은 일찍이 "(현대)미술은 사기다"라고 말했다. 앞으로 벌어질 재판이 흥미진진하다. 현대미술의 미적 근거에 대한 사회적 판단이라는 의의도 지니기 때문이다.

2016년 5월 25일

와드.

'리그오브레전드'(약칭 '롤')와 같은 게임에서 특정 지역을 감시하는 데 쓰는 설치형 도구이자 소모품 아이템이다.

'롤'에서 와드는 시야를 밝혀주는 보조 스킨 아이템이며, 이를 설치하는 행위를 와딩이라고 한다. 와드는 영어로 'ward'이며 초성체로는 'ㅇㄷ'라고 표기하며, 보통 '와드를 박는다'고 표현한다.

와드는 3분 동안 설치된 지역 주변을 밝혀주기 때문에 해당 지역을 지나가는 적 캐릭터들을 확인할 수 있게 해준다. '롤'에서 적이 자주 숨는 덤불 지역이나 갈림길 등에 설치되는 와드는 적들의 은폐 혹은 이동을 알아채는 데 도움을 준다. 반대로 자신이 매복 중인데 갑작스럽게 적이 기습했다면 해당 지역에 적의 와드가 설치되어 있을 가능성이 매우 높다. 게임에서 와드는 시야 싸움에서부터 승패까지 좌우할 수 있는 핵심 수단이다.

와드는 그 뜻이 확대되어 인터넷에서 댓글 등을 달면 기록이 남는 것을 이용하여, 유용한 팁이 기록된 글이나 게시물 등을 다시 찾아볼 수 있도록 댓글을 달아둔다든가 하는 행위를 가리키기도 한다. 또, '롤'이 일상생활의 일부인 젊은 세대는 무엇인가를, 또는 어떤 상황인가를 살펴보는 것을 뜻할 때도 '와드를 박는다'는 비유적 표현을 사용한다.

영어 ward는 어원적으로 봐서 크게 두 갈래로 나뉜다. 하나는 '지키다, 지켜보다, 보호하다, 보존하다' 등의 뜻을 갖는 동사 ward다. 여기에서 'award'(상 주다) 'reward'(보상하다) 같은 단어가 나왔다. 다른 하나는 방향을 뜻하는 부사적 접미사 '–ward'다. 여기서 'forward' 'toward' 등과 같은 단어가 생겨났다. ward의 발음은 굳이 한국말로 표기하자면 '워드'에 가깝다고 할 수 있지만, 게임 용어로서는 '와드'라고 발음되고 표기되는 게 관행이다.

와드는 게임 속 전쟁터에서 지형 및 안개 등과 같은 지리적·기상학적 불확실성을 잠시 제거하고 시야를 밝히는 유용한 도구다. 불확실성에 관해서 독일의 군인이자 전략 사상가인 클라우제비츠는 이렇게 말했다. "전쟁은 불확실한 영역이며, 전쟁의 행위가 만들어지는 사태의 4분의 3은 다소간에 큰 불확실성의 안개에 놓여 있다." '롤' 같은 게임에서 와드 스킨은 값이 결코 싸지 않으므로 조심해서 제대로 박아 넣어야 한다. 젊은 세대가 즐기는, 실시간 전략 롤플레잉 게임에서의 일시적 소모품인 와드의 상징적 의미는 대단히 흥미롭다.

게임의 마법 이야기에서 소환사는 다른 차원이나 세계에 있는 존재, 즉 악마, 정령, 몬스터 등을 불러들인다. 최근 한국 정치판에 잠시 소환되었던 몬스터를 대라고 한다면, 나로서는 당연히 반기문을 꼽지 않을 수 없다. 근래 어느 신문의 여론조사에서 차기 대선 후보 1위를 차지하기도 한 그는 김종필을 방문했고, 안동, 경주 등에서는 대권 행보를 보이기도 했으며, 전직 총리들을 '거느리고' 만찬을 가졌다. 반면, 미국 외교전문지 『포린 폴리시』와 영국 주간지 『이코노미스트』는 반기문이 유엔을 무의미한 조직으로 만들었으며 중요한 실적이 없다고 비판했다. 그런데 내가 반기문을 정치적 몬스터로 보는 이유는 그러한 비판들 때문만은 아니다. 우선, 반기문이 2017년 대선을 '안개'로 만드는 가장 큰 변수이기 때문이다. 그의 치고 빠지는 식의 언동은 기성 정치인 뺨 칠 정도이며 그런 언동 자체가 그의 대선 출마 야심을 더 잘 드러낸다. 그렇지만 정작 그는 현실 정치판에서의 현재적 행위자가 아니라 아직은 딴 세계인 유엔에서 일하는, 그러니까 일종의 몬스터와 같은 존재다.

일부 언론에 의하면, 4.13 총선에서 크게 패배한 박근혜 대통령이 '상설 청문회 법'에 대해 거부권을 행사한 것도 다 반기문을 염두에 두었기 때문이라고 한다. 그는 궁지에 빠진 새누리당과 친박에게는 구세주 노릇을 하고 있다. 반기문을 환영하고 옹호하는 친박 정치인들의 발언을 들어보면, '친박=친반'인 상황이 도래한 듯하다. 반기문이라는 정치적 몬스터가 제멋대로 싸돌아다니는, 안개와 같은 한국 정치판 지형에 우리는 '와드'를 잘 박지 않으면 안 된다.

2016년 6월 1일

포스트잇.

쉽게 붙였다 뗐다 할 수 있는 작은 종이를 뜻한다. 크기에 따라서 매우 작은 것은 책갈피 노릇을 하고, 조금 큰 것은 메모지로써 활용된다.

무엇인가를 잊지 않기 위해 적어놓을 때는 책, 노트, 서류 뭉치, 벽, 문, 책상, 냉장고, 모니터, 지갑, 휴대전화 등에 붙인다. 값이 싸고 옮기기 간편하면서도 쉽게 눈에 띄기 때문에 애용된다. 젊은 시민이 자발적으로 붙이는 컬러풀한 포스트잇은 기존의 집회나 시위를 부분적으로 대체해가는 중이다.

포스트잇의 사용법이 제대로 알려진 것은 최근이다. 지금은 망해서 온라인 형태만 남은 신문 '인디펜던트'는 몇 달 전 포스트잇을 뭉치로부터 처음 떼어낼 때의 올바른 사용법을 알려줬다. 접착면을 위 가로 방향으로 놓았을 때, 올바르게 떼어내는 방향은 아래에서 위로의 세로 방향이 아니라 좌우 방향이라는 점이다. 그래야만 접착 면이 손상되지 않는다는 것이다.

얼마 전부터 우리 사회에서는 포스트잇이 추모, 애도, 조의, 공감, 참여 등의 의사 표현을 하는 데 사용되기 시작했다. 강남역의 '여혐' 살인 사건 및 구의역의 비정규직 청년 사망 사건이 있은 다음 많은 사람이 두 역의 출구와 스크린도어 등에 추모와 공감을 뜻하는 포스트잇을 붙였다. 노란 리본과 더불어, 포스트잇은 시민이 특정 사건에 대해 작지만 분명하게 자신의 견해와 감정을 드러내는 중요한 도구가 되었다. 이는 외국의 점령 시위에서 포스트잇이 종종 사용되었던 것과도 상통한다.

지금은 꼰대가 된 소위 386 세대가 젊은 시절 애용하던 대자보와 비교해보면, 포스트잇의 성격이 분명하게 드러난다. 일단 대자보는 매우 크고, 흑백이고, 글자가 많고, 주장이 강하다. 또 어쨌거나 지금 와서 보면 그것은 일방통행적인 의사소통 구조를 하고 있다. 정치사회적 검열이 강했던 시절에 대자보는 진실을 알린다는 의의가 있었고, 대자보를 붙이는 행위 자체가 크나큰 정치적 모험이었지만.

포스트잇은 싸고 가볍고 유연하고 자유로운 아날로그 모바일 미디어다. 포스트잇은 디지털 모바일 기기에 의존하는 소셜미디어와도 다르다. 인터넷에서 주목받는 포스팅은 대개 파워 블로거만의 것이기 일쑤다. 또 페이스북이나 트위터는 어떤 점에서 팔로워 수에 의존하게 되어 있다. 반면에, 추모와 공감의 취지에서 자발적으로 포스트잇을 붙이는 무명의 젊은 시민은 댓글이나 '좋아요' 단추 따위에 연연하거나 그것들을 구걸하지 않는다. 포스트잇을 붙이는 행위는 그 자체로 충분히 자기충족적이다. 또 무엇보다 포스트잇을 붙이기 위해서 우리는 몸소 사건 현장에 가야만 한다.

근대까지 상당 동안은 부전지附箋紙가 포스트잇과 비슷한 기능을 수행했다. 『조선왕조실록』을 보면, 개부표改付標라고 해서, 한 번 재가를 받은 문서의 부분을 고쳐야 할 경우 다시 재가를 받기 위해 붙이던 누런 부전에 관한 언급이 몇 번 나온다. 부전지의 누런색이 오늘날 포스트잇의 카나리아빛으로 대체된 것이라고 할 수 있다. 근대에 와서도 부전지는 주의, 관심, 검토, 의심 등을 위한 용도로 잊지 않기 위해 적어서 붙이면서 공식적/비공식적으로 사용되었다.

잘 알려졌듯 원래 포스트잇은 매우 강력한 접착력을 지닌 풀을 연구하다가 실수로 발명하게 되었다. 어디에나 잘 붙으면서 쉽게 떨어지며 또 그때 물질적인 흔적을 거의 남기지 않는다는 특성을 지닌 접착제를 이용한 색색의 종잇조각이 발명된 것이다.

포스트잇은 투표용지보다 정치적·사회적 의의가 더 크다. 투표와는 달리 우리는 언제 어디서나 포스트잇을 붙일 수 있다. 규격화되어 있는 투표용지와 달리 포스트잇은 크기, 형태, 색이 각각인데다가, 그 안에 각자의 메시지, 생각, 느낌 등을 자유롭게 적을 수 있다.

이제 포스트잇을 통해서 우리는 정치·사회·정서적 의사 표현을 언제 어디에서나 할 수 있다. 최소한의 물리적 접착과 압력에 의존하는 종잇조각이 유연하고도 '모바일'한 사회적 결집 및 간결하면서도 확연한 정치적 압력을 표현하는 미디어로 전환되었다는 것은 매우 놀라운 일이다. 정치적·사회적 망각이 지배적인 한국사회에서는 특히 그러하다.

2016년 6월 8일

노인 빈곤

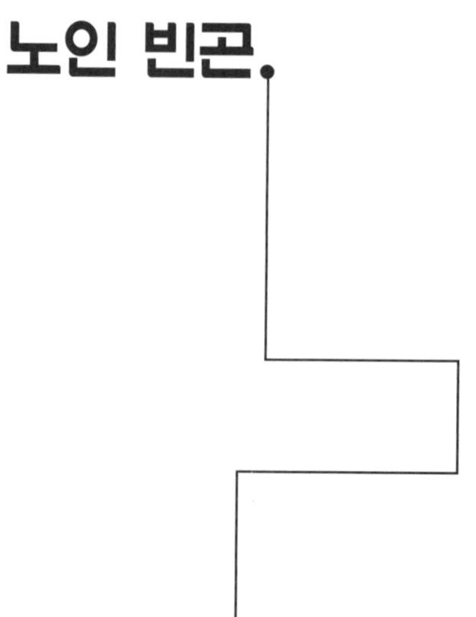

박근혜 정부가 통계를 조작해서 덮어버리려고 하는 사회 문제를 가리킨다. 보도에 의하면, 보건복지부는 한국 노년 세대의 빈곤 통계를 조작하려 한 것으로 드러났다.

박근혜 정부는 노후 소득을 늘리거나 사회 복지 제도를 정책적으로 마련함으로써 노년 세대 빈곤 문제를 실질적으로 완화하는 것을 포기하고, 그 대신 통계 기준만을 바꿔 노년 빈곤율의 외형적 수치를 낮추려고 하고 있다는 것이다.

OECD 자료에 의하면, 한국의 노년 빈곤율은 49.6퍼센트로 비교 대상 34개국 중 가장 높은 수준이다. 박근혜 정부는 주택 등 자산이 가구 소득에 미치는 영향을 고려한 허구적 지표를 개발키로 했다고 한다. 하지만, 노년 가구가 보유한 부동산을 억지로 현금 소득으로 환산하더라도 빈곤율에 미치는 영향은 크지 않다는 연구 결과가 이미 나와 있다.

재벌 기업이 설립한 어느 경제연구소는 가난한 노년 세대를 가리키는 말로 '푸피poopie'란 말을 몇 년 전 만들어낸 적이 있는데, 이 말은 전혀 유포되거나 사용되지 않았다. 이 엉터리 영어 단어 '푸피'는 '우피woopie'의 반대말로 만들어진 것이었다. 우피는 부유한 노인well-off older person의 약자인데, 이미 오래전부터 쓰이던 말인 여피yuppie를 염두에 두고 만들어졌으며 인터넷에서도 검색된다.

가난한poorly-off이란 형용사가 노년 세대를 수식하는, 엉터리 단어 '푸피'가 쓰이지 않게 된 이유는 무엇보다도 푸피가 영어 속어 내지는 어린아이들 말로 '똥'을 뜻하는 단어이기 때문일 것이다. 이 사실은 매우 의미심장하다. 한국사회에서 노년 세대, 특히 가난한 노년 세대는 '똥' 취급을 당하고 있다.

엉터리 단어 '푸피'가 쓰이지 않게 된 다른 이유를 찾자면, 가난한 노년 세대는 마케팅 차원에서 볼 때 자본가들에게 전혀 중요하지 않기 때문이기도 하다. 즉, 우피가 가리키는 노년 세대는 상당한 구매력을 갖춘 집단이다. 이에 반해 엉터리 단어 '푸피'가 가리키는 집단은 구매력이 전혀 없다. 소비자들에게 상품을 파는 자본가들 입장에서 볼 때 굳이 주목할 필요가 없는 집단인 것이다. 따라서 그 집단을 가리키는 말을 마케팅 차원에서 굳이 만들거나 사용할 필요도 없다.

한국사회는 남북으로 분단되어 있을 뿐만 아니라 그 밖에도 다양한 분단이 있다. 강남역 '여혐' 살인 사건에서 명확히 드러난 젠더 사이의 분단, 경상도와 전라도 사이의 지역 분단, 그리고 세대 간 분단이 그것이다. 보통의 용어로 표현한다면, 분할이 적절하겠지만, 남북 분단 못지않게 한국사회를 갈기갈기 찢어놓고 있다는 점에서 분단으로 표현해도 지나치지 않을 것이다.

그렇지만 젊은 세대가 겪는 '열정 페이'를 가난한 노년 세대가 이미 겪었고 동시에 지금도 겪고 있다는 점을 잊어서는 안 된다. 가난한 노년 세대는 6·25를 전후해서 주로 농촌에서 태어났다. 이분들은 먹고살기 위해 1960년대와 1970년대에 고향을 떠나 대도시로 이주했다. 이분들이 땀 흘리며 일하던 젊은 시절은 한국 사회의 근대화 및 산업화가 본격적으로 이뤄지던 시대였다.

이 세대는 한국 자본주의 산업화의 초창기에 자신의 청춘을 바쳤지만 성장의 과실을 제대로 향유하지 못한 채 늙어버렸다. 이 세대는 열정적으로 일했지만 '페이' 자체는 턱없이 적었던 것이다. 여기서 말하는 '페이'란 소득뿐만 아니라 사회적 '인정'까지 함축한다. 한국사회는 대체로 이 세대를 '개무시'하고 있다.

젊은 세대가 팟캐스트를 애용하는 반면 이 가난한 노년 세대는 종편 방송을 즐겨본다. 젊은 세대가 소셜미디어를 이용하면서 모바일의 삶을 누리고 있는 반면 이 세대는 유일한 보편적 노년 복지 제도인 공짜 전철을 이용해서 몸소 움직인다. 구매력이 거의 없으며 인터넷 등에서도 소외된 이 가난한 노년 세대는 소위 빅 데이터로부터도 제외되고 배제된다.

노스탤지어 심리에 사로잡힌 이 세대의 상당수는 박근혜 대통령을 정치적으로 선호해왔다. 박근혜 정부가 통계 조작으로 노년 세대의 빈곤을 감추려는 것은 결국 정치적 배신이며 일종의 '먹튀'다.

2016년 6월 15일

저성과자.

'쉬운 해고'의 대상이 될 수 있는 사람을 가리킨다. 고용노동부가 재계의 입장을 반영해 2016년 1월에 발표한 소위 양대 지침의 하나다. 다른 하나는 취업 규칙을 쉽게 바꿀 수 있도록 한 것이다. 저성과자 문제는 정의당의 심상정 의원과 새누리당의 지상욱 대변인 사이에 논쟁이 되고 있다. 심 의원이 박근혜 대통령을 저성과자라고 비판하자, 지 대변인은 심 의원이 저성과자라고 반박했다.

지금 근로기준법에 의하면 해고는 딱 두 가지 형태만이 가능하다. 징계 해고와 정리 해고가 그것이다. 징계 해고란 예컨대 근로자가 사업장에서 범법 행위를 저질렀다든가 할 때 징계로서 행해지는 해고다. 징계 해고는 사유의 정당성, 절차의 정당성, 징계권 남용이 아닐 것이라는 요건을 충족해야만 한다. 한편 징계 해고의 절차가 취업 규칙이나 단체 협약에 규정되어 있다면 이 절차를 지키지 않은 해고는 무효다.

저성과자를 쉽게 해고시킬 수 있게 해주는 고용노동부의 지침은 국회를 통과해야만 하는 법을 고치지 않은 채 단지 행정부의 '가이드라인'이라는 이름 아래 시행하려고 하는 것이어서, 지침 발표 직후부터 노동자들로부터 월권 혹은 불법이라는 비판을 받았다.

노동자들의 주장에 의하면, 저성과자의 '쉬운 해고'는 기업에만 유리하다고 한다. 즉, 저성과자에 대한 쉬운 해고가 가능해지기 이전에 기업이 노동자를 회사에서 내보내기 위해서는 거액의 위로금을 쥐어주고 자진 퇴직의 형태를 취해야만 했지만, 이제는 위로금을 줄 필요 없이 단지 저성과자로 낙인찍기만 하면 해고시킬 수 있기 때문이라는 것이다.

2016년 1월 더불어민주당 소속이었던 은수미 전 의원의 추계에 의하면, 한 해에 기업이 명예퇴직·희망퇴직 등으로 내보내는 노동자가 평균 90만 명인데, 이중 절반만 저성과자로 해고할 수 있으면 기업으로서는 수십조 원에 달하는 위로금의 반만 써도 된다는 것이었다.

저성과자에 대한 쉬운 해고의 가장 큰 문제는 성과 측정이 공정하게 행해지기가 불가능할 정도로 어려운 일인 반면에, 기업의 입장에서 아무나 저성과자로 낙인찍어서 쉽게 해고할 수 있다는 점이다. 저성과자에 대한 쉬운 해고가 가능해지면 기업이 월별로 등급을 매기고 감봉을 하고 시말서를 쓰게 하면서 저성과자로 몰 경우 누구든지 쉽게 해고할 수 있다.

박 대통령이 저성과자라는 주장은 사실 심상정 의원만의 고유한 발상이 아니다. 지난 1월 양대 지침이 발표되자마자 현장 노동자들 사이에서는 '노동 개악 저지' '저성과자 박근혜를 해고하라' 등과 같은 구호가 터져 나왔다. 노동자들의 주장인즉, 박 대통령이야말로 저성과자이니 쉽게 해고해야 한다는 것이었다.

당시 시점에서 과연 박 대통령이 저성과자인가는 논란의 여지가 있었다. 하지만 지금은 사정이 다르다. 박 대통령의 정치 성과를 측정할 기준을 우리는 갖고 있다. 4.13 총선이 바로 그것이다. 심상정 의원이 지난 1월 현장에서 터져 나온 노동자들의 목소리를 이제 와 제도권 정치판 안에서 공식적으로 대변하게 된 것도 총선을 통해 밝혀진 국민의 평가에 근거를 둔 것이라고 이해된다. 물론 박 대통령은 총선 결과를 자신의 정치 성과에 대한 평가로 받아들이고 있지 않는 듯하다.

나는 저성과자에 대한 쉬운 해고에 반대한다. 마찬가지로, 대통령에 대한 해고도 단지 상징적인 정치 공세에 불과할 뿐, 법적으로 보면 결국 탄핵만이 가능하기 때문에, 굳이 박 대통령을 저성과자로 몰고 싶지 않다. 오히려 그보다는, 만약 굳이 박 대통령을 저성과자로 규정짓고자 한다면, 사회적·정치적 일관성을 발휘해야 한다는 입장이다.

예컨대, 대우조선해양 부실을 가져온 대우조선해양 및 산업은행의 임원들은 저성과자다. 대우조선해양 분식 회계와 관련된 회계 법인의 담당자들도 저성과자다. 더 나아가서 부실을 감독할 책임이 있었던 고위 공무원들, 그리고 엄청난 부실에도 불구하고 마구잡이식 세금 퍼주기를 자행한 '청와대 서별관회의' 참석자들도 저성과자다.

야3당이 청문회에 합의했다는 소식이 들린다. 이들 저성과자들은 고용노동부의 지침대로라면, 청문회 없이 '걍' 쉽게 해고해도 되는 사람들이다.

2016년 6월 22일

브렉시트.

영국의 유럽연합 탈퇴를 뜻하는 말이다. 한국이 어떤 국제 조약이나 국제 기구로부터 탈퇴하는 것을 가리키는 말은 '코렉시트'다. 그저 '코엑시트'가 아닌 까닭은 대다수 나라말에서 모음 충돌의 회피가 언어학적으로 자연스럽기 때문이다. 브렉시트 이후를 가리키는 영어 단어는 '포스트브렉시트Post-Brexit'다.

당시 영국 국민투표의 주된 이슈는 이민자 문제 및 유럽연합 멤버십의 득실 문제였다. 브렉시트에 찬성한 사람들은 스코틀랜드 등이 아닌 잉글랜드, 런던을 제외한 잉글랜드 나머지 지역, 노년 세대, 사회경제적 중하층 집단이라고 알려지고 있다.

유럽연합이 강요하는 긴축 정책을 수용할 것인가를 놓고 이루어진 2015년 그리스의 국민투표는 부결된 바 있다. 하지만 그리스 정부는 그렉시트를 감행하지 못한 채 유로존 잔류와 긴축 요구안 수용을 선택했다. 그리스의 투표와 비교해보면, 브렉시트 국민투표가 갖는 의미가 잘 드러난다. 두 나라 투표의 공통점은 유럽연합이 상징하는 신자유주의적 세계화에 대해 다수 대중이 불만을 갖고 있고, 이런 불만이 투표 등의 제도적 정치 행위를 통해 표출되었다는 점이다.

영국 투표에서 이민자 문제가 부각된 것은 그동안 영국의 중하층 구성원 다수가 이민자들에게 그들 고유의 일자리와 복지 혜택을 빼앗기고 있다고 느껴왔기 때문이다. 이러한 정치·사회적 정서는 미국에서 트럼프를 지지하는 백인 하층 인구 집단에게서도 발견되며, 유럽 전반에 걸쳐 제노포비아로 나타나면서 우익 포퓰리즘 정당의 득세를 낳고 있다.

따지고 보면, 유럽연합이 이러한 이민자 문제에 직접적인 책임이 있는 것은 결코 아니다. 유럽연합의 다른 나라, 예컨대 폴란드로부터 영국에 온 이민 노동자들은 대개 젊고 영어도 비교적 잘하며 임금이 싼 3D 업종에서 일한다. 유럽연합과 상관없이, 영국의 경제구조와 노동시장은 외국으로부터의 값싼 이민 노동력에 크게 의존하지 않을 수 없는 것이다.

사태의 핵심은 유럽연합의 정치적 본질에 있다고 판단된다. 유럽연합은, 유럽 지역에 관한 한, 신자유주의 세계화 체제의 정치적 상부구조다. 유럽연합은 유럽 지역에서 초국적 독점자본, 특히 금융자본의 이해관계를 정치적으로 직접 대변한다. 가뜩이나 살림이 어려웠던 그리스 국민들에게 실현이 거의 불가능한 긴축 정책을 강요했던 것이 그 적나라한 사례다. 영국의 투표에서도 대다수 유권자는 '더 시티The City'라고 불리는 런던의 금융 중심가에 있는 초국적 금융자본에 대한 정치적 반감을 투표라는 저항 행위를 통해 표출한 것이다.

브렉시트에 찬성한 하층 영국민이 지난 20~30년간 겪어온 사회경제적 고통, 즉 사회적 양극화에 따른 일자리 부족, 소득 감소와 사회보장 축소는 신자유주의 세계화가 만들어낸 것이고, 그런 한에서 유럽연합은 분명히 상당한 책임이 있다. 이 점에서는 영국 다수 유권자의 판단이 정확하고 옳다. 하지만, 앞서 말했듯이 이런 고통이 유럽연합 다른 나라로부터의 이민 노동자 때문인 것은 결코 아니다. 이 점에서 그들은 틀렸고 올바르지도 않다.

일부 언론에서는 상당수 영국 국민이 투표 결과를 후회하고 있고, 세대 간 갈등이 커지고 있으며, 브렉시트 찬성파들의 공약이 대국민 사기극이었다는 등의 보도가 나온다. 이들 보도는 부분적으로야 맞는 얘기이긴 하지만 핵심을 건드리고 있지는 못하다. 문제는 유럽연합으로부터 빠져나온다고 해서 신자유주의 세계화 체제를 분쇄할 수 있는 것은 결코 아니라는 점이다.

이번 투표는 기본적으로 우익 포퓰리즘 세력의 정치적 선동이 먹혀버린 것이라고 할 수 있다. 영국의 다수 유권자는 유럽연합 가입 이전의 소위 '국민국가'로서 영국이 보장해주었다고 기억되는 일자리와 복지에 대한 헛된 정치적 노스탤지어에 갇힌 채 브렉시트를 결정했다.

가장 치명적인 점은 영국 및 유럽의 좌파 진보 세력이 이런 사태에 대한 효과적이고 올바른 정치 프레임을 만들어 제시하는 데 실패했다는 것이다. 포스트 브렉시트는 남의 일이 아니다. 경제 위기는 언제나 사회의 아랫부분만을 향해 고통의 펀치를 날리기 때문이다.

2016년 6월 29일

빻다.

못생겼다는 뜻이며 외모를 비하할 때 쓰인다. 얼굴이 못생겼음을 뜻할 때 "걔는 얼굴이 빻았잖아"와 같은 표현이 사용된다. 여기서 의미가 확대되어 "눈 빻았냐?"처럼도 쓰인다. 이런 쓰임새는 경상도에서부터 시작된 것으로 여겨진다.

경상도 지역에는 '부수다, 바수다, 빻다, 찧다' 등의 의미를 갖는 다양한 지역 변이어로 '빠수다, 빠사다, 뽀수다, 뽀사다, 뿌사다' 등이 있다. 이런 변이어들의 피동형은 '빠사지다, 빠아지다' 등이다. 얼마 전부터 경상도 지역 일상 속어에서는 '빠사지다, 빠아지다' 등의 단어가 얼굴 생김새의 묘사에 사용되었다.

물체나 물건을 깨뜨리거나 부수거나 빻거나 해서 작은 조각으로 만드는 것을 뜻하는 말이 사람의 얼굴 묘사에 비유적으로 쓰이게 된 것이다. 이런 용법이 인터넷을 통해 전국적으로 퍼지면서

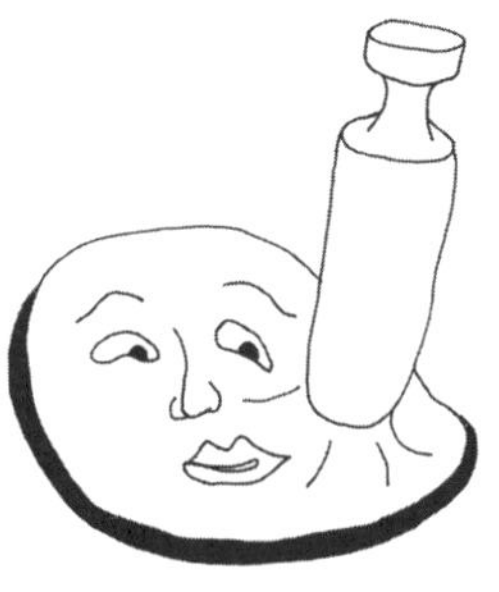

'얼굴이 빻다'란 표현이 쓰이게 되었다.

지역 변이어의 비유적 사용이 전국적으로 확대되면서, 두 가지 경향이 생겼다. 하나는 지역 변이어를 표준어로, 그러니까 중립적으로 말한다면, 서울 지역의 사투리로 표기하려는 경향이고, 다른 하나는 음절수가 많고 표기가 어려운 피동형을 피해 능동형을 사용하려는 경향이다. 억지로 표준어 문법을 고수한다면, '얼굴이 빻다'는 '얼굴이 빻이다'가 될 것이다.

한국어가 모어인 사람들에게도 어간이 'ㅎ'으로 끝나는 용언의 활용 표기는 제대로 빠르게 처리하기가 쉽지 않다. '좋다'와 '파랗다'의 활용은 서로 다른데, 이것은 '좋아서'와 '파래서'를 보면 잘 알 수 있다. "밀을 빻아서 밀가루를 만든다" 또는 "깨를 빻으니 고소한 냄새가 진동한다" 등과 같은 문장의 표기를 제대로 빠르게 처리하기란 쉽지 않다.

표준어로 '빻다'의 활용형은 '빻아, 빻으니, 빻는, 빻소' 등이다. 그것들은 각기 [빠아], [빠으니], [빤:는], [빠:쏘] 등으로 발음된다. 그런데 인터넷 등에서 일상적으로 '빻다'가 활용된 형태의 표기에 있어서 약간의 혼란이 있다. '빠앟다'가 바로 그것이다. '찧다'와 '빻다'의 과거형은 '빻았다' '찧었다'이다. "얼굴이 빠앟다"는 표현은 "얼굴이 빻았다"를 잘못 표기한 것이다. 과거를 나타내는 쌍시옷이 들어가야 할 자리에 착오에 의해서 어간의 히읗이 대신 옮겨 들어가 있는 것이다.

한국어의 맞춤법이나 표기는 대학을 졸업한 사람들에게도 어려운 법이니 표준말과 관련된 얘기는 접어두고, '빻다'의 비유적 용법에 관련된 사회적 차원의 얘기를 해보자. 우선, 사물의 분쇄 등에나 쓰이는 말을 사람 얼굴에 쓴다는 것은 시빗거리가 될 수 있다. 그러나 이것은 본디 사람의 언어가 비유적, 특히 은유적 성격을 갖는다는 점을 감안하면 그다지 큰 문제는 아니다. 모든 언어는 원래 상징적·비유적이기 때문이다.

그다음으로, 사람을 외모로만 평가하는 일은 좋지 않다는 견해가 있을 수 있다. 하지만 이런 얘기는 유치원 선생이나 하는 말일 뿐 현실에서는 그렇지 않다. 현실에서는 사람이 종종 외모로 평가된다. 굳이 비교한다면, 사람을 돈이나 권력으로 평가하는 것보다는 외모로 평가하는 게 차라리 더 낫다고 나는 생각한다.

문제는 외모에 의한 평가가 인종적·성적인 차별 내지는 편견 등과 연결될 때다. 이런 사태는 거의 모든 문화적 이슈에 대해서 리버럴한 관점을 취하고 있는 나로서도 쉽게 받아들이기 어렵다. '학삐리'로서의 나는 적어도 의식적으로는 그런 차별과 편견이 용납되어서는 안 된다고 굳게 믿고 있다. 하지만 나도 길거리에서 '얼굴이 빻은' 사람과 그렇지 않은 사람을 내 눈동자의 움직임을 통해서 무의식적으로 차별하고 있다는 건 부인할 수 없다.

재미있는 것은 젊은 세대가 '빻다'라는 말을 얼굴 생김새의 표현에만 쓰고 있지 않다는 점이다. 사람을 외모로만 평가하지 말라든가 외모에 의한 성차별과 인종차별은 지양해야 한다든가 하는 얘기를 젊은 세대에게 한다면, 젊은 세대, 특히 남자애들은 이렇게 훈계하는 나를 곧바로 꼰대 취급할 것이다. 내놓고 말은 안하겠지만, 그들은 분명히 속으로 "너 머가리(머리+대가리) 빻았냐?"고 반박해버릴 게 틀림없다.

2016년 7월 6일

개돼지

지배 엘리트가 한국사회의 양극화된 계급 구조 안의 민중을 표현할 때 쓰는 말이다. 교육부의 한 고위 관리에 의하면, 한국사회의 민중은 전체 인구의 99퍼센트를 점하고 있는데, 지배 엘리트의 입장에서 "민중은 개돼지로 취급하면" 되며, "개돼지로 보고 먹고살게만 해주면 된다"고 한다.

이번 개돼지 발언은 기시감을 불러일으킨다. 남한사회 지배 엘리트의 입장에서 민중을 동물에 비유하는 것은 꽤 오랜 역사를 지닌다. 1980년 주한 미군사령관 존 위컴은 다음과 같이 말했다. "한국인은 들쥐와 같은 국민이어서 누가 지도자가 되든 복종할 것이다. 민주주의는 한국인들에게 적합치 않다." 그보다 한 해 전인 1979년에 박정희 대통령의 경호실장 차지철은 "100만이나 200만 명 정도의 국민은 저항을 하더라도 탱크로 밀어버리면 된다"는 요지의 막말을 했다. 이번 발언은 일단 봉건적 신분제를 옹호하는 것처럼 들리지만, 냉정하게 따지고 보면 봉건사회로 돌아가자는 시대착오적인 얘기가 아니라, 이미 봉건적 신분제와 비슷할 정도로 고착화된 한국사회의 계급구조를 묘사하면서 가축에다가 피지배층, 즉 민중을 비유하고 있는 것이라고 이해된다.

지배 계급의 경제적·사회적 힘이 막강하기 때문에, '1퍼센트 대 99퍼센트'의 비율로 계급구조가 고착화된 상황에서는 정치적 민주주의라는 게 실상 별 의미가 없다는 것이 이번 발언의 합리적 핵심이다. 그렇다면 앞서 말한 교육부 관리의 발언은 젊은 세대의 '헬조선' 담론, 즉 "한국이 지옥에 가깝고 전혀 희망이 없는 사회"라는 말과 기본적으로 동일한 사회 진단을 공유하고 있는 셈이다. 다만, 같은 현상을 1퍼센트의 지배 엘리트 입장에서 보느냐, 아니면 나머지 99퍼센트의 민중 입장에서 보느냐의 차이가 있을 뿐이다.

따라서 이번 발언 당사자를 파면시켜야 한다는 즉자적인 주장은 초점이 빗나간 것이다. 파면 주장은 여야를 막론하고 보수 언론의 사설에서도 나타난다. 만약 이 발언의 당사자가 한국사회 구조의 본질을 제대로 폭로하고 있다고 한다면, 그런 발언을 한 당사자 개인의 파면 자체는 실상 아무런 의미도 갖지 않는 것이다. 고착화된 계급구조를 확 뒤엎는 게 중요하지 그 구조의 본질에 대한 부적절한 비유가 문제인 것은 결코 아니다.

부적절한 비유를 일단 젖혀두고 이번 발언을 음미해본다면, 다음 두 가지가 논쟁거리가 될 수 있다. 하나는 "지배 엘리트와 민중을 나눌 때 '1퍼센트 대 99퍼센트'라는 비율이 과연 적당한가"

라는 점이고, 다른 하나는 “민중이 지배 엘리트를 먹여 살리고 있는 것이지 지배 엘리트가 민중을 ‘먹고살게 해주는’ 것이 결코 아니”라는 점이다.

‘1퍼센트 대 99퍼센트’는 경제학자 및 사회학자들이 나서서 좀더 따져보아야 할 문제인데, 나는 문제의 발언이 정권 말기에 나타나기 마련인 천기누설에 속한다는 측면에서 일단 긍정적으로 받아들이고 싶다. 청와대 서별관회의에서 부실 기업에 몇조 원의 국민 세금을 퍼부어주었다는 전 산업은행장의 폭로, “난 친일파라서 천황 폐하 만세”를 외치고 싶다는 정부 출연 연구기관 센터장의 폭로, 청와대 정무수석이 KBS의 보도 통제를 해왔다는 전 KBS 보도국장의 폭로 등은 일련의 ‘역대급’ 천기누설을 이루고 있다.

사실, 지배 엘리트만 가축에 사람을 비유하는 것은 아니다. 민중에 의해 쥐로 비유되어온 전직 대통령은 닭에 비유되고 있는 현직 대통령에 대해서 이렇게 말했다고 한다. “나도 (국정 운영을) 못했지만 나보다 더 못하는 것 같다.”

이번 발언의 가장 큰 문제점은 지배 엘리트가 민중을 ‘먹고살게 해준다’는 잘못된 인식에 있다고 봐야 한다. 사람은 가축을 먹고 살며 가축을 잡아먹기 위해 기른다. 사람들은 기르던 가축을 도살한다. 지배 엘리트와 민중의 관계도 이와 비슷하다. 개돼지와 민중의 공통점은 다른 누군가를 먹여 살린다는 점이고, 결정적 차이라면 역사적으로 민중은 저항과 봉기를 해왔다는 점이다.

2016년 7월 13일

증강현실

게임 '포케몬 고'에 의해 갑자기 주목받는 컴퓨터 그래픽 기술, 또는 이 기술에 의해서 창출되는 복합적인 공간 환경을 가리킨다.

증강현실은 실제의 물리적 공간 환경으로부터 직접 얻어진 사진, 동영상, 지도, 도면, 그래픽 등과 같은 데이터나 정보 위에 다른 사물의 데이터나 가상적 이미지 등을 추가로 덧씌우는 컴퓨터 테크놀로지다. 추가된 것들이 실제 공간 환경을 보충하고 확장하고 강화한다는 취지에서 증강현실augmented reality이라는 이름이 붙었다.

'포케몬 고'는 증강현실 게임일 뿐만 아니라 위치정보시스템GPS을 이용한 위치 기반 게임이자 모바일 게임이며, 무엇보다 20년쯤 전에 폭발적인 인기를 누렸던 게임 '포케몬(포켓몬스터)'으로부터 캐릭터와 설정을 부분적으로 가져왔다. 2016년 7월 현재

한국에서는 서비스되고 있지 않으나, 개발사의 농간에 의해 속초 지역 등에서만 게임을 할 수 있다.

여기서 농간이라고 하는 까닭은 서비스 제한과 관련된 구글 및 개발사의 해명이 부정직하기 때문이다. 왜 '포케몬 고'가 속초 지역에서만 가능한가와 관련해서 유저들의 불만과 궁금증이 커지자 일부 언론에는 "구글이 만든 지도 측량 데이터를 해외로 반출할 수 없어서"라는 기사가 떴다. 즉 정부 규제 때문에 유저들이 게임을 할 수 없다는 것이다. 그러자 이에 대해 국토부는 '포케몬 고' 서비스 불가는 데이터 반출과 아무런 관련이 없다고 해명했다.

'포케몬 고' 작동에 필요한 정보는 구글이 반출하려고 하는 정밀 데이터와는 전혀 관계가 없으며, 서비스 불가 이유는 본디 개발사 나이앤틱이 자의적으로 나눈 서비스 권역 때문이라는 것이다. '포케몬 고'는 다른 게임 '잉그레스'를 위해 만든 GPS 권역 정보에 의존한다. 나이앤틱은 '포켓몬 고'와 비슷한 위치 기반 모바일 증강현실 게임인 '잉그레스'를 위해서, 전 세계를 각기 북부, 아메리카, 아시아 등 크게 6개 권역으로 나누었고, 또다시 각각의 권역을 마름모꼴로 잘게 세분한 뒤 일련번호를 붙였다.

일단 크게, 한국은 아시아 권역AS에, 북한은 북부 권역NR에 속하는데, 한국을 덮은 마름모들은 'AS16'을, 그리고 북한을 덮은 마름모들은 'NR15'를 일련번호의 맨 앞자리 수로 갖는다. 문제가 되는 속초 지역은 'NR15-ALPHA-12'라는 마름모꼴에 해당된다. 즉 이 마름모가 포괄하는 지역은 속초를 포함해서 휴전선 남북에 걸쳐 있다. 쉽게 말해 개발사는 현재로서는 AS 권역에서 '포케몬 고'가 서비스되지 않도록, 반면에 NR 권역에서는 서비스가 되도록 만들어놓았다.

정리하자면 이렇다. '포켓몬 고'가 속초에서만 가능한 것은 정밀 데이터의 반출 문제에 관한 한 구글이 한국 세금을 피하기 위해서인 것이다. 또 정밀 데이터 반출과 상관이 있다고 가정한다면, 구글은 남한 및 북한 정부의 허락 없이 'NR15-ALPHA-12' 지역의 정밀 데이터를 한반도 바깥으로 반출했다는 결론이 도출된다. 만약 그렇다고 한다면, 사드가 배치되기 전에 빨리, 북한은 북한의 안보를 치명적으로 위협하는 구글 본사를 향해 핵미사일을 날려야 한다.

거칠게 말하자면 구글과 나이앤틱은 탈세를 위해서, 흥분을 가라앉히고 차분히 말한다면 절세를 위해서 농간을 부렸던 셈이다. 구글이 집요하게 요구하던 데이터 반출 문제는 '포케몬 고'와 아무런 상관이 없다. 무엇보다도 정밀 데이터 반출은 한국의 안보와 관련되기도 하므로, 굳이 필요하다면 구글이 정밀 데이터를 위한 서버를 한국 내에 두고 정직하게 세금을 내면서 장사하면 되는 것이다.

증강되지 않은 현실로 돌아와서 말한다면, 미국은 북한과 중국을 정치·군사적 몬스터로 만들어버렸다. 미국의 안보를 위협하는 몬스터를 때려잡기 위해 사드의 한국 배치가 필요하다는 것이다. 하지만 핵전쟁의 빌미가 될 수 있는 사드를 왜 한국 땅에 배치해야 하는가에 대해서는 어떠한 설명도 없다. 결국, 속초는 성주의 도플갱어인 셈이다. 테크놀로지에 의한 한반도 분단에 관한 한, 구글과 미군이 지킬 박사와 하이드 씨라는 한 몸체를 이루듯이 말이다.

2016년 7월 20일

협치.

4.13 총선 이후 새누리당이 원내 다수당이 되지 못하자 한국의 지배 엘리트 집단 및 보수 언론이 야당들을 포획하기 위해 펼쳐 내던진 정치적 그물 내지는 덫이다.

협치協治는 영어 단어 거버넌스governance의 번역어로 만들어졌다. 협치란 말이 정착하기 전까지 공치共治, 망치網治, 국정 관리 등과 같은 말이 쓰이기도 했다.

거버넌스라는 말 자체는 오래전부터 있었지만, 협치라는 의미에서의 거버넌스는 거번먼트government, 즉 정부 내지는 통치란 말과 대비되면서 정치학, 행정학 등의 분야에서 쓰이기 시작했다. 즉, 정부에 의한 일방적인 통치 대신, 일반 시민 및 비정부·비국가 행위자가 실질적으로 통치과정에 참여하고, 또 이 과정에서 정부와의 대등한 협력을 이뤄나간다는 게 협치의 핵심 아이디어다.

비정부·비국가 행위자란 시민사회, 그러니까 지역 주민일 수도 있고, 마을일 수도 있고, 시민 단체일 수도 있고, 전문가 집단일 수도 있다. 사드 문제에 관한 한 성주 지역 주민이 바로 협치의 핵심 당사자다. 한편 거버넌스란 말이 기업의 지배구조에 관해 쓰일 때는 대주주나 경영자 집단만이 아닌 고용 노동자, 소액 주주, 소비자, 기업이 있는 지역 주민 등 기업의 이해 당사자 전체를 포함하게 된다. 요컨대, 거버넌스는 민주주의를 제대로 실현해보자는 의도에서 제안된 것이다.

하지만 요즘 보수 언론이 사설 등에서 사용하는 협치의 실질적 의미는 정부의 정책과 결정에 대해서 야당이 군말 없이 무조건 협조해야 한다는 것이다. 협치는 현 단계 한국사회에서 대표적인 보수의 프레임이다. 더불어민주당은 이 덫에 걸려서 사드 문제에 관해 소위 '전략적 모호성'이라는 것을 내걸게 되었다. 쉽게 말해서 사드 배치에 실질적으로 찬성하고 있는 것이다.

사드 문제에 있어 '전략적 모호성'은 박근혜 정부가 지난 2년간 취해왔던 노선인데 그러다 갑작스럽게 성주에 사드를 배치한다고 일방적으로 발표했다. 또 박근혜 정부는 왜 사드를 배치해야 하는지, 또 어째서 그게 성주인지에 관한 일체의 토론을 봉쇄하고 있다. 이런 상황에서 민주당의 입장은 실질적으로 사드 배치 찬성을 뜻한다.

원래 전략적 모호성이란 결정을 위한 정보가 없거나 턱없이 부족할 때, 혹은 속으로는 이미 어떤 결정을 내렸지만 이를 대외적으로 명시해서 어느 한쪽 편을 듦으로 인해 나머지 다른 쪽으로부터 반발을 얻어 큰 손실이 예상될 때 채택한다. 박근혜 정부의 경우는 후자였다. 그리고 전략적 모호성은 대외적인 영역에서 채택하는 경우가 대부분이다.

민주당은 사드 문제에 관해 '당론을 결정하지 않는다는 게 당론'이며 전략적 모호성을 채택하는 이유는 '수권 정당으로 가기 위한 것'이라고 밝혔다. 하지만, 사드 문제와 같은 막중한 이슈에 관해서 당의 입장을 명백히 정리해 발표하지 않는 것은 정치적으로 무책임한 일이다. 또 이렇게 엉거주춤 눈치를 보는 것 역시 수권 정당으로서의 자격에 현저히 미달하는 행태다.

사드 배치를 중국이 결사적으로 반대하는 상황에서 박근혜 정부가 취한 전략적 모호성은 어느 정도 일리가 있었다. 그것은 일단 당장 미국 편을 노골적으로 들지 않겠다는 것을 뜻했다. 지금은 박근혜 정부가 일방적으로 사드 배치를 결정하고 민주적 토론을 봉쇄하고 있다. 여기서 야당이 취한 전략적 모호성은 결국 실질적으로 사드 배치를 찬성한다는 것을 뜻한다. 즉, 내놓고 반대하지는 않는다는 의미에서 말이다.

내가 초등학교 때 배운 민주주의 이론에 의하면, 원리적으로 야당은 '협치'의 당사자가 아니다. 다수당이든 소수당이든 간에 야당은 이미 국정 및 통치에 참여하고 있고 또 그 결과에 대해 선거 등을 통해서 정치적 책임을 진다. 총선 전까지는 야당에 대해서 '협치'란 말을 거의 안 쓰다가, 총선 이후에 야당들이 원내 다수를 이룬 다음에서야 야당을 향해 '협치'를 강요하는 보수 언론의 저의를 간파해야 한다. '협치의 덫'에 걸린 민주당은 수권 정당으로서의 자격이 전혀 없다. 이는 전략적으로 명백하다.

2016년 7월 27일

러스트 벨트

러스트rust란 금속이 부식되어 슨 녹을 뜻하므로, 러스트 벨트는 '녹슨 지대'로 번역된다.

일찍이 철강업 등의 제조업이 번성했지만 지금은 쇠락해버린, 미국의 북동부에서 오대호 부근을 거쳐 중서부에 이르는 지대를 가리킨다. 러스트 벨트에서 일자리가 없어 인구가 줄고 도심이 황폐해지고 도시가 쇠퇴하는 현상이 사회적으로 크게 문제가 되자, 1980년대부터 이 말이 유행하기 시작했다. 하지만 19세기 말에서부터 20세기 중반 이후까지 번성이 한창일 때 이 지역은 '제조업 지대' '공장 지대' '강철 지대'라고 불리기도 했다.

대선을 100일 남겨둔 주말 힐러리 클린턴과 도널드 트럼프는 이 지역에서 유세를 시작했다. 미국 대선은 많은 주가 선거인단 승자독식제를 채택하고 있어서, 한 정당이 압도적인 지지를 확보하지 못한 경합주swing state의 판세가 선거 결과에 미치는 영향이 큰데, 경합주들의 절반 정도가 러스트 벨트에 속한다.

이 지역에서 제조업이 쇠퇴하게 된 가장 결정적인 이유는 이 지역에서 생산하던 제품들이 글로벌 시장에서 경쟁력을 잃었기 때문이다. 다만 부차적으로 미국이 다른 나라들과 맺은 각종 무역협정이 기존의 무역 장벽을 없애는 바람에 이 지역 제조업의 쇠망과 몰락이 약간 가속화된 것일 따름이다. 트럼프는 북미자유무역협정NAFTA 폐기와 환태평양경제동반자협정TPP 탈퇴 등을 내세우고 있다. 브렉시트에 빗대어 말하자면, 트럼프는 아멕시트Amexit를 선동하고 있는 것이다.

나는 힐러리 대 샌더스에서는 샌더스를 열렬히 지지했지만, 힐러리 대 트럼프에서는 트럼프를 열광적으로 지지한다. 미국 러스트 벨트를 포함해서 모든 경합주를 트럼프가 싹쓸이하기를 빈다. 나아가서 트럼프가 미국의 대통령이 되기를 빈다. 그것은 한반도의 평화와 번영을 위해서다. 트럼프가 대통령이 되면 자신의 보호무역주의 공약에 따라서 한미 자유무역협정FTA을 폐기하자고 나설 것이다. 우리는 냉큼 받아들이기만 하면 된다. 수많은 촛불시위로도 막아내지 못했던 한미 FTA를 트럼프가 간편하게 없애줄 게 틀림없다.

트럼프 대통령은 주한 미군의 주둔을 위해서 한국 정부, 그러니까 결국에는 한국의 모든 납세자에게 돈을 내라고 거세게 요구할 것이다. 우리는 그저 돈이 없다고 하면 된다. 예를 들어서, 흙수저 청년 실업자들을 위해 쓸 수 있는 정부 예산이 거의 없으니까 그 말은 진실이다.

그렇게 되면, 트럼프 대통령의 화끈한 성격으로 봐서 곧바로 주한 미군을 철수시킬 게 틀림없다. 수시로 한반도에 들락거리던 미군의 핵항공모함, 핵잠수함, 전략 핵폭격기 및 그 지겨운 '사드'와 함께 말이다. 그렇게 되면, 당연히 북한은 더 이상 명분이 없게 된 핵무기 및 미사일 개발을 포기하고, 남한과 평화협정을 맺게 된다.

더 나아가 북한은 남한 기업에 대해서 시장을 개방하게 된다. 성장 동력을 애타게 찾던 남한 기업은 사내 유보금으로만 쌓아놓았던 자금으로 투자를 대폭 늘려서는 말이 통하는 북한에 진출해서 사업을 벌인다. 북한으로서는 일자리와 소득을 얻고, 기술을 배우며, 기업 경영 노하우를 익히게 되고, 한국 기업들을 통해서 세계 시장에 접근할 기회를 얻게 된다. 또, 북한은 북한 나름대로 북한 실정에 맞는 산업을 발전시켜 나간다. 그렇게 한 10년쯤 지나다 보면 통일은 저절로 된다. 각각의 체제를 서로 존중하고 인정하는 방식의 통일 말이다.

지금까지의 얘기는 폭염과 열대야로 인해서 내 전두엽이 녹고 있기 때문에 생긴 망상이기는 하지만 100퍼센트 망상인 것만은 아니다. 힐러리든 트럼프든 간에, 우리도 대통령을 잘 뽑아야 한다. 그러기 위해서 나는 프랑스처럼 대통령 선거 결선투표제를 도입할 것을 강력히 주장한다. 3자 구도에서는 새누리당 후보가 첫 투표에서 2등을 할 수도 있으므로, 새누리당 의원들도 찬성할 것이다.

그렇게 술술 잘 풀린다면, 남는 문제는 '후보가 누구냐'라는 건데, 결국 '샌덤프'가 필요하다. 공약은 샌더스인데 완주는 트럼프처럼 하는 후보 말이다. 아, 깜빡했는데, 이번 기회에 검찰총장도 직선제로 뽑기로 하자. 후음… 그래도 덥구나 더워.

2016년 8월 3일

대륙의 실수.

중국이 만든 제품 중에서 질이 우수한 것들을 가리키는 은유적 표현이다. 화웨이의 스마트폰이나 샤오미의 보조 배터리 같은 것이 대표적이다. 그 전까지 중국 제품은 값싸지만 질이 낮은 경우가 많았는데, 이제는 값이 싸거나 '합리적이고' 성능이나 질도 뛰어난 제품이 적지 않다. 중국은 저질의 싸구려 제품만을 만든다는 과거의 고정 관념에서 보자면 오늘날의 질 좋은 제품은 놀랍게도 마치 실수처럼 보인다는 뜻에서 나온 표현이다.

한국의 사드 배치에 대한 중국의 보복이 시작되었다는 언론 보도가 있다. 나는 이것이야말로 말 그대로의 의미에서 '대륙의 실수'라고 본다. 중국은 직접 혹은 간접의 보복, 또는 노골적이거나 은근한 보복 조치를 당장 중지해야 한다. 보복이라는 것은 결국 저질의 '메이드 인 차이나'에 속하는 것이기 때문이다. 중국은 합리적이면서도 질이 뛰어난 대외 정책을 실행해야 한다.

나는 동북아시아에 사는 한 마리의 '개돼지'로서 늘 중국의 부상을 반갑게 여겼고 또 일본의 '잃어버린 20년'을 안타깝게 여겨왔다. 국민경제가 좋아지면 비록 양극화가 진행되더라도 얼마쯤은 민중의 삶이 개선되는 효과가 있고, 또 국민경제가 나빠지면 가장 먼저 피해를 입는 것은 대부분의 민중이기 때문이다.

이런 생각의 연장선에서 나는 한국, 중국, 일본 등의 나쁜 민족주의를 늘 경계해왔다. 민족주의에는 좋은 것과 나쁜 것이 있는데, 악마적이고 광신적이고 국수주의적이고 배외주의적인 형태의 민족주의는 결국 자국의 민중을 억압하고 더 나아가서 다른 나라의 민중까지 억압하기 때문이다. 또 그런 형태의 민족주의는 대개 각 나라의 여성에 대한 성차별이나 성폭력을 정당화하고 일자리 없는 젊은 사람들을 개무시하기 마련이다.

사드 배치에 관해서, 나는 이것이 미국의 안보만을 위한 것임을 잘 알고 있어서 꾸준히 또 공개적으로 반대해왔다. 사드는 한반도 및 동북아시아 지역에서 미국의 이익, 정확히는 미국 지배 엘리트의 이익을 지키기 위한 것이다. 미국의 이익이라고는 하지만, 미국 민중의 이익은 아니다. 여기서 미국의 민중이라 함은 샌더스를 열렬히 지지했던 많은 사람, 그리고 상당히 실망스럽게도, 트럼프를 지지하고 있는 적지 않은 사람을 가리킨다.

어느 나라든 국가 안보는 그 나라 지배 엘리트의 입장에서 정의된다. 한국의 안보, 북한의 안보, 중국의 안보, 미국의 안보, 일본의 안보도 다 마찬가지다. 각 나라의 국가 안보는 대개 민중의 삶이나 안전과는 관련이 거의 없다. 단지 지배 엘리트의 헤게모니를 위해 그들의 입장에서 각 나라의 안보가 정의되는 것이다. 북한은 자국의 안보를 내세워 핵무기와 미사일을 개발하고 있고, 일본은 자국의 안보를 내세우면서 반평화적 개헌을 추진하려고 한다.

한국의 '개돼지'들, 그중에서도 내가 속한 세대는 젊은 시절부터 박근혜 아버지의 개발 독재와 싸우면서 민주주의를 성취해냈는데, 이 과정은 개발 독재가 명분으로 내세우던 '국가 안보'의 허구성을 폭로하고 타파하고 전복하는 것이기도 했다. 오늘날 민주주의야말로 한국 국가 경쟁력의 가장 핵심적인 가치를 이룬다. 나는 '국가 경쟁력'이란 말 자체를 그다지 좋아하지 않지만 말이다.

사드 배치를 반대하는 한국 사람들의 의견이 중국의 신문에 대서특필되고 있고, 또 사드 배치에 반대하는 한국 의원들이 중국을 방문 중이다. 박근혜 정부는 박정희 시절의 국가 안보 논리를 내세워 이를 비난하고 있지만 실은 이런 일들이야말로 한국이 성취한 민주주의의 놀랍고 위대한 저력을 보여준다. 민주주의란 소수 의견 및 반대 의견을 제도적으로 보장하는 데서부터 출발하는 것이기 때문이다.

지금 한국은 일본과 같은 '잃어버린 20년'에 돌입할 수도 있다. '이명박근혜' 시절의 잃어버리고 있는 10년이 더 연장될 수도 있는 정치·경제·사회적 상황에 놓여 있는 것이다. 오늘날 한국 경제는 극히 어려운 상황이다. 이런 상황에서 중국의 보복은 틀림없이 한국 민중의 삶을 더 악화시킬 것이다. 중국의 당과 국가는 한국 민중을 적으로 만들지 말기를 바란다.

2016년 8월 10일

국뽕.

'국가 + 히로뽕'의 합성어 및 준말이다. 인터넷 '나무 위키' 사전에 의하면, 일종의 국수주의와 자국우월주의, 극단적 형태의 민족주의 등이 부정적인 형태로 나타난 것으로서, 비정상적이고 비합리적인 수준으로 자국을 옹호하는 것을 말한다. '쇼비니즘' '비뚤어진 애국심'과도 뜻이 비슷한데, 히로뽕을 맞은 것처럼 도취되고 마비되어서 사태를 객관적으로 보지 못하는 상태를 강조하는 말이 바로 '국뽕'이다.

박근혜 대통령의 올해 광복절 경축사를 보도한 어느 신문은 인터넷판 기사 제목에서 '애국심 도취한 국뽕 연설'이라는 표현을 썼다. 한 가지 재미있는 점은 같은 신문의 인터넷판에 '구라, 뽀록났다, 공람, 가압류…… 부끄러운 일본어 잔재 여전'이라는 제목의 기사도 실렸다는 것이다. 히로뽕은 메스암페타민을 개발한 일본

제약회사의 영어 상품명(필로폰)을 일본어로 발음한 것이다.

우선, 일본어로부터 유래한 낱말을 쓰는 문제에 관해서 나는 비교적 느슨하고 관대한 편이다. '아이스크림' '햄버거'는 문제삼지 않고 '구라' '뽀록'만을 문제삼는 관점과 방식을 받아들일 수 없어서다. 북한에서는 요즘 '아이스크림'과 '햄버거'를 각각 '에스키모'와 '다진 소고기와 빵'으로 부른다고 한다. '얼음보숭이'란 말은 사람들의 호응을 얻지 못해서 사전에서도 빠졌다는 것이다. '에스키모'는 북한의 아이스크림 상품명이라고 한다. '다진 소고기와 빵'의 경우 '다소빵'이라면 모를까 음절 수가 너무 많아서 불편하다.

'국뽕'은 일단 어감상 '짬뽕'을 연상시킨다. 말을 처음 듣는 사람이 '국뽕'이란 말에서 히로뽕을 곧바로 연상해내기는 힘들다. '짬뽕'이나 '짜장면'도 외래어다. 여러 가지 설이 있지만, 각기 일본어 찬폰ちゃんぽん과 중국어 자장미엔炸醬麵에서 왔다는 게 맞는 듯하다. 하지만, 붉고 얼큰한 짬뽕은 일본 찬폰과도 다르고, 배고플 때 급히 후루룩 삼키는 짜장면은 중국 자장미엔과도 다르다.

음식을 가리키는 것이 아닌 일상적 의미로 '짬뽕'이란 말은 서로 다른 것을 뒤섞는 행위를 뜻한다. 그렇다면, 국뽕이란 말은 일종의 짬뽕인 셈이다. 예외적인 식습관에 기대서 표현한다면, 국뽕은 먹다 남은 짬뽕 국물에 먹다 남은 짜장면을 말아먹는다는 느낌이다.

박근혜 대통령은 이번 경축사에서 안중근 의사의 순국 장소를 '뤼순' 아닌 '하얼빈'으로 잘못 말했다. 이건 박 대통령 잘못이 아니라 연설문을 쓴 비서의 잘못이라고 여겨진다. 거의 모든 점에서 일본 아베 수상과 정치적 입장이 같은 박 대통령으로서 그나마 안중근 의사를 테러리스트로 다루지 않은 것만 해도 매우 다행이다.

한편, 박 대통령은 경축사에서 "세계가 부러워하는 우리나라를 살기 힘든 곳으로 비하하는 신조어들이 확산되고 있다"고 지적했다고 한다. 박 대통령이 직접 거론하지는 않았지만, 그 신조어들은 '헬조선' '흙수저' '갑질' 등을 가리키는 것으로 언론에서는 추정한다. 만약 이런 보도가 맞다면, 박 대통령이 대한민국의 '1퍼센트'의 눈으로 세상을 본다는 것으로 해석될 수 있다. 그렇다면, 박 대통령이 '1퍼센트'에 속한다는 사실이 들통나버린 셈이다.

99퍼센트의 개돼지에 속하는 나는 박 대통령의 계급적 본질이 '뽀록'나버린 게 한편으로는 통쾌하고 한편으로는 씁쓸하다. 국정원 및 '십알단' 등 인터넷 여론 조작 및 선거 개입이 지난 대선에 큰 영향을 주었다는 점에서, 1퍼센트 출신의 박 대통령은 '후로꾸'로 대통령이 되었다고 할 수 있다. 그 점이 폭로된 것은 매우 통쾌하다.

내가 씁쓸하다고 하는 이유는 설령 1퍼센트에 속하는 사람이 대통령이 되었다고 하더라도 국민 전체의 대통령이란 점에서 어느 정도는 나머지 99퍼센트를 위한 정치를 하려고 노력해야 하며, 그렇게 하기 위해서는 99퍼센트의 관점과 감각과 언어로 세상을 보려고 노력해야 마땅한 법인데 박 대통령은 전혀 그렇지 않기 때문이다.

박 대통령에게는 '잠바때기' 흔들던 친박의 여당 대표 당선도 국뽕이고, 리우올림픽, 스마트폰과 케이팝도 국뽕이다. 문제는 '가

카새키짬뽕'의 상황이 10년 가까이 계속되고 있다는 것이다.

2016년 8월 17일

레임닭.

여당이던 새누리당이 대패한 2016년 4.13 총선 직후 유행하기 시작한 말이다. 대통령의 임기 만료를 앞두고 나타나는 권력 누수 현상을 가리키는 일반 정치 용어인 '레임덕'을 한국의 현직 대통령 별명이 갖는 시적 각운 효과에 주목해서 변형시킨 것이다. 레임덕이란 말을 비유적으로 나타내는 청와대의 최근 표현으로는 '식물 정부'가 있다. '식물 정부'는 레임덕 상태에 빠진 정부를 가리킨다.

최근 우병우 청와대 민정수석을 둘러싼 의혹에 대한 언론의 문제 제기에 대해 청와대는 "부패 기득권 세력이 식물정부를 만들려" 한다고 반박했다. 청와대에 의해 '부패 기득권'으로 지목된 보수 신문사가 대주주로 있는 종편 채널에 출연하는 사람들이 제시하는 레임덕 기준은 이렇다. "박근혜 대통령의 지지도가 새누리당 지지도보다 높으면 레임덕이 아니다." 여론조사 기관 '리얼미터'의 2016년 8월 3주 차 여론조사에 의하면, 박 대통령의 국정 수행 평가 지지도는 34.6퍼센트이고 새누리당 지지도는 33.3퍼센트이니까, 아직은 레임덕이, 그러니까 '레임닭'은 분명히 아니라고 할 수 있다.

"부패기득권 세력이 식물 정부를 만들려" 한다는 청와대의 주장이 나온 정황에 대해서, 단지 민정수석 비서관 한 명의 사퇴 내지는 교체로 인해서, 대한민국 정부가 레임덕 상태에 빠진다는 것은 상식적으로 말이 안 된다는 비판이 있다. 반면, 대통령과 청와대가 '식물 정부' 운운하지 않으면 안 될 정도로 바로 그 비서관이 구축해놓은 권력망의 현실적 힘이 너무 크고 절실해서 대통령으로서는 그 비서관을 결코 내칠 수 없다는 분석도 있다.

나는 정치적으로 박 대통령에 대해서 극히 비판적이지만 정서적으로는 "대통령님, 저 여기 있어요!"라고 늘 외치고 싶은 쪽이라서, 청와대와 '부패 기득권' 신문사 가운데 어느 한 쪽을 편들기가 매우 어렵다. 아무튼 내게는 제3의 정황 분석이 더 설득력을 가진다. 즉, 실은 그 비서관의 사퇴 내지는 교체 자체가 레임덕 상태를 뜻한다고 여기지는 않지만, '부패 기득권' 신문사에 의해서 밀리는 것이야말로 레임덕 상태에 빠지는 것이라고 박 대통령이 생각하고 있을 수도 있다는 얘기다.

청와대가 '부패 기득권'이라고 부른 신문사는 2014년에 대략 167만 부로 발행 부수 1위를 기록했다. 전국 일간지 23개 사의 총 발행 부수는 대략 514만 부였으니까 이 신문사의 시장 점유율은 대략 32.5퍼센트였다. 8월 3주 차의 대통령 지지율 34.6퍼센트보다는 조금 더 낮다. 어느 쪽 비율을 강조하든 간에, 청와대와 '부패 기득권' 신문사 사이의 싸움은, 늘 최소한 대한민국 여론의 '3분의 1'을 차지해온 보수 세력 내부의 분파적 정치 투쟁인 셈이다.

'부패 기득권' 신문사는 지난 총선에서의 새누리당 패배 원인이 친박에게 있다고 판단했던 것 같다. 이것은 구독률 1위의 보수 언론사로서 충분히, 그리고 당연히 할 수 있었던 정치적 판단이라고 여겨진다. 즉, 이 신문사는 총선 참패 후 친박으로는 정권 재창출이 불가능하며, 총선 이후 드러난 여론을 중시하면서 정치를 해나가야만 정권을 창출할 수 있다고 생각한 듯하다. 그래서, 문제가 되는 민정수석 비서관의 의혹에 대해서도 '부패 기득권' 신문사는 여론을 내세우며 싸우는 것이다.

보수 세력의 이 두 분파는 서로 사활을 걸고 싸우고 있다. 우병우 민정수석의 의혹 문제가 어떻게 결판이 나든 간에 두 분파 중 하나는 치명상을 입을 것이다. 이번에 물러나는 김종인 더불어민주당 비상대책위원장은 "정체성이니 하는 것들은 말하지 않는 게 좋다"고 했다. 하지만 보수 세력 분파들은 정체성을 가지고 서로 싸우고 있는 중이다.

심지어 '국기 문란'이라는 파쇼적인 어휘까지 동원되었다. 헌법, 형법, 국가보안법에도 나오지 않는 단어인 '국기'는 일제 파쇼 시대의 전형적인 잔재다. 박 대통령이 이끄는 정부가 식물이 되든 동물이 되든 미생물이 되든 간에 다음 대선에서는 보수 우파 세력이 집권할 가능성이 대단히 높다. 그들은 사활을 걸고 싸우고 있으니까. 폭염에 열대야가 계속되고 있지만 나는 조금 춥다. 정치적으로 무섭고 떨린다는 얘기다.

2016년 8월 24일

주모자.

'이화의 난', 즉 평생교육 단과대 미래라이프 대학 신설 문제로 벌어진 이화여대 학생들의 점거 농성 과정에서 교수 및 교직원의 출입을 막은 사건 때 터무니없게도 경찰에 의해서 소위 '감금'을 주도한 주동자들로 몰려버린 사람들이다. 경찰이 '잠정적으로 특정'한 주모자 5인은 모두 총학생회 관계자이며 그중 3인이 소환 통보를 받았다.

원래 농성은 이화여대 교내 온라인 커뮤니티를 통해 불특정 다수의 제안으로 시작되었고 진행과정에서는 "참가자 전체가 운동권 학생들로 비쳐질 수 있다"는 이유로 총학생회가 배제된 바 있었다. 이화여대 학생들에 의하면, 당시 점거 농성 분위기는 평화로웠으며, 분명히 '감금'이 아닌 '대치'의 상황이었다고 한다. 오히려 경찰의 폭력적인 진압과정에서 상당수 학생이 부상을 당하거나 심각한 트라우마를 겪었다고 전해진다.

이번 '이화의 난' 자체는 다수 학생이 자발적으로 온·오프라인으로 참여·소통하면서 '느린 민주주의'의 형태로 진행되어왔기 때문에 '주모자'라는 게 있을 수 없으며 또한 책임을 뒤집어씌울 수 있는 사람들을 특정할 수도 없다고 이화여대 학생들은 주장하고 있다.

당시 다수의 농성 참여 학생은 선글라스와 마스크로 얼굴을 가려서 신원 파악이 극히 어려웠다. 결국, 경찰은 이미 신원이 노출되어 있던 총학생회 관계자들만을 손쉬운 희생양으로 삼아버렸다는 게 학생들의 주장이다. 한편, 이화여대 총장은 학생들의 처벌을 원하지 않는다며 탄원서를 제출한 바 있다.

돌이켜보면, 소위 이화의 난을 불러일으킨 사람들은 교육부의 대학 정책 관계자들과 총장 등을 포함한 이화여대의 당국 관계자들이라고 할 수 있다. 소위 대학 구조조정과 관련된 교육부의 관

료주의적이고 졸속적인 '갑질'과 교육부가 내건 미끼인 '돈'에 환장한 대학 당국의 일방적인 결정이 이번 '이화의 난'을 불러일으킨 것이다.

교육부는 '평생교육 단과대학 지원 사업'을 졸속으로 추진했다. 2015년 12월 말에 사업 추진 계획을 발표한 교육부는 2016년 5월에 6개 대학을 사업자로 선정한 뒤 추가 신청을 받았다. 이화여대는 6월에 사업계획서를 제출해서 7월에 추가로 선정됐다. 이 사업의 2016년 전체 예산은 대략 300억 원으로, 선정된 10개 대학은 각각 약 30억 원의 예산을 교육부로부터 받을 예정이었다.

이화여대 학생과 동문들, 그리고 학부모들의 반발이 컸던 이유 중 하나는 학교 측이 평생교육 단과대학 설립을 추진한다는 것을 사전에 알리지 않았기 때문이다. 구체적으로, 이미 평생교육원이 있는 이화여대가 굳이 단과대학을 만들려고 하는 까닭은 교육부가 미끼로 던진 30억 원이 탐나서, 그리고 단과대학 설립 후 수입원이 될 등록금이 탐나서가 아니냐는 게 반대의 핵심 이유였다. 쉽게 말해서, 학위 장사와 등록금 장사를 일방적으로 벌이는 대학 당국에 학생, 동문, 학부모 모두가 분노했던 것이다.

교육부의 '평생교육 단과대학 지원 사업' 자체 역시 큰 문제가 있다. 교육부는 그동안 소위 대학 구조조정 문제와 관련해서 학생, 동문, 학부모, 교수 및 교직원, 지역 주민 등의 의견을 전혀 고려하지 않고 일방적으로 정책을 밀어붙여왔다. 교육부의 무기는 대학에 대한 정부 지원금과 대학 정원 감축이다. 교육부가 내세운 엉터리 평가를 만족시키지 못하는 대학에는 돈도 안 주고 정원도 감축해버리는 것이다.

또 교육부가 나서 대학 정원을 전체적으로 감축하려고 해온 상황에서 어떤 이유에서든 단과대학을 새로 만든다는 것이야말로 큰 문제다. 그보다는, OECD 평균에도 한참 못 미치는 전임 교원의 수를 늘리고, 시간강사의 처우를 개선하고, 대학 내 비정규직 노동자들을 정규직으로 전환시키려는 노력을 먼저 해야 한다.

이상적인 대학 교육 개혁의 결과는 이러한 것이 되어야 한다. 당사자가 원한다면, 지역의 고등학교 졸업생이 지역에 있는 대학을 나와서 지역에 있는 중소기업에 입사해 지역에서 살아가는 것이다. 동시에 지역의 대학과 중소기업에 다닌다고 해서 교육의 질, 그리고 소득과 처우 등에 있어서 받아들일 수 없는 격차가 존재해서는 결코 안 된다.

2016년 8월 31일

아재.

아저씨의 사투리 혹은 낮춤말인데, 요즘은 중년 남성을 긍정적으로 부를 때 쓰인다. 아재의 반대말은 개저씨다. 젊은 세대의 사회문화적 표상에 의하면, 아저씨는 '난닝구'를 입고 샌들에 발가락 양말을 신고 거리를 활보하는 중년 남성이다. 젊은 여성 입장에서 개저씨의 소셜 미디어 연관어는 '성희롱·성추행'인데, 개저씨 눈빛 퇴치법은 "똑바로 응시하고 똑같이 몸을 훑어준다"이다. 이에 반해, 아재는 귀엽고 친근하다는 느낌이 강조되어 있다.

중세 국어에서 '앗·앚·앛' 등은 때가 이르거나 때가 무르익지 못한 사태를 가리켰다. 이 어근은 '아사달' '아침' '아우'와 같은 단어에 들어 있는 것으로 추정된다. 어원상 아저씨(앚 + 압父 + 씨)는 아버지와 항렬이 갖지만 아버지보다 나이가 더 어린 사람, 즉 작은 아버지를 가리킨다.

아저씨는 한자어로 숙叔이다. 고대 중국에서 아버지 형제 중 맏이는 백伯 혹은 맹孟, 가운데는 중仲, 어린 쪽은 숙, 더 어린 쪽은 계季라고 불렀다. 성인 남성의 위계질서에 관한 이런 호칭법은 친족뿐 아니라 부족 및 국가 전반에 걸쳐 적용되었다. 백중지세伯仲之勢는 누구를 형이라 아우라 하기 어렵다는 뜻이며, 추석은 다른 말로 중추절仲秋節이라고 한다.

중년은 예전에는 대개 마흔 안팎을 가리켰지만, 오늘날에는 고령화 및 청년 실업으로 인해 상당히 달라졌다. 통계적으로 2015년 한국 인구의 중위 연령은 41세인데, 1980년에는 21세였다. 청년 지원 관련법에서는 15~29세가 청년이며, 고용부는 39세까지도 청년으로 간주하고 농어촌 등에서는 49세 이하도 청년이다.

연예인 및 방송인을 기준으로 말한다면, 아재의 하한은 배우 조진웅과 셰프 오세득(둘 다 1976년생)이며, 상한은 앵커 손석희(1956년생) 정도다. 물론 60대도 아재로 불리는 경우가 없지 않으며, 초등학생 입장에서는 20대도 아재다.

아저씨를 대신해서 아재란 말이 유행하게 된 것은 무엇보다 후자가 2음절이고 사투리이기 때문인 듯하다. 젊은 세대는 음절 수가 적은 말을 선호하는 데다가 공식 표준어 어휘인 아저씨란 말로는 함축하기 어려운 새로운 사회문화적 의미를 '아재'에 담아내려고 한 것이다.

만40세인 1976년생은 '서태지와 아이들'이 등장한 1992년에 만 16세, IMF 외환 위기가 터진 1998년에 만 22세였다. 만 50세인 1966년생은 그때 각기 만 26세와 32세였다. 오늘날의 40대 '아재'들은 1990년대 들어서 본격적으로 개화한 대중 소비 문화를 만끽한 첫 세대이며, 청년 시절에는 취업의 어려움을 겪은 세대다. 반면에 50대 중후반 이후의 '꼰대' 세대들은 정치적으로는 급진적이지만 문화적으로는 보수적이며, 열심히 화염병을 던지다가도 졸업 후 대기업에 취직할 수 있었다.

아저씨를 아재로 만들어주는 것 중 하나가 '아재 개그'다. "세상에서 가장 지루한 중학교는?"(로딩중) "새우랑 고래가 싸우면 누가 이기게?"(새우는 깡이 있고 고래는 밥이야) 등과 같이 썰렁한 언어유희가 대부분이지만, 아재 개그는 세월호와 가습기 살균제 이후에 즐겁고 좋은 일이 드문 시기에 은근한 중독성을 갖는다. 아재 개그가 '부장 개그'와 다른 점은 그 앞에서 억지로 웃어주지 않아도 되며, 심지어 면박을 줄 수도 있다는 점이다.

아저씨와 아재의 다른 차이는 아재가 멋지고 매력적인 중년 남성을 가리킨다는 것이다. 아재는 외모와 패션에 신경을 많이 쓰며 그런 만큼 촌스럽기는커녕 오히려 매력적이다. 옷에 몸을 맞추면 아저씨지만, 아재는 스스로의 취향과 안목에 따라서 옷을 고른다. 오늘날 아재 세대의 세련된 문화 소비는 젊은 시절부터 익숙했던 대중 소비 문화와 관련이 깊다.

아재 개그는 돈이 안 들지만, 매력적인 아재가 되기 위해서는 시간과 돈을 많이 써야 한다. 이런 점에서 아재에는 세대 변수가 기본적으로 작용하기는 하지만 슬쩍 계급 변수가 묻어 들어가 있다고 할 수 있다. 어쨌든, 아재는 아저씨 특유의 권위주의를 스스로 타파하고 적극적으로 세대 간의 소통을 지향한다. 민주주의가 일상적·문화적으로 체질화된 첫 번째 세대인 것이다.

2016년 9월 7일

답정너

"답은 정해져 있으니까 너는 대답만 하면 돼"의 준말이다. '답정너'를 고집하는 사람들은 자신들이 원하는 대답이 나올 때까지 똑같은 말을 반복해서 묻는다. 요즘 '답정너'는 정해진 답을 요구하는 사람들을 가리키기도 하고, 그런 행태를 가리키기도 한다.

원래는 인터넷 카페나 게시판 등에서 질문의 형태로 자신의 외모나 몸매 등을 자랑하거나, 또는 경제력이나 학력, 직업, 능력, '스펙' 등을 자랑하면서 원하는 칭찬을 해주기를 강요하는 행태를 비꼬는 취지에서 만들어진 말이다.

이제는 언론이나 정치권에서도 종종 쓰이는데, 노회찬 정의당 원내대표는 우병우 사건 특별수사팀에 대해 '답정너' 수사팀이라고 지적한 바 있다. 성주 군민의 입장에서 보자면 사드 배치는 박근혜 정권에 의한 '답정너' 방식의 결정이다. 독재국가 혹은 파시즘 사회의 정치과정은 대개 일종의 '답정너'라고 할 수 있다.

애초에 여초 사이트(여성 유저의 비율이 높은 사이트)에는 답정너 스타일의 질문 글들이 있었는데, 이 글들은 주로 자기 얼굴이나 몸매에 관한 것이었다. 자신의 얼굴이나 몸매가 좋거나 혹은 적어도 결코 나쁘지 않다는 것을 속으로는 잘 알고 있으면서도 일부러 자신을 깎아내리면서 "나, 어때?"라고 질문하는 방식을 통해 미리 정해진 답을 요구했던 것이다. 그때, 답정너의 심리 구조를 처음 접하는 사람들은 작성자가 원하는 대로 칭찬하면서 대답했던 것이었다.

그런 방식으로 원하는 답을 강요해서 얻어내는 사람들을 '답정너'라고 부르기 시작했고 그래서 '답정너'는 종종 '답정녀'와 혼동되기도 했다. 이런 맥락에서 '답정너'의 질문이나 말들, 예컨대 "나 요즘 살찐 거 같아"와 같은 말은 일종의 '여자어'(사회언어학적으로 여자들이 잘 쓰는 말)로 간주되기도 했다.

하지만 '답정너'는 결코 여자어가 아니다. 직장인들의 입장에서는 '꼰대'들의 주요한 특징이 바로 '답정너' 방식의 커뮤니케이션이다. 훈련소에서 조교가 훈련병에게 묻는다. "야, 너희 억지로 끌려왔냐?" 군대 내무반에서 병장이 이병한테 묻는다. "야, 내 얼굴 김수현 닮지 않았냐?" 여기에서 정해져 있는 답은 "아닙니다"와 "병장님은 김수현보다 더 잘생겼지 말입니다"이다.

유행어로서의 '답정너'는 일방통행식 커뮤니케이션을 가리키는 경우가 많다. 세상 일에는 답이 정해져 있는 것도 있고 답이 아예 없거나 여럿인 일도 있다. 토론이나 합의, 또는 투표 등을 거쳐야 함에도 불구하고, 미리 답을 정해놓고 일방적으로 밀어붙이기 식으로 일을 처리하는 경우를 두고, 요즘에는 종종 '답정너'라고 부른다.

정치적으로 보자면, 답정너는 민주주의 원리에 어긋난다. 민주주의에서는 서로 다른 사회 집단이 갈등하고 경쟁한다. 어떤 문제든 간에 사전에 가급적 정보가 투명하게 공개되며, 이를 바탕으로 충분히 토론하고 숙의한 뒤에, 일정한 단계에서 투표를 통해서 결정한다. 투표 결과에 대해 소수는 다수에게 승복한다. 하지만 민주주의는 애초부터 소수의 권리와 의견을 제도적으로 보장하는 데 그 요체가 있다. 투표를 통해서 정치·사회적 갈등이 일단 정리되는 것이지만 갈등 자체를 부정하는 것은 결코 아니다.

예나 지금이나 북한의 정치 체제나 선거 제도는 '답정너'다. 박근혜 대통령의 아버지가 만든 10월 유신 체제도 '답정너' 체제였다. 박근혜 정권의 정치 스타일도 '답정너'다. 아베와의 위안부 합의도 그렇고, 교과서 국정화 문제도 그렇고, 노동법 '개악'도 그렇고, 사드 배치도 그렇다. 투명한 정보 공개와 충분한 사전 토의는 전혀 없었다.

보통 인터넷에서 답정너를 요구하는 사람들이 끝내 원하는 답을 얻지 못할 때, 이들 중 일부는 "너, 나 질투하냐?"와 같은 식으로 반발하기도 하고 극히 일부는 귀엽게도 '아몰랑' 하면서 도망가기도 한다. 오래전, 답정너로서의 박근혜 대통령은 어느 한 앵커를 이렇게 몰아붙인 적이 있다: "지금 저하고 싸움하자는 거예요?"

요즘, ‘답정너’ 대통령에게 시달리는 국민에게 답은 이미 정해져 있다. 친박 앵무새가 되든가 아니면 ‘불순 세력’이 되든가.

2016년 9월 14일

여진

여진餘震, aftershock이란 본진, 즉 이전의 큰 지진에 잇따라 일어나는 작은 지진을 가리킨다. 여진은 본진과 같은 지역에서 발생하지만 진도가 대체로 1 정도로 본진보다 더 작은데, 본진에 필적하는 규모의 여진도 없지는 않다.

만약 뒤에 오는 지진의 크기가 애당초 본진이라고 여겨졌던 것보다 더 크다면 당연히 나중의 것을 주된 지진으로 간주해야 한다. 본진보다 먼저 오는 지진을 전진前震, foreshock이라고 한다.

2016년 9월 2일 저녁 경주에서는 진도 5.1의 전진이, 두어 시간쯤 뒤에는 진도 5.8의 본진이, 그리고 19일에는 진도 4.5의 여진이 발생했다. 그사이 모두 380건의 여진이 있었다고 한다. 앞으로 진도 5.8보다 더 큰 지진이 발생하지 않는 한 19일의 지진은 여진인 것이다. 현재의 과학 수준으로는 진행 중인 지진들 가운데 어느 것이 전진이고 어느 것이 여진인지를 확정할 수 없다. 모든 것은 사후에 가서야 확정되는 것이다.

여진이란 본진 때 해소되지 못한 채 단층에 남아 있던 응력應力, stress이 발산될 때 에너지가 방출되면서 단층에 진동과 변위가 생기는 역학적·지질학적 사건이다. 여진이 무서운 것은 앞의 지진 때 손상을 크게 입은 구조물들이 무너지지 않고 버티고 있다가 여진 때 무너지는 경우가 종종 있기 때문이다.

지진학 및 방재 시스템의 선진국인 일본에서는 지난봄에 발생한 구마모토 지진에서 진도 6.5의 지진 발생 후 기상청이 "앞으로 3일간 진도 6 이상의 여진 발생 가능성이 20퍼센트"라고 매우 정교한 발표를 했다. 이를 '겨우 20퍼센트'라는 식으로 받아들여서 집으로 돌아와 머물던 일부 주민 중 다수는 그 이후 발생한 진도 7의 본진 때 죽거나 다쳤다.

그 후 일본 기상청은 '여진'이란 표현과 '여진 확률'의 발표를 중지했다. 그 대신 큰 지진 발생 후 일주일간은 동일 규모의 지진에 대한 경계를 내보내고, 그다음의 상황에서는 '진도 얼마 이상의 지진 발생 확률은 평소의 몇 배'라는 식으로 공표하기로 하고 있다.

독일 철학자 칸트는 숭고미를 수학적 숭고와 역학적 숭고로 나누었다. 수학적 숭고란 대상의 크기를 가늠할 수 없을 때 느끼는 숭고함이고, 역학적 숭고란 대상의 위력이 크되 우리가 강제력을 주지 않을 때 생기는 숭고함이다. 역학적 숭고는 공포와 동시에 안전이라는 조건이 필요하다. 공포만을 느끼면 숭고 체험으로 연결되지 못한다. 공포를 모르는 어린아이는 숭고미를 느끼지 못한다.

우리가 실제로 겪는 지진이나 태풍 등이 숭고하게 느껴지지 않는 까닭은 그것이 공포만을 유발하기 때문이다. 발아래의 땅이 마구 흔들리는 상황에서는 아무리 거대하고 매혹적인 것이라고 해도 자연적 위력이 쾌감의 대상으로 전환될 수 없다. 방금이라도 내려앉을 것 같은 험준한 절벽이라든가 번개와 우레를 동반하는 거대한 먹구름 등이 우리를 매혹시키는 것은 단지 우리가 안전한 곳에 있을 때뿐이다.

지진 규모가 1만큼 커지면 방출되는 에너지량은 지진파 진폭의 대략 31.6배나 커진다. 대개 단층에서의 에너지 방출은 작은 규모의 지진에서보다는 대규모 지진으로부터 발생한다. 지진 재해의 측면에서 대규모 지진 발생을 예측하는 일은 당연히 중요한데, 이는 활성 단층에 대한 여러 전문적 연구에 의해서만 가능하다. 그래서 전문가들은 활성 단층 지도와 지진 재해 지도 제작의 중요성을 강조한다.

경주 지진 사태에서 드러난 바는 정부의 방재 시스템이 여전히 엉망이라는 것이다. 정부의 일차적 기능은 국민의 생명과 재산을 지키는 것이다. 그것을 위해서 주권자이자 유권자인 국민은 세금을 낸다. 심지어, 경주 지진에 대한 재난 보도에서조차 일본의 TV들이 한국의 재난 주관 방송사인 KBS보다 더 빠르고 정확했다.

이번 여진 발생 후 초등학교 운동장에서 모포를 뒤집어쓴 채 떨고 계신 분들의 사진을 보면서 사회 전체를 근본적으로 안전하게 만드는 일이 무엇보다 시급하다는 생각이 들었다. 특히, 양산

단층과 울산 단층 주변의 핵 발전소들은 우리 모두의 문제다.

2016년 9월 21일

물대포

시위 군중을 해산시킬 때 경찰이 사용하는 위해성 장비인데, 살수차에 장착되어 고압의 물줄기를 분사하는 방식으로 작동한다.

강한 압력으로 물줄기를 분사하는 도구를 가리킬 때 영어에서는 시위 진압용 '워터 캐논water cannon'과 소방용 '델루즈 건deluge gun'으로 어휘가 구분되어 있다. 한국 경찰의 물대포는 농민 백남기 씨를 죽게 만들었다.

물대포를 맞은 백남기 씨가 의식불명에 빠져 있던 지난 317일 동안, 일단 가장 큰 쟁점이 되었던 것은 백남기 씨를 향한 경찰의 물대포 직사 살수가 과연 합법적이었느냐는 것이다. 백남기 씨 가족은 직사 살수가 위헌이라고 헌법 소원을 냈고 언론들은 경찰이 '살수차 운용 지침'조차 지키지 않았다고 보도해왔다.

반면, 경찰은 이를 인정하지 않은 채 가족들에게 사과도 하지 않고 버텨왔다. 경찰이 이렇게 버티는 배경에는 법 개악의 역사가 있다. 2006년에 시행된 '경찰장비관리규칙'에서 살수차는 '진압 장비' 중에서도 '특별 관리' 대상이었고, 살수차에 관한 규정에는 "최루탄 발사대의 발사 각도를 15도 이상 유지하여 발사되는지 확인 후 사용하여야 한다"와 "20미터 이내의 근거리 시위대를 향하여 직접 살수포를 쏘아서는 안 된다"는 규정이 있었다.

2008년 12월에 개정된 같은 규칙에서는 "물포 사용 시 시위대의 거리와 수압 등은 제반 현장 상황을 고려하여 집회시위관리에 필요한 최소한도로 하여야 한다"와 "물포의 관리 · 운용에 관하여 이 장에서 정하지 아니한 사항은 '물포 운용지침'에 의한다"로 바뀌어버렸다. 직사 살수를 금지했던 법 조항이 없어지고 동시에 물대포의 사용에 관한 규정이 경찰청장이 만드는 소위 지침에 위임되어버린 것이다.

이는 엄청난 후퇴다. 경찰이 촛불시위 진압 및 해산 과정에서 시위대에게 물대포를 직사한 것이 법규 위반이라는 논란이 일자, 경찰은 물대포 직사의 위법 논란에서 벗어나기 위해, 다시 말하자면 경찰의 시위 진압 편의를 위해, 시위 군중의 안전을 고의로 무시하는 방향으로 법을 개악해버렸다.

2015년 한 해 동안 경찰의 변명은 이러했다. 백남기 씨는 폭력 시위대에 속해 있었고, 따라서 그에 대한 진압은 설령 죽음을 야기했다고 하더라도 과잉 진압이 아니며, 경찰은 잘못을 인정할 수도 없고 사과할 수도 없다는 것이다. 하지만, 나는 기본적인 인권에 관해서 묻고 싶다. 폭력 시위대에 속한 사람은 죽여도 되는가. 시민의 생명과 재산을 지키는 것이 의무인 경찰관을 시민 살해자로 만들어버린 나쁜 시스템을 계속 유지하고 싶다는 얘기인가.

냉정하게 생각해보면, 이번 사태의 진정한 핵심은 결코 물대포 진압의 합법성에 있지 않다. 경찰 직무 수행의 정당성을 본질적으로 지탱하는 것은 형식적인 법규가 아니다. 그 정당성의 실질적인 내용은 시민의 동의와 공중의 신뢰에 의해서 채워진다.

브렉시트 후 영국 총리가 된 테리사 메이는 내무장관이던 시절 물대포 사용을 승인해달라는 영국 경찰의 2014년 3월 요청을 1년 4개월의 장고 끝에 거부했다. 메이가 물대포 사용을 불허한 이유는 크게 세 가지였다. 첫째 시민이 직간접적 부상을 입을 수 있고, 둘째 빠르게 흩어지며 움직이는 시위대를 애초 의도대로 흐트러뜨리는 효과는 적으며, 셋째 '시민의 동의에 의한 경찰력'이라는 경찰 전통이 훼손될 수 있고 경찰력의 합법성에 대한 의심이 생길 수 있다는 것이었다. 즉, 시민의 동의 없는 물대포는 결국 '무대포' 살상 도구에 불과하다는 얘기다.

'시민의 동의에 의한 경찰력'이란 1829년 영국이 근대 경찰을 창설하면서 만든 9개 항의 '법 집행 원칙'을 관통하는 주제인데, 이 원칙들은 경찰이 공중의 협력과 신뢰를 얻는 것을 최우선적인 목표로 삼고 있다. 그 원칙 중 일부를 옮기면 다음과 같다.

"경찰은 언제나 공중과의 관계를 유지해나가야만 하는데, '경찰이 공중이며 공중이 경찰이다'라는 역사적 전통에 알맹이를 부여하는 것이 공중이다. 경찰이란 공중의 한 구성원일 뿐이고, 공동체의 안녕을 기도하는 모든 시민에게 부과된 의무와 관련해서, 단지 돈을 받고 풀타임으로 주의를 기울이는 구성원인 것이다."

2016년 9월 28일

COD

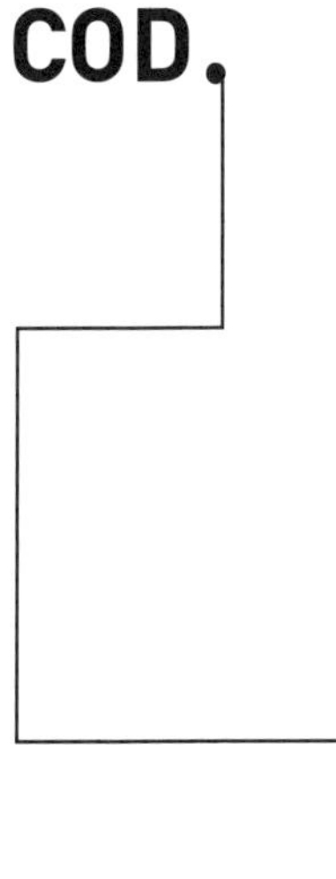

사망 원인cause of death의 영어 약자다. 추리물이나 경찰물 장르의 미드를 볼 때 자주 만나게 되는 단어다. 고 백남기 씨의 사망진단서를 작성한 서울대 신경외과 과장 백선하 교수의 궤변적인 주장에 의하면, 백남기 씨의 COD는 심폐 정지이고 사망 종류manner of death는 병사다. "적극적인 연명치료를 받았더라면 외인사인데 안 받아서 병사"라는 게 백 교수의 궤변이다.

이번에 공개된 백남기 씨 사망진단서 양식과 마찬가지로, 국제보건기구가 1948년에 확정한 사망진단서 양식도 COD를 직접 사인과 선행 원인으로 구분하고 있다. 다만, 진단서 작성 시 주의할 점으로 직접 사인으로 사망의 양식the mode of dying을 기재해서는 안 된다고 못 박고 있다. 서울대 의대생들의 항의 성명서에 나오는 "직접 사인으로 심폐 정지를 쓰면 안 된다는 것이 국가고시에 출제될 정도의 원칙"이라는 얘기는 바로 이것을 뜻한다. 서울대 병원 노조도 "의대생보다 못한 교수는 서울대 병원을 떠나라"고 질타했다.

사망 원인에 관해 따지는 것이 의사들만의 특권은 아니다. 법원이나 보험 회사도 사망 원인을 전문적으로 따진다. 사법적 인과관계는 병리학적 인과관계와 제도적으로 다르다. 양자를 매개하는 것이 바로 법의학이다. 한편, 유족이나 사회 구성원 전체가 관심을 갖게 되는 사망 원인도 있다. 세월호 사건이나 옥시 가습기 살균제 사건이 그러하다. 박근혜 정권의 특징은 사회적 관심사인 이런 사건들에서 사망 원인을 제대로 밝히는 것이 정치적인 이유 때문에 거의 불가능하거나 봉쇄되어왔다는 점이다.

모든 죽음이 그러하겠지만, 특히 사고사나 살인의 경우, 사망 원인이 명확히 밝혀지고 그럼으로써 책임 소재가 특정되는 게 무엇보다 중요하다. 가해자가 사과를 하고 응분의 처벌을 받거나 보상을 하고 더 나아가 사회 전체가 재발 방지를 위한 시스템을 만드는 것은 오로지 원인을 제대로 규명했을 때 가능하다. 그래야만 용서와 화해도 뒤따를 수 있고 정의가 실현되는 것이다.

사망 원인뿐만이 아니다. 주요 정치·사회적 사건의 원인이나 배경을 제대로 밝히지 않거나 감추거나 흐지부지 덮어버리는 것이 박근혜 정권의 일관된 특징이다. 세월호 사건도 세월호가 침몰했다는 사실 그 자체만큼이나 문제가 되는 것이 침몰 원인과 배경을 아직 제대로 밝혀내지 못하고 있다는 점이다.

각설하고, 서울대 백선하 교수의 주장이 궤변인 것은 박근혜 대통령 자신도 잘 알고 있다. 백 교수식 논리에 따른다면, 박정희의 COD도 심폐 정지고 사망 종류는 병사가 되어버리기 때문이다. 박정희는 총을 맞고 나서 "나는 괜찮아"라고는 했지만 최신 연명 치료를 받을 수는 없었던 것이다.

'서울대병원-서울대의대 합동특별조사위원회'의 이윤성 위원장(법의학교실 교수)는 이런 궤변의 문제점을 지적하면서, 뇌 수술이라면 백 교수에게 맡기겠지만 사망진단서는 결코 그로부터 받지 않겠다고 말했다. 이윤성 교수에 의하면, 사망 종류를 병사로 판정한 것은 명백한 잘못이며, 그것은 당연히 외인사라는 것이다.

나로서는 뇌 수술조차 백 교수에게 받고 싶지 않다. 그는 '의사'가 아닌 기술자에 불과하기 때문이다. 그의 주장을 번역한다면, 외인사와 병사를 가르는 기준은 최신 의료 기술을 갖춘 기술자에 있다. 물대포에 의한 동일한 사망 사건이, 의료인 면허를 가진 기술자가 강권하는 최신 의료 기술에 의해서 단지 연명해나간 뒤라면 외인사가 되고 그것을 가족 등이 거부하거나 하면 병사가 된다는 게 그의 궤변적 주장의 핵심이다.

원인의 인因 자는 갑골문에서 큰 매트 위에 사람이 누워 있는 모습을 본뜬 글자였다. 거기에서 의미와 용례가 확대되어 '의존하다'라는 뜻의 동사로 사용되다가, 원인 내지 이유 등의 의미가 추가된 것이다. 인술이라 불리던, 사람을 살리는 의술을 의료 테크놀로지가 대체하게 된 오늘날 음미해 볼 만한 글자다. 과거에 우리가 알던 의술은 이번 사건으로 뇌사

상태에 빠졌다. 이제 사회 전체가 의술의 사망 원인과 종류 등을 밝혀내야만 한다.

2016년 10월 5일

대리전

분쟁 당사자가 상대방과 직접 싸우지 않고 제삼자를 내세워 상대방과 싸우게 하는 전쟁을 뜻한다. 영어로는 'proxy war'라고 하는데, proxy의 어원은 라틴어 'procuratia'로 후자는 '대신, 앞에서pro + 관여하다, 조심하다, 배려하다curare'라는 의미 성분으로 구성되어 있다. 라틴어 동사 'curare'에서 '큐레이터'라는 말이 생겨났다.

주주총회에서의 위임장 쟁탈 경쟁을 'proxy fight'라고 한다. 통계학 등에는 대리 변수proxy variable라는 개념이 있다. 비만도를 대신 측정하는 체질량 지수라든가 삶의 질을 대신 측정하는 일인당 GDP 따위가 대리 변수다. 정보통신기술에서 프록시 서버란 원래 서버의 역할을 대신하는 서버를 가리킨다.

중동의 시리아 및 예멘에서 벌어지는 전쟁 내지 내전은 시아파 이란과 수니파 사우디아라비아 사이의 대리전이라고 알려져 있다. 며칠 전 사우디아라비아가 주도하는 동맹군은 예멘 수도 사나에서 민간인 장례식장을 공습해서 최소한 140명을 사망하게 만들고 500여 명을 다치게 했다. 공습 피해를 입은 장례식은 예멘 시아파 후티 반군 정권 내무장관의 부친 장례식이었다.

사우디의 예멘 공습은 시리아에서 러시아군의 공습이 벌어진 다음에 발생한 것이며, 또한 사우디가 주된 소송 대상인 '9.11 소송법'이 오바마 미 대통령의 거부권 행사에도 불구하고 미 의회에 의해서 무력화됨으로써 통과된 후에 벌어진 사건이다. 사우디는 보유하던 미 국채를 대량 매도하겠다는 위협을 하면서 그 법 통과를 저지해왔다. 대리전으로서의 시리아 내전에서는 각기 미국과 사우디가 같은 편, 그리고 러시아와 이란이 같은 편이다.

한자어 대리의 리理는 본디 옥玉을 가공하는 일을 가리키는 말이었다가 나중에 이치, 도리, 원리 등의 뜻으로 쓰이게 되었다. 회사나 은행의 대리는 사장, 부장, 과장 등을 대신하는 사람을 뜻했는데, 오늘날에는 그 자체로 직책이 되었다. 군대 계급인 루테넌트lieutenant도 어원은 대리인이란 뜻인데, 캡틴의 바로 아래 계급 내지 부관이란 의미다. 종교의 경우에도, 대리인들이 있다. 이슬람의 칼리프caliph는 신의 사도를 대리하는 사람이라는 뜻이고, 기독교의 목사vicar는 신의 대리인이라는 뜻이다. 명사 'vicar'로부터 형용사 'vicarious'(대리의, 간접적인)가 나왔다.

냉전 시기에는 대리전이 많았다. 분쟁 당사자가 대리전을 수행하는 방식은 주로 군사 원조, 군사 고문단의 파견 또는 특수부대의 파견 등이다. 대리전이 격화되어 당사자가 직접 개입하기에 이르는 전쟁도 많았는데, 미국은 6.25와 베트남전쟁이 있고, 소련은 아프가니스탄 침공이 있다. 시리아 내전은 미국과 러시아의 대리전으로 시작되었다고 할 수 있지만 오늘날에는 두 나라가 직접 개입하고 있는 꼴이 되어버렸다. 예멘 내전에서는 사우디가 직접 개입하고 있다.

대리전이란 말은 국가 간 전쟁이나 내전 이외에 정치, 외교, 사회, 예능, 스포츠 등의 분야에서도 쓰인다. 동아시아에서 미국은 일본, 필리핀 등을 내세워 중국과 외교적 대리전을 벌인다. 한일간 축구 경기는 일본 제국주의 식민지 지배로부터의 독립에 관한 상징적 대리전이다. 연예계에서 걸그룹들 사이의 경쟁은 기획사들의 대리전이다.

민법에서 대리인은 어느 정도 자유 재량을 가지기 때문에 당사자의 의사를 단지 전달하는 역할을 하는 '사자'와는 다르다. 한편, 잠자는 주인을 대신해서 집을 지키는 개를 번견番犬이라고 한다. 번견은 '바지 사장'이라든가 '가오 마담'에 비해서 더 경멸적인 의미를 갖는다. 한국 정치 현실에서 '바지 사장'의 반대말은 '비선 실세'라고 할 수 있다.

요즘 새누리당 국회의원들은 행정부 수반인 대통령과 여소야대의 의회 사이에서 대리전을 수행하고 있다. 대통령을 대신해서 정치 공습을 펴던 어느 새누리당 국회의원은 야당 대표를 간첩에 빗대는 등 막말을 했다. 이에 야3당은 그 여당 의원에 대해 국회 윤리위원회 제소를 추진키로 했다는 소식이다.

“#그런데최순실은?”

2016년 10월 12일

시알못.

'시(를) 알지 못하는 사람', 혹은 조금 깔보는 의미로 '시 알지도 못하는 놈'의 줄임말이다. 원래 인터넷에서의 논쟁 중에 튀어나온, "게임 알지도 못하는 놈아 너네가 와서 함 해볼래?"라는 말로부터 '겜알못'이 생겨났고, 그 뒤로 힙합이나 락 음악 등에 대해서 힙알못, 락알못 등이 쓰이고 있다. 시알못은 유행어라기보다는 단지 이런 조어법에 따라 어거지로 만들어본 말이다.

2016년 노벨문학상은 미국의 대중음악 가수 밥 딜런이 받았다. 공개된 선정 근거는, 쉽게 말해서 밥 딜런이 뛰어난 시인이라는 것이다. 밥 딜런의 수상에 대해서 약간의 반발이 없는 것은 아니지만, 미국 사람들은 그런대로 받아들이고 있는 듯하다. 그것은 무엇보다도 밥 딜런이 1960년대 미국의 아이콘이었던 까닭이리라 여겨진다. 어쨌든, 이번에 스웨덴 한림원은 어찌 보면 매우 당연한 주장을, 즉 “노랫말도 시”임을 새삼스럽게 하고 나섰다.

수상자 선정에 있어서 노벨문학상은 매우 서구 중심적이고, 동시에 매우 정치적이며, 때로는 ‘스웨덴 한림원’ 중심적이다. 비서구권 언어 및 작가들에게는 극히 인색하다. 심지어 독일어로 작품을 쓴 수상자조차도 그 작가가 잘 알려지지 않았다고 스웨덴 한림원 구성원 일부가 스스로 반발한 적이 있다.

노벨문학상은, 괴테가 처음 그 개념을 발안했던 ‘세계문학’에 관한 한, 수많은 일급 작가 및 작품에 대한 문학적 평가에 있어서 안심하고 받아들일 만한 좋은 척도가 되지 못한다. 한국의 출판 시장과 관련해 말하자면 노벨문학상은 그저 마케팅의 그럴듯한 소재가 되어왔을 뿐이다.

한국에서 밥 딜런의 이름은 제법 알려진 편이지만 그의 시(노랫말) 자체가 우리에게 잘 알려진 것은 아니다. 그의 「Blowin' In The Wind」「Don't Think Twice, It's All Right」과 같은 노래는 우리 귀에도 멜로디가 익숙하지만, 각기 「바람만이 아는 대답」「두 바퀴로 가는 자동차」(또는 수십 년 전에 양병집의 「역」)로 번역 내지는 번안되어 불려왔다. 그의 노랫말을 우리가 시로서 제대로 충분히 음미할 수는 없었던 것이다.

밥 딜런 노랫말의 문학성에 관해서 서구에는 크게 세 가지 견해가 있다. 하나는 가사를 음악과 분리해서 시 자체로 음미할 수도 있다는 입장. 다른 하나는 가사를 목소리 및 멜로디, 반주를 포함한 음악적인 부분과 분리할 수 없으며 여전히 음악적인 부분이 더 중요한 측면이라는 입장. 나머지 하나는 밥 딜런의 노래에는 여러 겹의 텍스트가 동시에 겹쳐진 채 기입되어 상호작용한다는 입장이다. 세 번째 입장에서는 시적이고 문학적인 차원의 텍스트, 목소리로 노래하는 음악적이고 리드미컬한 차원의 텍스트, 그리고 작가가 자신의 여러 페르소나를 써나가는 차원의 텍스트 등을 거론한다.

밥 딜런에게 노벨문학상을 준 근거와 기준을 한국에 적용한다면 김민기, 한대수, 양병집 등과 같은 한국 포크 1세대 가수들이나 더 아랫세대인 김광석, 연영석, 김두수, 이장혁 등도 얼마든지 노벨상을 받을 만하다고 할 수 있다. 몇 년 전 문학과지성사에서는 '시인들이 뽑은 가장 아름다운 노랫말'을 선정했는데, 요조의 「우리는 선처럼 가만히 누워」, 이소라의 「바람이 분다」, 김윤아의 「봄날은 간다」, 김광진의 「편지」, 델리 스파이스(김민규)의 「고백」, 브로콜리너마저의 「보편적인 노래」, 그리고 루시드폴의 여러 노래가 뽑혔다.

여러 겹의 문화적·음악적 레이어가 있다는 점에서는, 포크나 포크적인 노래보다는 힙합과 랩이 지닌 특별한 자전적 문학성에 더 주목할 수도 있다. 한국 힙합에 관해서는 과문하지만, 최근 한두 해 사이에 내가 듣고 반한 힙합 노래들은 이러하다. 이센스의 「Back In Time」과 「Flight」, 딥플로의 「양화」, 차붐의 「안산 느와르」. 이 노래들의 랩, 그러니까 한국어로 된 시들은 결코 온전히 영어로 번역될 수 없는데, 그런 점에서 나는 이 시들을 더 좋아한다.

2016년 10월 19일

오장육부

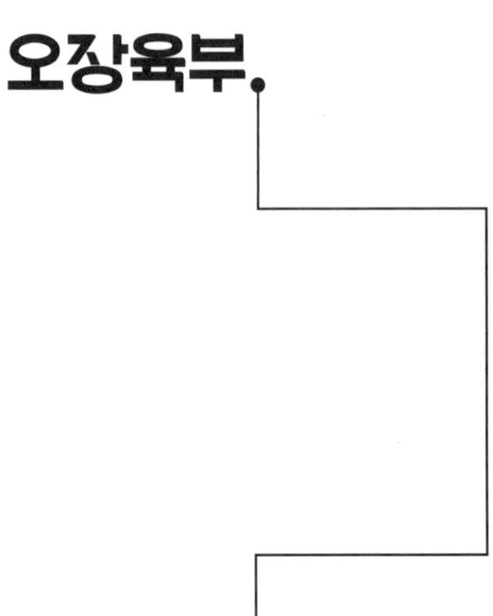

전통 중국 의학 및 한의학에서 인간의 내장 전체를 일컬을 때 쓰는 말이다. 오장이란 간·심장·비장·폐·콩팥을, 육부란 쓸개·작은창자·위장·큰창자·오줌보·삼초三焦를 가리킨다. 오장육부가 최초로 언급된 책은 중국 고대 의학서인 『황제내경』의 「소문素問」이다. 육부의 삼초는 해부학적으로는 존재하지 않는 상상의 기관이다.

한국 정치판에서는 권력형 비리와 관련해 오래전부터 '깃털-몸통' 논란이 있었다. 대개 비리의 몸통은 처벌되지 않고 깃털만 처벌되고 말 때가 많았기 때문이다. 2016년 9월 언론 보도에 의하면, 어느 청와대 내부 관계자가 "문고리 3인방은 생살이고, 최순실이 오장육부"이며 "생살은 피가 나도 도려낼 수 있지만 오장육부에는 목숨이 달려 있다"고 폭로했다고 한다.

『황제내경』에서 간·심장·비장·폐·콩팥은 각기 목-화-토-금-수의 오행에 배당되어 있고, 육부도 삼초를 빼고 각기 순서대로 오행에 배당되어 있다. 고대 중국에서 오장과 오행 사이의 배당 관계에는 두 종류가 있었는데, 『황제내경』은 『금문상서』를 따른다. 음양오행설은 서구로 치면 4원소설에 상응하는 추상 수준을 갖는다. 반면 오늘날의 주기율표는 172번의 원소까지를 포함한다.

근대 해부학에서는 인간의 몸 안에 있는 기관을 호흡 기관, 순환 기관, 소화 기관, 비뇨 기관, 생식 기관 등으로 나눈다. 근대 해부학 체계에서 수많은 기관이 다루어지는 내용과 방식에 비교한다면, 오장육부란 개념은 그 수많은 기관의 극히 일부만을 뽑아서 추상적·상징적·형이상학적으로 다루었다고 할 수 있다.

간과 쓸개는 "간이 크다" "간이 부었다" "담이 작다" "대담하다" "쓸개 빠진 사람" "간담을 서늘케 하다" 등의 일상적 표현에서 그 상징적 의미를 드러낸다. 박근혜 정권의 비선 실세로 알려진 최순실은 자신의 비리에 대해서 "나라를 위해 한 일인데 내가 무슨 죄냐"라고 말했다고 한다. 굳이 분류하자면 이 발언은 "간땡이가 부었다"에 속한다고 할 수 있다.

심장과 관련해서는 '심보' '심통'과 같이 마음 씀씀이를 가리키는 말들이 있다. 최순실의 딸 정유라는 이대에 특혜로 합격했고 0.11이던 학점을 3.3으로 만들었다는 의혹을 받았는데, 합격 직후 자신의 페이스북에 "부모를 원망해…… 돈도 실력이야"라고 적어놓았다. '돈도 실력'이라는 말은 자본주의의 실상을 제대로 잘 드러내는 표현이기는 하지만, 각종 특혜로만 살아온 주제에 이 말을 노골적으로 한다는 것은 심통이 매우 사납다고 할 수 있다.

"비위가 좋다" "비위가 약하다" "비위가 거슬리다" "비위를 맞추다" 등의 표현에서 비위란 비장과 위장을 가리킨다. 그런데 오장육부에서의 비장은 오늘날 서양 의학에서의 췌장이 아니냐는 견해가 있다. 비장은 적혈구를 파괴하거나 림프구를 새로 만드는 기능을 하는 반면에, 췌장은 소화 효소를 분비하기 때문이다. "비위가 좋다"는 것은 일차로 소화력이 좋다는 말이며, 더 나아가 보통 사람이라면 견디기 힘든 사태나 상황을 잘 버틴다는 뜻이다. 최순실 비리 의혹과 이에 대한 대통령의 대응 태도를 쭉 늘어놓고 보면, 최순실이 대통령의 비위를 맞춰온 게 아니라 거꾸로 대통령이 최순실의 비위를 맞춘 게 아닌가 하는 느낌이 들 정도다.

위를 포함한 배와 관련해서는 배짱, 배포, 뱃심이란 말이 있다. 최순실과 한때 친했던 고영태 씨의 폭로에 의하면, 최순실은 대통령 연설문 고치기를 제일 좋아했다고 한다. 또, 최순실 사무실의 컴퓨터에 대통령의 연설문과 청와대의 인사 자료 문건 등이 저장되어 있었다는 보도가 나왔다. 최순실에게 그런 문건을 보내준 청와대 비서관이나 그런 문건을 태연히 본 최순실 모두 배포가 남다르다고 해야 할 것이다.

부아는 폐를 뜻하며 옛말로 '부화'라고 했다. "부아가 난다/돋는다" "부아가 뒤집힌다" "부아가 치밀어 오른다" 등은 분하고 화가 난다는 뜻이다. 분한 마음에 숨을 고르게 내쉬지 못하는 상태를 가리키는 표현들이다. 최순실과 관련된 권력 비리를 호도하기 위해서 개헌 논의를 꺼내든 박 대통령에 대한 대다수 국민의 정서 상태가 바로 그러하다.

2016년 10월 26일

박ㄹ혜.

인터넷과 스마트폰 등에서 형태의 유사성에 기대어 박근혜를 표기하는 방식이다. 김대중을 '김머중'으로, 정유라를 '정육라'로 표기하는 것과 마찬가지다. 이러한 표기 방식을 '야민정음'체라고 부른다. 이러한 표기 방식은 타자수를 줄인다는 점에서 채택되기도 하지만, '정육라'에서 알 수 있듯이 비난하거나 조롱하는 어조를 담고 있는 때도 있다.

박ㄹ혜의 정치적 잘못에는 여러 가지가 있지만, 우익 지지자들 입장에서 보자면, 그들을 실망시키고 분열시키고 혼란에 빠뜨렸다는 것이 가장 치명적이다. 극우 내지는 우익 성향으로 알려진 인터넷 사이트 일베에서 정치 관련 글들이 주로 올라오는 곳으로는 짤방 게시판(짤게)와 정치 게시판(정게)이 있는데, 젊은 사람이 많은 짤게에는 '박ㄹ혜'라는 표기가 많이 보이고, 나이 든 사람이 많은 정게에는 '레카(레이디 가카)'가 많이 보인다.

짤게에서는 '박ㄹ혜' 외에 '노근혜'라는 표현도 많이 쓰인다. 이는 박근혜에 대한 정치적 비판자들이 '이명박근혜'라고 해왔던 것과 비교되는데, 일베 사이트의 정치적 속성상 노무현이 정치적 '극혐'(극한적인 혐오)의 대상이었다는 점을 감안한다면, 노근혜라는 표현이 일베에 등장했다는 것은 박ㄹ혜의 잘못이 얼마나 치명적이었는가를 잘 드러낸다고 할 수 있다.

그동안 우익 유권자들 사이의 분열은 세대간 분열과 포개지면서 심각할 정도로 증폭되어왔다. 박ㄹ혜 당선 이후로, 박근혜를 계속 무조건적으로 지지하는 사람들과 정치적 실정 때문에 박ㄹ혜를 비판하게 된 사람들 사이에 키보드 전쟁이 빈번하게 벌어져왔다. 특히 지난 여름부터 일베의 짤게에는 박ㄹ혜를 비판하는 글이 확연히 많아졌다.

일베에서는 박근혜를 무조건적으로 지지하는 비교적 고령의 우익 유저들은 박ㄹ혜를 비판하는 젊은 우익 유저들을 '좌좀(좌파좀비)' 내지는 '분탕 홍어'라고 몰아붙일 때도 많다. '분탕 홍어'란 '분탕질을 하는 전라도 사람'이라는 뜻이다. 본의 아니게 '좌좀' 내지 '분탕 홍어'로 몰리게 된 일베 짤게의 젊은 우익 유저들은 반작용으로 일베의 늙은 우익 유저들을 '정게할배' '틀딱' '고바노'라고 부른다.

'할배'라는 규정은 게시물의 정치 성향에서뿐만 아니라 어휘 선택이나 문체 등에서도 글쓴이가 고령임을 추정하게끔 해주는 단서가 있기 때문에 생겨나고 선택된 것이다. '틀딱'은 '틀니딱딱'의 줄임말인데, 노년 세대에 대한 그릇된 혐오감에서 만들어진 매우 난폭한 어휘다.

일베에는 기성 이미지에 유머러스한 글을 곁들인 게시물이나 그 자체로 유머러스한 합성 이미지에 의한 게시물이 주로 올라왔다. 반면에 '정게할배'들의 게시물은 이미지가 전혀 없을 때도 많고, 대체로 지나치게 길고 진지하고 설교 조여서, 젊은 유저들은 그런 '할배'들의 재미없는 게시물들을 싫어했다.

지금 '정게할배'들은, 최순실에게 놀아난 박ㄹ혜를 비난하는 사람이라면 좌우를 불문하고 무조건 '좌좀'이나 '분탕 홍어'로 몰아 버린다. 일베의 젊은 우익 유저들은 '정게할배'에 의해서, 무조건 "너, 전라도지?"라는 추궁을 당하고 있다. 그래서, 젊은 우익 유저들은 '정게할배'들을 '고바노'(고향을 바꿔주는 노인)라고 부른다.

그동안 '전라도=빨갱이'라는 사악한 프레임을 가지고 다른 사람들을 무차별적으로 비난해왔던 일베의 젊은 우익 유저들은 이제 그들 스스로가 '전라도=빨갱이'로 몰리고 있다. 그들은 '고바노'라는 세대 혐오적 어휘로 이에 반발하고 있지만, '고바노'의 원흉이 박정희임은 아직 깨닫지 못한다. 정치적 반대편을 무조건 빨갱이로 모는 '고바노' 갑질은 박정희가 원조다. 전두환, 박ㄹ혜 등은 그 옆에 붙어서 매카시즘의 먹자골목을 차린 것에 불과하다.

한국사회는 오래전부터 쭉 정치가 종교고 종교가 정치였다. 일베 은어로 ㅈㄱㅈ(좆고전)과 ㅈㅈㅂ(좆중복)이라는 게 있다. 박근혜는 자신의 신도였던 지지자들에게 정치적 핵폭탄을 발사해서 지지자들 사이에 세대 혐오의 종교 전쟁을 일으켰다. 박ㄹ혜는 정치가 종교고 종교가 정치였던 한국사회를 ㄹㅇ(레알) ㅈㄱㅈ ㅈㅈㅂ으로 만들어버린 것이다.

2016년 11월 2일

개쩐다.

'대단하다' '굉장하다' 등의 뜻으로 젊은 사람들이 감탄할 때 쓰는 말이며 '개쩔다'의 현재형이다. 긍정적인 쪽이나 부정적인 쪽 모두에서 쓰이는데, 좀더 구어적인 활용형으로는 '개쩌네'가 있다. 동사 어근인 '쩔다'는 '절어 있다'에서 생겨난 것으로 보인다.

접두사 '개'는 뒤에 오는 말의 의미를 그저 강조한다. 다른 용례로는 '개이득' '개꿀잼(꿀 같은 재미)' 등을 들 수 있다. 과거에 접두사 '개'는 '개떡' '개살구'에서처럼 '비슷하지만 질이 떨어지는'의 뜻이거나 '개꿈' '개죽음'에서처럼 '헛되거나 쓸데없는'의 뜻이거나 '개망나니' 등에서처럼 '부정적으로 정도가 심한'의 뜻이었다.

나는 '개쩌네'야말로 '박근혜-최순실 게이트'와 그로 인한 한국의 국가 시스템 붕괴 상황을 한마디로 쉽게 표현할 수 있는 단어라고 여긴다. 아버지-무당에 이어 딸-무당에게 대통령이 놀아난 것은 개쩐다. 청와대의 비서들과 정부의 장차관들이 비선 실세인 무당에게 굽신거리면서 국가 기밀과 정부 예산을 예사로 갖다 바친 것도 개쩐다. '떡검'들이 여전히 우병우를 황제로 대우하는 것도 개쩐다. 새누리당의 친박들이 버티고 있는 것도 개쩐다. 이런 상황에서 박근혜를 지지하는 사람이 5퍼센트나 된다는 것도 개쩐다.

하지만 조금 더 생각해보면, 현재의 이러한 국가 시스템 붕괴 상황에 대해 그 원인이 오롯이 박근혜와 최순실에게 있다고 간주해버리고 마는 것 역시 개쩌는 일이다. 개쩌는 박근혜를 대통령으로 뽑은 것은 우리 자신이기 때문이다. 여기에서 지난번 대선 때 종교적 광신 상태에서 박근혜에게 묻지마 지지를 보냈던 사람들에게 일차적인 책임이 있음은 분명하다. 하지만 그렇다고 해서 박근혜를 지지하지 않았던 사람들에게 책임이 전혀 없다고는 할 수 없다.

우선, 나는 스스로에 대해서 공개적으로 반성한다. 나는 지난번 대선에서 투표를 포기했다. 어차피 박근혜가 될 것이라고 예상했던 데다가, 더 나아가서 '박정희 환상'을 깨뜨리기 위해서는 박근혜의 집권과 실정을 거치는 게 불가피하다고 보았던 것이다. 하지만 그것은 개쩌는 판단이었다. 지금 그 대가가 개-개-개-개쩐다.

각설하고, 이번 국가 시스템 붕괴 상황을 무엇이라 불러야 하는지는 논쟁이 될 만하다. 일부에서는 '최순실 게이트'라고 하는데 한국어 위키피디아의 항목 이름도 그러하다. 영어 위키피디아의 항목 이름은 '2016년 남한 정치 스캔들'이라고 되어 있고, 괄호 안에 '일명 최순실 게이트'라고 적고 있다.

'게이트'는 1970년대 미국 공화당 닉슨 대통령의 정치 스캔들에서 생겨난 말인데, 도청이 시도되었던 민주당 선거 본부가 있던 건물 이름이 '워터게이트'였다. 이후로 정계·언론계·문화계 등의 뭇 추문에 대해서 '-게이트'라는 일종의 접미사를 붙여 쓰게 되었다. 이런 점에서 '최순실 게이트'라고 띄어 쓰는 것은 약간 엉터리 어법이라는 느낌도 든다.

'비선 실세 최순실 국정 농단 사건'이라든가 '최순실 비선 실세 국정 개입 파문'이라는 말도 있는데 이것은 일단 너무 길다. 또한, 대구의 한 여고생이 제대로 밝혔듯이, 이 모든 문제의 근원이 박근혜라는 점에서 상당히 미흡하다. 그래서 일부에서는 '최순실-박근혜 게이트'라고도 하고 또 어떤 이들은 그저 '박근혜 게이트'로 하자고 주장한다. 위에서 나는 '박근혜-최순실 게이트'라고 했다. 요컨대 이번 스캔들은 그 실체 자체는 물론이거니와 그 이름을 정하는 것까지도 개쩐다고 할 수 있다.

'스캔들scandal'이란 말은 '적을 노리고 놓아둔 덫'을 뜻하는 고대 그리스어 단어로부터 생겨나서, 16세기 종반 영어권에서 '수치스러운 행위나 사건'이란 뜻으로 쓰이게 되었다. '스캔들'은 대개 '추문醜聞'이라고 번역된다. 추잡하거나 추악한 소문이란 뜻이다.

한자 '들을 문聞'은 갑골문에서 사람이 귀를 받들고 있는 형태의 상형문자였는데 전서체로 옮겨지는 과정에서 오늘날 우리에게 전승된 형태로 바뀌었다. 회의문자로서 '문聞'은 '문門'에서 '바깥 소리를 귀耳로 듣다'라는 뜻을 나타낸 것으로 해석된다. 박근혜는 지금이라도 하루빨리 국민의 목소리를 제대로 들어야 한다.

2016년 11월 9일

성난 백인

'앵그리 화이트angry white'를 번역한 말이다. 정치·사회적으로 분노하는 하층 백인들을 가리키는 이 말은 2016년 미국 대선 결과에 대한 언론 보도에서 트럼프의 주된 승리 요인으로서 거론되었다.

트럼프는 전체 득표수에서 힐러리에 뒤졌다. 트럼프가 당선된 것은 득표수와는 무관하게 주별로 배정된 선거인단의 합계로 승패를 가르는 미국의 독특한 선거제도에서 비롯된 것이다.

선거인단 수에 관한 현재까지의 잠정 집계에 의하면, 트럼프는 과반수 270명을 넘는 290명을, 클린턴은 228명을 획득했다. 클린턴으로서 매우 아쉬운 점은 플로리다(29명), 펜실베이니아(20명), 미시건(16명)에서의 결과다. 클린턴은 이들 지역에서 각각 약 12만 표(1.3퍼센트), 6만8000표(1.2퍼센트), 1만 2000표(0.3퍼센트)를 뒤졌다. 이 가운데 두 곳에서만 이겼어도 클린턴이 유리천장을 깨뜨릴 수 있었을 것이다. 오바마는 2008년과 2012년에 세 곳에서 모두 승리를 거뒀다.

미국 주요 언론에 발표된 출구조사 통계에 의하면, 백인 남성 중에서 대졸 미만 학력을 가진 사람들은 트럼프와 클린턴을 각기 72퍼센트와 23퍼센트의 비율로 지지했다. 대졸 이상 학력의 백인 남성 비율은 54퍼센트와 39퍼센트가 된다. 학력에 따라 상당한 차이가 있기는 하지만 어쨌거나 백인 남성 전체는 명백하게 트럼프를 지지했다. 즉, 남성 전체로는 53대 41의 비율로 트럼프를, 여성 전체로는 54대 42의 비율로 클린턴을 지지했다고 한다.

좀더 공인된 객관적 통계 자료를 가지고 더 면밀히 검토해야 하겠지만, 위의 출구조사 자료에 의거한다면, 하층 백인 남성 대다수가 트럼프를 지지했을뿐더러 중산층 이상의 백인 남성도 상당수가 트럼프를 지지했다고 추정할 수 있다.

그런데, 소득 변수만을 가지고 실제를 뜯어보면, 5만 달러 미만의 소득 구간에서는 과반수를 조금 넘는 수가 클린턴을 지지했고, 5만 달러 이상에서는 과반수에 조금 못 미치는 수가 트럼프를 지지했다. 2008년과 2012년에도 소득 변수로 따졌을 때 오바마를 다수로 지지한 계층은 5만 달러 이하 구간에 속한 사람들이었다.

클린턴에게 치명적인 점은, 특히 3만 달러 이하의 소득 계층은 2008년에는 65퍼센트, 그리고 2012년에는 63퍼센트가 오바마를 지지한 데 비해, 이번에는 53퍼센트만이 클린턴을 지지했다는 점이다. 반면 2012년에는 3만 달러 이하 계층의 35퍼센트가 공화당의 밋 롬니를 지지했던 데 비해 이번에는 41퍼센트가 트럼프를 지지했다. 출구 조사만 놓고 본다면, 이번 미국 대선에서는 과거와 비교해 더 많은 최하층 유권자가 결국 공화당 후보를 지지한 것이다.

2012년 한국 대선과 이번 미국 대선을 비교한다면, 최악의 후보가 대통령에 당선되었다는 공통점이 있는 반면 다른 점도 있다. 그것은, 한국 사람들은 모르고 박근혜를 뽑았고 미국 사람들은 알고도 트럼프를 뽑았다는 것이다. 그것은 지난 12일 100만이 넘는 것으로 추산되는 사람들이 박근혜 퇴진 촉구 촛불집회에 참가했다는 사실에 의해서 확증된다.

모르고 뽑은 것과 알고 뽑은 것 사이의 차이를 우리는 어떻게 해석해야 하는 것일까. 힐러리가 샌더스와 경선하던 2016년 3월 진보적이고 똑똑하고 매력적인 여배우 수전 서랜든은 이렇게 말했다. "클린턴은 15달러 최저 임금을 위해 투쟁하고자 하는 의지도 없어요. 그러니 이전에도 그녀에게 투표하지 않았던 사람들이 지금이라고 그녀를 지지하려 하겠어요?" 이런 발언에 기댄다면, 진보 성향의 미국 유권자 상당수는 클린턴이 여성임에도 불구하고 기득권층의 일부라서 그녀를 지지하지 않은 것이다.

한편 기득권층을 제도 정당으로서 대변해온 공화당은 그 자체로는 기층 민중 내지는 하층 백인 남성의 변화 욕구를 절대로 채워줄 수 없었다. 그렇기 때문에 트럼프가 기성 정치인들을 죄다 물리치고 대선 후보가 되어서는 마침내 대통령 자리까지 낚아챈 것이다. 하지만, 성난 백인들이 원하는 대로 미국이 변할 수 없음은 분명하다. '신자유주의 글로벌 자본주의' 체제 안에서 미국이라는 국가는 결코 위대해질 수 없기 때문이다.

2016년 11월 16일

공동정범

두 명 이상이 공동으로 범죄를 저지른 경우의 실행자를 가리킨다. 한국 형법 제30조에 "2인 이상이 공동하여 죄를 범한 때에는 각자를 그 죄의 정범으로 처벌한다"고 되어 있다. 참고로, 타인의 범죄를 교사한 사람은 교사범으로, 타인의 범죄를 방조한 사람은 종범으로 규정되어 있다. 교사범은 정범과 동일하게, 종범은 감형하여 처벌한다.

검찰 내 '최순실 국정농단 의혹 사건 특별수사본부'는 최순실, 안종범, 정호성의 범죄 혐의에 대한 중간 수사 결과를 발표하면서 대통령 박근혜가 이 사건의 공동정범이며 아울러 박근혜의 법적 신분은 피의자라고 밝혔다. 그러면서 헌법 제84조에 규정된 현직 대통령의 불소추 특권 때문에 기소할 수는 없지만, 피의자 신분으로 특검 전까지 계속 수사할 것이라고 했다.

헌법 제84조의 불소추 특권에서 말하는 '소추'가 무엇을 가리키는지는 그동안 논쟁이 되어왔다. 내란·외환의 죄 외에는 형사상 소추를 받지 않는다는 게 헌법상 대통령의 불소추 특권이다. 하지만, 만약 '소추'가 '기소'만을 가리키는 것이라면 현직 대통령을 피의자 신분 상태로 조사하는 것이 가능하다는 의견이 있었다. 이번에 검찰이 수사를 계속하겠다고 밝힌 것은 불소추 특권에서의 소추란 기소만을 가리킨다는 입장을 채택한 것으로 여겨진다.

그렇다면 이제는 박근혜를 구속 수사해야 한다고 나는 주장한다. 박근혜는 애당초 검찰 조사를 받겠다고 국민에게 약속해놓고 이제 와서 조사를 거부하고 있다. 보통 피의자가 경찰이나 검찰 조사를 거부하는 경우 강제로 조사한다. 2016년 11월 18일 노회찬 정의당 원내대표가 "검찰은 즉각 법원에서 구인장을 발부받아 대통령을 강제 구인해 검찰이 판단한 적합한 시한 내에 대통령을 수사할 것을 요청한다"고 밝힌 것은 바로 이런 취지에서다.

구속 수사가 필요한가를 따질 때는 증거 인멸과 도주의 우려가 주된 쟁점이다. 박근혜의 경우, 도주 우려는 모르겠지만, 현재까지 드러난 행태로 볼 때 증거 인멸의 우려가 대단히 크다. 모든 국민이 분노하는 중대한 범죄 혐의와 관련해서, 증거 인멸의 우려가 있는 피의자 박근혜는 구속해서 수사해야 한다고 나는 주장한다.

물론, 헌법에서 정한 대통령의 불소추 특권은 여전히 쟁점이 될 수 있다. 헌법 제84조는 "대통령은 내란 또는 외환의 죄를 범한 경우를 제외하고는 재직 중 형사상의 소추를 받지 아니한다"고 규정하고 있다. 여기서 쟁점은 박근혜가 내란 또는 외환의 죄를 범했는가의 여부인데, 이것은 조사를 해봐야 아는 일이다. 조사 이전에 범했다, 혹은 범하지 않았다고 미리 단정 지을 일이 아니다. 검찰로서는 중대 범죄의 증거가 인멸되기 전에 충분히 조사를 해야 한다.

여기서 주의해야 할 것은 좁은 의미의 법리적 해석이나 논쟁에 매몰되어서는 안 된다는 점이다. 모든 법적 규정, 절차, 판결, 행위 등은 기본적으로 헌법 위에서만, 그리고 더 나아가서는 헌법을 만든 국민의 집합적 정치 의사 위에서만 기능하고 작동한다.

그런데 헌법은 왜 대통령이 재직 중 소추되지 않는다고 규정했을까. 이는 대통령이 재직 중 설령 범죄에 연루되었다고 하더라도 직무를 수행하는 데 지장을 주어서는 안 된다는 뜻이고, 더 나아가서는 대통령의 직무 수행에 심각한 장애나 공백이 생기는 것을 막는 일이 헌정 질서의 유지에 있어 핵심적이라고 보았기 때문이다.

그런데 지금은 박근혜 스스로가 헌정 질서를 계속해서 위태롭게 만드는 일들을 저지르고 있다. 조사를 받겠다고 국민에게 약속했다가 조사를 거부하고, 국회에 총리 추천을 요청했다가 이제는 뻔뻔스럽게 그 요청을 철회했다. 국회에서 통과시킨 특검법에 대해서도 거부권을 행사할 가능성이 크다.

박근혜 스스로가 헌정 질서를 계속해서 위태롭게 만드는 한, 대통령의 불소추 특권은 의미가 없어진다. 논리적으로 볼 때, 대통령의 불소추 특권은 헌정 질서 유지를 전제로 한 것이기 때문이다. 박근혜는 구속 수사를 해야 한다. 조사 결과, 박근혜가 내란 또는 외환의 죄를 범했다고 밝혀지면 바로 기소를 하고, 그렇지 않다면 나머지 죄에 대해 나중에 가서 기소하면 된다.

2016년 11월 23일

탄핵

통상적인 파면 절차나 소추에 의한 해임이 불가능한 고위 공직자를 국회에서 소추하여 해임하는 것을 가리킨다. 대통령에 대한 탄핵 소추는 국회 재적 의원 과반수의 발의와 국회 재적 의원 3분의 2 이상의 찬성이 있어야 하며, 헌법재판소에서는 6인 이상의 찬성으로 탄핵 심판을 결정한다.

한자어 탄핵彈劾은 중국에서 근대 이전까지 감찰 직무를 맡은 관리가 다른 죄 지은 관리를 처벌하는 것을 가리켰다. 19세기 들어 서구로부터 주권재민 및 삼권분립 등이 소개된 이후에서야, 의회에 의해서 고위층 관리, 심지어 총통에 대한 처벌을 뜻하게 되었다.

영어로 탄핵을 뜻하는 'impeachment'의 동사형은 'impeach'이며, 그 라틴어 어원은 'impedicare'다. impedicare는 애초에 발에 족쇄 등을 채우는 것을 의미했는데, 16세기 중반 이후부터 죄를 저지른 공직자를 기소한다는 뜻으로 쓰였다. 이렇게 된 것은 동사 impedicare가 다른 동사 'impetere'(공격하다, 기소하다)와 혼동되었기 때문이라고 한다.

한자어 탄알 탄彈의 갑골문 형태는 활시위에 동그란 물체가 놓인 모습을 하고 있다. 한자어 탄의 오른쪽 부분인 단單은 그것 자체로 원래 갑골문에서는 성을 공격할 때 쓰이는 무기를 뜻하는 모양이었는데, 이후에 무기란 뜻이 소실되자, 활弓이란 의미 성분이 추가되어서 탄환彈이라는 새로운 글자가 만들어졌고, 여기에 창戈이 추가되어서 전쟁戰이 만들어졌다고 한다. 그 후 탄彈은 '폭탄'에도 쓰이고 '규탄'에도 쓰이게 되었다.

한자어 꾸짖을 핵劾의 원형은 해亥다. 해亥의 갑골문 형태는 사람의 머리 부분에 옆으로 그어진 지사문자의 부호가 덧붙여진 모양이었다. 원래 머리는 크고 몸과 다리는 짧은 아이들을 가리키는 글자였다. 또한 그런 아이들이 발음을 잘 못하는 상황, 혹은 그런 아이들이 웃거나 기침하는 상황을 뜻하기도 했다.

그러다가 해亥의 원뜻이 소멸되면서 이 글자는 십이지의 마지

막을 가리키는 글자로 변모했다. 그러자 다른 의미 성분들, 한편으로는 원래 뜻을 보존하기 위해서 아이子를 붙여 어린아이 해孩를, 또 입口을 붙여서 기침 해咳를 만들어낸 것이고, 다른 한편으로는 형태와 의미를 분화시키기 위해 나무木를 붙여서 씨 있는 과일 핵核을, 또 칼刀을 붙여서 새길 각刻을, 힘力을 붙여서 꾸짖을 핵劾을 새로 만들어낸 것이다.

꾸짖을 핵劾에는 다소간 해亥의 원뜻이 숨어 있기도 하다. 즉, 여러 사람이 죄지은 관리를 강력하게 꾸짖는 일을 뜻하는데, 강력하게 꾸짖는 양식 내지는 방법으로 죄지은 관리에게 침을 뱉는다咳는 역사적 관례가 숨어 있다고 해석된다.

국가의 주권이 국민에게 있다는 근대적 사상과 제도가 정착되기 이전의 전근대 사회에서 소위 군주를 탄핵하는 일은 거의 불가능했다. 중국 고대 역사책『한서』를 보면 "군주를 탄핵하는 일은 엄청난 불경죄劾大不敬"라는 표현이 보인다. 심지어 군주와 다른 의견을 표명하는 일조차 엄청난 불경죄여서, 반대 의견을 내놓을 때에는 지부상소持斧上疏라고 해서, "내 의견을 받아들일 수 없다면 이 도끼로 내 목을 치라"고 해야만 했다.

지금은 대다수 국민이 촛불을 들고 박근혜 대통령의 탄핵을 외치고 있다. 근대적인 사고방식과 정치 감각에 입각해 말한다면, 국민이 뽑은 대통령이 헌법과 법률을 위반하는 중대한 범죄를 저지른 것, 그리고 또 자신의 범죄에 대해서 제대로 반성하지 않은 채 계속 자행해온 여러 언행은 주권자인 국민에 대한 엄청난 불경죄라고 할 수 있다.

서구 근대 정치혁명의 여러 형태를 보면, 이러한 상황에서 타협적으로 명예혁명이 이루어지기도 했고, 끝내 저항하는 봉건 군주를 단두대로 보내기도 했다. 단두대란 일종의 기계장치로 진화한 도끼라고 할 수 있다. 정치적 단두대로 가기 직전에서야 박근혜는 "임기 단축을 포함한 진퇴 문제를 국회 결정에 맡기겠다"고 밝혔다. 하지만 이제 소위 '명예로운 퇴진'이란 결코 용납될 수 없는 상황이다.

2016년 11월 30일

축출

쫓아내거나 몰아내는 것을 뜻하는 단어로, 한자로는 '逐出'이라고 쓴다. 2016년 12월 3일 토요일의 촛불 집회를 보도한 CNN의 기사 제목에 들어간 단어다. 제목은 「시위자들이 축출을 위해 행진하다Protesters march for ouster」였다. 축출을 뜻하는 영어 동사는 여럿인데 그중에서도 지위·권좌·일자리에서 쫓아낸다는 뜻의 단어가 'oust'이며, 'ouster'는 그 명사형이다.

한자 '축逐'은 전서체 이후로 멧돼지豕를 쫓아가는辶 모습을 하고 있는데, 갑골문 자형은 멧돼지 혹은 사슴을 나타내는 글자 아래 '그칠 지止'의 갑골문 형태가 놓인 모양이다. '지止'의 갑골문 형태는 발가락이 벌어진 발바닥 혹은 그 발바닥의 자국 모양을 본뜬 것으로서, 여기에서는 '쫓아가다 혹은 쫓아가서 잡다'의 의미로 쓰인 것으로 해석된다.

어떤 직위에서 사람을 쫓아내는 축출과 관련된 어휘에는 여럿이 있다. 하야下野는 말 그대로는 권력자 내지는 고위 관리가 직위에서 내려와 시골로 간다는 뜻인데, 조정朝廷이나 재조在朝를 전제한다는 점에서 상당히 전근대적인 뉘앙스를 지닌다. 현대 중국문학 작품에서 하야는 루쉰의 1928년 수필 『예언의 모방』과 바진의 1933년 소설 『집』에서 쓰인 적이 있다.

하야란 말에 비해 사임 혹은 사직은 확실히 더 근대적이고 중립적이다. 사임 혹은 사직은 영어로 'resignation'이고 그 동사형 'resign'은 어근 'sign'(기호, 마크) 앞에 '반대'를 뜻하는 접두사 're'를 붙인 것이다. 현대의 사임 성명 중에서 가장 간결한 것은 1969년 드골의 것이다. "나는 공화국 대통령의 내 직무를 수행하는 것을 중지한다. 이 결정은 오늘 정오부터 효력을 발생한다."

드골은 국민투표에서 지면 물러나겠다는 자신의 약속을 지켜 사임했다. 사임 직전 그가 내놓은 정책안에 대한 국민투표가 있었는데, 여기서 진 것이다. 그런데 국민투표 결과와 상관없이 프랑스 헌법은 드골이 1972년까지 대통령직을 유지할 수 있게끔 보장하고 있었다. 그렇지만 드골은 국민투표에서 지면 물러나겠다는 자신의 약속을 지켜 사임했다. 그 국민투표에서는 프랑스 국민의 52.42퍼센트만이 반대했다.

한국 현대 정치사에서 특이한 축출 형태로는 1979년 박정희 살해 사건이 있었다. 물론 미국에서도 링컨이나 케네디가 암살된 적이 있기는 하지만 일반적으로 우리는 그것을 정치적 축출로 간주하지 않는다. 반면 10.26은 대다수 국민에게 당시 중앙정보부장 김재규에 의해서 박정희가 축출된 것으로 이해된다. 오늘날 밝혀진 바에 따르면 10.26 때 김재규가 총을 발사한 동기 중에는 박근혜와 최태민과의 관계도 있었다고 한다.

박정희 살해 사건에 대해 그 직후에는, 그리고 그 이후로도 상당 기간 동안 '시해弑害'라는 말이 쓰여왔는데, '시해'는 '하야'보다도 더 전근대적인 말이다. 시弑란 고대 중국에서 신하가 군주를 죽이는 일을 뜻했다. 박정희는 군주처럼 군림했을지언정 엄밀하게 따져서 공무원에 불과했고, 김재규도 마찬가지다. 김재규가 박정희를 죽인 일에 시弑라는 한자어를 쓰면 어리석을 일인 것이다. 국가의 주권이 왕이나 군주에게 있다고 인정해버리는 꼴이다.

나는 1987년 여름과 비교해 2016년 겨울이 훨씬 더 위대하다고 본다. 참여한 사람의 수나 사회적·계층적 구성에서도 그러하거니와, 단적으로 말해서 세밑 겨울 저녁 주말에 길거리에 나온다는 것은 참으로 무척 어려운 일이기 때문이다. 여러 면에서 이제 민주주의는 일상이 되었다.

우리는 지금 직접민주주의, 또는 참여 민주주의의 가장 극적이고도 진화된 형태를 만들어내는 중이며, 또 그것을 눈으로 보고 있다. 국민 절대 다수는 박근혜를 대통령 자리에서 하루라도 빨리 쫓아내려고 한다. 축출의 방식과 시기에 있어서 박근혜에게 부역하는 사람들은 여전히 남아 있지만, 부역자들은 다시 응징하면 된다. 박근혜의 즉각적 축출에 관한 국민 절대 다수의 민주적 합의는 이루어졌고, 이 합의는 박근혜를 향해 발사되었다. 즉각적 축출의 합의와 그 발사는 최종적이며 불가역적이다.

2016년 12월 7일

행장 책임

법조계에서 '행상 책임'이라고 잘못 부르고 있는 말이다. 행장行狀이란 사람이 죽은 뒤 그 평생 살아온 일을 적은 글로서 고전문학의 에세이 장르에 속한다. 또 이런 맥락과 취지에서 사람의 몸가짐과 품행 그 자체를 가리킬 때도 '행장'으로 읽는다. 비유적으로는 환유법에 해당된다. 이 말은 2016년 12월 초 추미애 민주당 대표와 김무성 전 새누리당 대표의 회동에서 거론된 적이 있다.

'행장'은 1970년대 중반 국어책에 실린 유명한 『조침문』에 나오는 한자어다. 조선 후기 슬하에 자녀 없이 과부가 된 윤씨는 아끼던 바늘이 부러지자 바늘을 의인화해서 그 섭섭함을 표현했다. 작중 화자는 바늘의 행장과 화자의 회포를 총총히 적어 바늘과 영결한다고 분명히 밝혔다. 한국어에서 '狀'은 문서, 서류, 편지 등을 뜻할 때는 '장'으로, 모양, 형상 등을 뜻할 때는 '상'으로 읽는다. 영장, 소환장, 면허장, 독촉장 등에서는 '장'이며, 상황, 상태, 정상참작 등에서는 '상'이다.

'행장 책임'이라는 용어는 일본이 독일 형법사상을 수용하는 과정에서 메츠거Mezger 등의 이론에 붙인 이름이다. 즉 이 말은 근대 독일의 형법사상 논쟁과정에서 제출된 성격책임론 내지 인격책임론과 관련이 있다. 특히 바로 그 성격과 인격을 구성한다고 상정되었던 피의자의 몸가짐 및 품행, 즉 행장에 초점이 맞춰진 개념이다.

그러나 행위자의 성격 내지 인격에서 사회적 위험성의 근거를 구하고 그에 입각해 법적 책임을 묻는 일은 결코 간단하지 않다. 독일 형법사상사를 보면, 우선 소위 위험한 성격의 규정에 있어서 생래적인 것을 포함시킬 것인가 아니면 그를 배제하고 소위 '행장'에 의해 후천적으로 형성된 것만을 넣을 것인가 하는 논쟁이 있었다. 더 나아가 대체로 성격책임론 내지 인격책임론은 형벌 중에서도 목적형을 과도하게 강조하고, 형벌이 아닌 보안 처분 등을 너무 쉽게 정당화한다. 개별적인 범죄 행위에 대해 법이 정한 바에 따라서 책임을 묻는다는 통상의 사회적 합의를 위반할 가능성이 크다.

그런데 박근혜의 책임을 논할 때 우리가 가장 경계해야 할 것은 우리 자신도 모르는 새 '디테일에 숨은 악마'에 홀려버리는 것이다. 박근혜의 책임은 좁은 의미의 법률적 책임에 한정되는 것이 아니다. 국민의 분노는 무엇보다 박근혜의 정치적·사회적·역사적 책임을 향해 있다. 디테일의 악마가 숨어 있는 법률 책임이나 형사

책임은 그 아래 내지 그다음 단계의 문제인 것이다.

미국 영화감독 마이클 무어는 트럼프의 대통령 당선 가능성을 예측한 글에서 트럼프를 "파트타임으로는 어릿광대이고 풀타임으로는 소시오패스"라고 규정한 바 있다. 무어의 발상에 착안해서 말한다면 흉악하고 잔혹한 살인범인 유영철, 강호순 등이 소시오패스인 것과 같은 정도로, 박근혜는 풀타임으로 폴리티코패스politicopath다.

박근혜는 주권재민의 정치과정에 관한 한 사이코패스이며, 민주적 정치 책임에 관한 한 소시오패스다. 국민 절대 다수가 공공의 적이자 민주공화국의 적인 박근혜를 하루라도 빨리 대통령 자리에서 몰아내고 싶어하는 이유다. 어떤 경우라도 지금보다 더 나빠질 수는 없다는 게 대다수 국민의 생각이다.

며칠 전 박근혜가 '피눈물' 운운했다는 보도가 있었다. 그러나 이 피눈물 역시 소시오패스 내지는 폴리티코패스의 피눈물에 불과하다. 박근혜는 위안부 할머니의 피눈물, 세월호 유가족의 피눈물을 결코 이해하거나 그에 공감하지 못한다. 생활고에 시달리다 자살한 '세 모녀'의 피눈물도, 가방에 컵라면을 넣고 다니며 일하다가 감전사한 청년의 피눈물도.

영어 단어 책임responsibility의 어원적 의미는 '응답 가능성'이다. 문제는 박근혜로 끝나 버리는 게 결코 아니다. 지금까지의 촛불 집회에서 국민은 박근혜의 즉각적인 축출 외에 사회 전반의 개혁과 진보에 대한 열망과 요구를 명백히 표출했다. 이에 대해 제도권 정치인들이 제대로 응답하지 못한다면, 국민의 횃불은 이제 여

의도로 향할 것이다.

2016년 12월 14일

공화.

공화란 말은 19세기 중후반 동북아시아에서 번역어로 만들어졌다. 이미 있던 말인 공화共和를 'republic'에 대한 번역어로 가져다 쓴 것이다. 영어 republic은 라틴어 'res publica'에서 나왔다. res는 사물, 물건, 재산을 뜻하는 명사이고 publica은 '공적인'이라는 뜻의 형용사다. 어원을 그대로 살린다면 republic은 '공적인 것, 자산, 일' 등으로 풀이되며, 그래서 영어권에서는 'common wealth'라고 풀어쓰기도 했다.

사마천의 『사기』 본기에는 주나라의 폭군 얘기가 나온다. 여왕厲王은 포악하고 사치스럽고 교만해서 백성이 들고 일어섰고 그는 나라 밖으로 달아났다. 왕이 없는 상황에서 소공과 주공 두 재상이 정무를 함께 맡게 되었는데 이때부터 연호를 '공화'라고 했다는 것이다.

한가지 공共은 갑골문에서 양손으로 무엇인가를 받쳐 든 모습을 나타내고, 화할 화和의 금문 자형은 입으로 갈대 피리龢를 불어서 하모니를 만들어내는 모습을 압축적으로 표현한 것이다. '和'는 고대 중국에서 애초에는 소리나 맛의 조화라는 뜻이었다가 점차 인간관계나 사회관계로 의미가 확장되었다.

근대 이전에는 없던 정치 제도를 가리키는 개념적 표현인 republic과 'democracy'가 동북아시아에 소개되었을 때 이것들을 어떻게 번역할지는 매우 곤란한 문제였다. 제도를 실제로 체험하지 못한 상황에서 republic과 democracy가 서로 헷갈리는 건 당연했다. republic이 '민주국民主國'으로, democracy가 '공화정치共和政治'로 번역되던 때도 있었다. republic이 국가 형태를 가리킬 때 민국民國이란 번역어를 썼는데 이는 오늘날 대한민국이나 중화민국이라는 말에 살아 있다. 또 republic은 '합중정치지국合衆政治之國'으로 번역되기도 했다. 그러다가 결국 republic과 democracy에 대해서 각기 공화와 민주라는 번역어가 정착된 것이다.

민주란 말은 고대 중국에서 말 그대로 백성의 주인, 곧 군주를 뜻했다. 그런데 놀랍게도, 갑골문에서 民은 눈동자를 바늘과 같은 것이 찌르는 형태를 하고 있다. 즉, 일부러 눈을 멀게 만든 노예를 가리키는 말이었다고 해석된다. 그 후 백성 민民이 백성 일반을 가리키게 되면서 원뜻이 소멸되자 원뜻을 보존하기 위해서 맹氓 자를 새로 만들었는데, 이 글자 역시 나중에는 백성 일반을 뜻하게 되었다.

democracy는 그리스어에서 'demos'(인민, 민중)에 의한 지배를 뜻하는 말이다. 원래 demos는 고대 도시 아테네 주변의 지역들 및 그 지역에 사는 주민을 가리켰다. 군주정이나 귀족정이 성행하던 고대에는 democracy가 부정적으로 다뤄지기도 했지만, 근대에 와서는 역전되었다. 어디에서든 민주공화국이 대세가 된 것이다.

democracy의 반대말로는 dictatorship(독재 정부), hierarchy(위계), bureaucracy(관료주의) 등을 꼽을 수 있을 것이다. 이 말들의 어근은 각기 독재자의 말, 신성한 것, 사무실의 책상이며, 특권, 반칙, 부정부패, 정경유착, 비밀 등의 의미를 공유한다. 쉽게 말해서, 민주주의는 특권 등을 결코 용납하지 않는 것이다.

영어 'private'의 라틴어 어원은 'privare'(탈취하다)다. 즉, 공동체에 속하는 것을 탈취해서 사적인 것으로 만드는 행위나 과정, 혹은 그 결과물 등을 나타낸다. 라틴어에서는 private(사적인)과 republic(공동체의 것)이 의미상 직접 연결되어 있었던 것이다.

republic의 구성 요소인 public은 라틴어 pubes(성년 주민)에서 생겨났다. 성년 주민의 세계에 한해 공적이란 의미를 사용한 것은 오늘날의 관점으로는 매우 불합리해 보이지만, 어쨌든 pubes는 영어 단어 puberty(사춘기)에 남아 있다.

오늘날 한국에서는 수많은 사람이 촛불을 들고 민주공화국의 역사적·어원적 의미를 구현하고 있다. 그중에 젊은 사람이 많다는 것은 매우 고무적이다. 공동체의 것, 공공의 것, 공화국 등을 주인인 민중이 지켜내는 일에는 성년과 미성년이 따로 있을 수 없다.

2016년 12월 21일

법꾸라지

'법률 미꾸라지'의 혼성어다. 인맥, 정보, 지식 등과 결합된 법률 권력 및 기술을 이용해 미꾸라지처럼 민주 질서를 흐려놓으면서 법에 의한 처벌을 능수능란하게 피해가는 사람을 가리킨다. 같은 조어법으로 만들어진 말로 한국어에는 기레기, 혼밥 등이 있고, 일본어에는 가라오케, 포케몬 등이, 영어에는 네티즌, 브런치 등이 있다.

이러한 혼성어를 영어로는 'portmanteau'라고 한다. portmanteau는 이등분되면서 열리는 가방을 가리키는데, 이 말 자체가 '운반자+망토'라는 어원의 프랑스어에서 온 합성어다. 루이스 캐럴의 『거울 나라의 앨리스』에서 혼성어의 대표 사례로 처음 거론되었다.

미꾸라지의 중세 어원은 '믯구리' 혹은 '믯그리'다. 현대어 '미끄럽다'를 중세에는 '믯그럽다'라고 표기했다. 한자어로는 추어鰍魚 혹은 이추泥鰍라고 하며, 추鰍는 추鰌로 쓰기도 한다. 한편 거의 모든 나라에서 미꾸라지는 교활하게 빠져 도망가는 사람이나 상황을 빗대는 말로 쓴다.

법法의 고대 금문 자형은 '물氵 + 가다去 + 해태廌'로 구성되어 있었다. 서울 경복궁에도 있는 해태는 동북아시아의 대표적 상상 동물인데,『설문해자』를 보면, "멧소를 닮았고 뿔이 하나인데, 옛적에 송사를 판결할 때 해태로 하여금 정직하지 않은 쪽을 들이받게 하였다"고 적혀 있다. 오늘날의 법法 자는 '해태'가 생략된 꼴이다.

법꾸라지와 관련된 말로는 법비法匪와 떡검이 있다. 성공회대 한홍구 교수의 설명에 따르자면, 법률 도적이란 뜻의 법비는 일제 때 만주에서 법을 이용해서 혹독하고 무자비하게 사람들을 몰아대는 일본 관리들을 가리키는 말이었다고 한다. 자신의 입신영달과 정치적 이해관계를 위해 법률 조문을 내세우고 법률 기술을 마치 금고털이 기술처럼 써먹는 자들이 바로 법비라는 것이다.

떡검은 '떡값을 받아먹은 검찰'이라는 뜻으로 한국 검찰을 조소하는 표현인데, 2000년대 중반 소위 '삼성그룹 X파일' 사건과 관련된 불법 행위를 수사하는 과정에서 유행하기 시작했다. 당시 노회찬 의원은 단지 떡검들의 실명을 공개했다는 이유로 통신비밀보호법 위반으로 국회의원직을 빼앗긴 적이 있다.

최근 대표적인 법꾸라지로 거론되는 사람은 김기춘, 우병우, 진경준 등이다. 이 가운데 진경준은 재판을 받고 있기는 하지만, 얼마 전 1심에서 핵심적인 혐의인 '넥슨 공짜 주식' 관련 특정범죄가중처벌법상 뇌물 혐의에 대해 직무 관련성이 인정되지 않는다는 이유로 무죄를 선고받았다.

법꾸라지에게는 몇 가지 공통점이 있다. 우선, 최고 권력자의 신임을 얻어 권력을 휘두르는 높은 자리에 앉은 다음 이곳저곳에 자기 사람을 앉힌다. 소위 우병우 사단이 대표적인데, 언론 보도에 의하면, 우병우 인맥은 검찰은 물론이고 국가정보원, 경찰, 국세청, 국방부 등 주요 보직에 포진해 있다고 한다.

법꾸라지의 다른 노하우로는 '블랙리스트' 활용이 있다. 이것은 앞의 방식과는 달리 사람을 자르고 쳐내는 것이다. 문화계에서 김기춘이 주도해서 만들어졌다고 주장하는 소위 김기춘 블랙리스트에는 거의 만 명에 이르는 사람이 명단에 올라 있다.

법꾸라지는 '황제 소환'과 '치매 코스프레'에 능하다. 조사하는 검사들 앞에서 팔짱끼고 담소할 수 있어야 하며, 청문회 등에서는 증거를 마주하기 전까지 무조건 '모른다'고 잡아뗄 수 있어야 한다. 증거가 나오면 이중부정에 의한 완곡어법을 구사한다. "못 들었다고는 말할 수 없겠다."

법꾸라지들은 젊은 시절부터 법망을 피하는 훈련을 받는데, 두드러기 정도 가지고 군 면제를 받는다거나 '코너링'이 좋아서 '운전병 꽃보직'을 받는다거나 하는 게 바로 그런 예다. 그 후에는 다운 계약서 작성 및 위장 전입 등을 이용한 부동산 투기 등으로 능력을 키운다.

한국의 법꾸라지들은 권력 남용, 인사 개입, 탈세, 논문 표절, 뇌물 수수, '오리발 내밀기' 등에 아주 능하다. 그러니까 2016년 한국에는 크게 두 부류의 동물들이 서식하는 것으로 밝혀진 셈이다. 한쪽에는 닭과 미꾸라지와 장어가, 그리고 다른 한쪽에는 개돼지가.

2016년 12월 28일

post-truth

옥스퍼드 영어사전을 간행하는 옥스퍼드대 출판부의 사전 부서에서 2016년 11월에 올해의 말로 꼽은 단어다. 객관적인 사실이 감정과 개인적인 신념에의 호소에 비해 여론 형성에 영향을 덜 미치는 상황, 혹은 그에 관련된 상황을 가리킬 때 쓰는 형용사다. 이 말이 올해의 말로 선정된 직접적인 계기는 영국의 브렉시트와 미국 대선이라고 한다.

접두사 'post'는 일반적으로 이 접두사 다음에 나오는 어근이 가리키는 특정한 사건이나 사태나 상황에 대해서 그저 단순히 이후나 사후 내지는 후기나 후대를 가리키는 것이 보통이다. post-war(전쟁 이후) 등이 바로 그러한 예다.

그런데 'post-truth'에서 post는 그다음 어근이 가리키는 것이 더 이상 중요하지 않게 되거나 부적절하게 된 시기에 속한다는 점을 좀더 강조한다고 할 수 있다. 쉽게 말해 진실이나 진리가 더 이상 중요하지 않거나 영향력이 없게 된 시기라는 뉘앙스가 강하다. 포스트모더니즘이나 포스트식민주의와 같은 말은 한편으로는 '이후'라는 뜻을, 동시에 다른 한편으로는 모더니즘이나 식민주의로부터 '벗어나다脫'의 뜻을 갖기도 한다.

이런 취지에서 post-truth라는 말을 처음 쓰게 된 것은 1992년이었는데 이때는 이란 콘트라 스캔들과 걸프만 전쟁으로 인한 정치적 환멸이 컸다. 이란 콘트라 스캔들은 1980년대 말 미국 레이건 정부가 적국 이란에 대해 무기를 불법적으로 판매하고 그 이익금으로 니카라과의 산디니스타 정부에 대한 반군인 콘트라 반군을 지원한 추악한 정치 스캔들이다.

옥스퍼드대 사전 부서가 2016년 올해의 말 후보로 뽑은 다른 단어들은 다음과 같다.

- adulting: 명사 adult(어른)를 동사로 전용한 뒤 'ing'을 붙여서 이를 다시 명사로 만든 것이다. 책임지는 성인의 특징에 맞게 행동하는 관행, 특히 세속적이지만 필수적인 일들을 성취하는 것을 가리킨다. 새 천년에 태어난 신세대가 어른이 되어가는, 함정과도 같은 과정에 대해 느끼는 양가적 태도를 반영하고 있다고 한다. 우리말로 하면, '어른질'.
- alt-right: 대안적 우파의 약자로서 미 대선에서 트럼프를 지지했던 사람들 일부를 가리킨다.
- Brexiteer: 브렉시트에 찬성하는 사람.

- chatbot: 인터넷 등에서 인간과의 대화를 시뮬레이션 하도록 만들어진 컴퓨터 프로그램.
- coulrophobia: 광대공포증. 광대에 대한 극단적이고 비합리적인 공포. 영국만의 특별한 문화적 현상이다.
- glass cliff: 유리 절벽. 여성이나 마이너리티의 구성원이 실패할 위험이 큰 어려운 상황에서 리더 자리에 오르는 상황과 관련 있다. '유리 천장'을 뚫고 올라가는 일에서 영국 수상 테리사 메이는 성공했고 미국 대선 후보 힐러리 클린턴은 실패했다.
- hygge: 하이지. 덴마크어로 '아늑함'을 뜻한다. 만족감이나 복지 혜택을 받는다는 느낌을 주는 편안하고 아늑하고 안락한 상태를 가리키는 말로, 스칸디나비아 국가들의 사회문화적 특징으로 간주된다.
- Latinx: 라틴계. 남아메리카 출신 또는 혈통의 사람. 남성을 가리키는 Latino나 여성을 가리키는 Latina에 비해 중립적이다.
- woke: '깨어 있다.' 사회의 불의나 부정의에 대해서 민감한 상태. 한국에서도 이미 '깨시민(깨어 있는 시민)' 등에서 사용된다.

post-truth와 관련해서 한국사회의 상황을 돌이켜본다면, 우리는 '포스트-박정희'와 '포스트-박근혜'를 말할 수 있을 것이다. 한국사회의 성장 신화인 박정희와 그 사이비 상속자인 박근혜는 더 이상 한국사회의 정치적 지표가 될 수 없다.

이제 본격적인 저성장 사회가 되어버린 한국에서는 세대 간 격차에 상응하는 세대 간 윤리, 세대 간 정의, 세대 간 형평, 세대 간 계약 등이 매우 중요하다. 일자리도 없고 다양한 갑질에 무방비 상태로 노출되어 있는 젊은 세대의 목소리에 사회 전체가 귀를 기울여야 한다. '포스트-탄핵'이나 '포스트-촛불'의 가장 핵심적인 이슈도 바로 그것이다.

2017년 1월 4일

국가

국가란 단일한 통치 체제 내지 지배 권력 아래 사는 사람들로 이루어진 정치 공동체로서, 비교적 명확한 영토를 갖고 있고 대개 주권을 행사한다. 연방국가에 속하는 개별 국가들은 주권에 제약이 있는 경우가 있다. 주권을 지닌 국가를 특별히 주권국가라고 한다.

박근혜-최순실 게이트에서 내내 문제가 되는 것이 대한민국의 국가 정체성이다. 사람들은 박근혜와 최순실이 국가 기밀을 주고받은 것에 분노하며 '국가 시스템'이 무너졌다고 개탄한다. 특히 최순실이 국가 예산과 인사를 주무르면서 국가의 공적 자원과 네트워크를 이용하여 재벌들로부터 엄청난 돈을 거둬들인 일, 그리고 딸을 대학에 부정 입학시킨 일에 대해서도 "이게 국가인가"라며 탄식한다.

국가는 영어로 'state', 독일어로 'Staat', 불어로 'État'인데, 이 셋 모두 '상태'를 뜻하는 라틴어 'status'에서 나왔다. 이 라틴어가 그대로 살아남은 형태인 영어 status는 상태나 조건, 즉 신분, 등급, 서열 등을 뜻한다. 쿠데타coup d'État는 말 그대로 '국가에 가하는 타격'을 의미한다.

키케로가 살던 시절 고대 로마에서는 'status rei publicae'(국가의 상태)라는 말이 쓰였는데, 이것은 국가 공동체의 구조 내지 체제의 특정 유형을 뜻하는 말이었다. 굳이 오늘날의 영어로 번역하자면 이 말은 'constitution'이나 'regime'에 해당한다. 이 말이 그저 status로 줄어들면서 근대적 의미의 법적·정치적 국가를 의미하게 된 것이다. 이를 근대적 의미에서 최초로 사용한 이는 마키아벨리라고 알려져 있다.

한자 국國의 갑골문 자형을 보면 혹或 자의 형태를 하고 있었음을 알 수 있다. 애당초 或은 형태상 성곽口을 무기戈로 지킨다는 뜻이었는데, 나중에 이 뜻이 소실되자 다시 성곽口을 추가해서 국國이라는 글자를 만든 것이다.

19세기 중후반 일본에서 서양어를 한자어로 번역할 때, 가장 골치 아팠던 일 가운데 하나가 사회society와 정부government와 국가state를 서로 개념적으로 구분해내고 그에 따른 합당한 번역어를 만들어내는 것이었다. 후쿠자와 유키치는 '국가'는 '정부'와 '인민'으로 구성된다며 이것들을 서로 구분해내고자 했다. 1880년대 일본의 철학 어휘 사전을 보면 state가 이미 '국가'로 번역되어 있다. 그 이전에는 그저 '국'이라는 번역어도 있었다는 점을 염두하면,

1889년 일본에서 메이지 헌법이 만들어지면서 위로부터의 근대적 국민국가 형성이 인민에게 강요되었던바 일본의 독특한 사회적·정치적 상황이 '국가'라는 번역어에 반영되어 있다고 추정할 수 있다.

프랑스 대혁명과 같은 아래로부터의 근대적 정치 혁명의 경험이 결여된 일본과 중국, 그리고 한반도에서는 위로부터의 정치적 근대화 과정에 '국가=가족'이라는 이데올로기가 필요했던 것이다. '국부 이승만'이라든가 '어버이 수령 김일성' 등의 표현은 바로 그 봉건적인 '국가=가족' 이데올로기가 극명하게 악용된 사례라고 할 수 있다.

근대국가는 특별히 'nation state'라고 불린다. nation은 국민을 뜻하기도 하고 민족을 뜻하기도 해서 'nation state'는 '국민국가' 혹은 '민족국가'로 번역되어왔다. 여러 민족, 혹은 에스닉 집단으로 구성된 국가가 지구에는 더 많고 이들 국가 역시 '국민'으로 이루어진다는 점에서 '국민국가'란 번역어가 상대적으로 더 타당하다. 그러나 nation이 갖는 복합적 의미를 고려해 학계에서는 그저 '네이션 스테이트'라고도 더러 쓴다. 국가 및 국민과 관련해 잘못 번역되어온 대표적 사례가 나치즘과 관련해서다. 엄밀히 말해서, 나치즘은 '국가사회주의'가 아닌 '국민사회주의national socialism'라고 번역해야 맞다. '국가사회주의state socialism'는 제1차 세계대전 당시 독일의 '국가자본주의'적 총력전 체제를 가리켰다. '국가사회주의'는 1990년대 초에 몰락한 역사적 사회주의 체제를 가리키는 말이 되기도 했다.

2017년 1월 11일

경제.

근대적인 의미로는 상품과 서비스의 생산, 유통, 소비로 이루어진 인간활동과 사회관계를 가리킨다. 영어 'economy'에 대한 번역어로 19세기 중반에 채용된 것인데, 좀 더 파고들어가서 말하자면, 이 말은 유럽의 고전파 경제학을 지칭하던 'political economy'를 한자어로 번역했던 과정과 맞물려 있다.

economy의 어원은 고대 그리스 말로 'oikonomia'로, 'oikos'(집, 가정)와 'nomos'(법, 규범)의 합성어다. 16세기 후반까지 영어 'economist'는 가정 관리인을 뜻했다. 17세기에 들어서면서 economy는 자원을 적절하게 절약해서 쓴다는 의미를 갖게 되었다.

economy가 가정뿐 아니라 다양한 공동체에도 사용되면서 생겨난 말이 political economy다. 이 말을 제목으로 달고 있는 17세기 초의 책들은 일단 군주의 통치에 관해 논하면서, 부의 원천, 상업활동, 식민지 문제 등도 함께 다루고 있다. 18세기가 되면서 political economy는 고전파 경제학을 가리키는 말이 되었고, 그 후 정치학과 구분되거나 정치학적 논의를 배제하는 현대 경제학이 성립되는 과정에서 political이 떨어져 나갔다.

한자 문화권에서 경제經濟라는 말의 전거로는 중국 고대 『포박자』의 '경세제유經世濟裕', 『문중자』의 '경제지도經濟之道' 등을 꼽을 수 있다. 이 말들은 '나라를 다스리기 위해서 백성을 구한다'는 의미를 담고 있는데, 송나라 때 이르러서 경세제민經世濟民이라는 말이 나타났다.

18세기 초반 일본 다자이 슌다이太宰春台의 저서는 『경제록』(1729)이라는 제목을 달고 있다. 19세기 일본에서는 economy를 제산학制産學, 가정학家政學, 국가의 활계活計 등으로 번역하기도 했는데, 후쿠자와 유키치의 계몽적 저작들에 의해 최종적으로 경제 및 경제학이라는 번역어가 정착된 것이다.

최근 국내외 예측에 의하면 올해 한국의 경제성장률은 2퍼센트를 겨우 넘길 것이라고 한다. 한편 특검은 삼성의 이재용에 대한 구속영장을 청구하면서 "경제보다는 정의를 세우는 일이 더 중요하다"고 밝혔다. 삼성이 최순실에게 몰아준 돈은 원래 박근혜에게 갈 뇌물이라는 게 특검의 판단이다. 반면, 삼성 측은 다음과 같이 반박했다. "삼성은 뇌물을 공여한 적이 없다. 승마 지원은 강요 및 협박 때문이고, '대가성이 없다'는 청문회에서의 진술은 거짓이 아니다."

특검이 경제에의 영향을 고려하면서도 정의가 더 중요하다고 내세운 것은 한국 역사상 획기적인 일이다. 건국 이래 거의 70여 년간 한국의 기업, 특히 재벌들은 음양으로 각종 특혜와 특권을 누리고 부정부패와 정경유착 등을 저지르면서도 처벌을 받지 않았다. 그때마다 지배층 및 사법계가 내세운 논리는 '경제에의 영향'이다. 비록 중한 죄를 저질렀다고 하더라도 경제에 나쁜 영향을 줄 우려가 있으므로 기업인과 재벌 총수를 제대로 처벌할 수 없다는 억지 논리였다. 이런 점에서 나는 특검의 획기적인 영장 청구를 매우 높이 평가한다.

하지만 아쉬운 점도 없지 않다. 우선, 삼성 및 이재용의 잘못은 뇌물죄를 범한 데만 있는 게 아니다. 제일모직과 삼성물산의 합병에서 국민연금이 입은 손실은 수천억 원에 해당된다고 알려져 있다. 이 손실은 결과적으로 국민의 손실이다. 결국, 국민의 주머니에서 나온 돈을 삼성이 가로챈 것이다. 무엇보다 이 점을 명확히 해야 한다.

그다음으로, 경제와 정의가 대립된다는 거짓 논리에 여전히 매몰되어 있는 것도 문제다. 경제를 활성화시키고 효율적으로 만드는 데 있어 가장 중요한 일은 사람들로 하여금 '경제'의 본뜻을 제대로 실감하도록 하는 것이다. 어원적 역사에서 살펴보았듯이, 경제라는 것은 투입한 것 이상의 효율로, 또는 최소한 투입한 것만큼 산출되도록 디자인된 인간 활동이다. 보통 사람들은 이것을 '일한 만큼 대접받는 사회'라고 표현해왔다. 정의를 내세우는 일은 어떠한 경우에도 경제를 망가뜨리지 않는다. 오히려 정의를 끝까지

관철시킴으로써만 경제는 효율적·효과적으로 굴러가는 것이다.

2017년 1월 18일

버즈.

영어 'buzz'를 소리 나는 대로 옮겨 쓴 말이다. 원래 의성어인 buzz는 벌 따위의 곤충이 내는 소리를 가리켰다. 요즘에는 사람들이 소셜미디어 등을 통해 어떤 사안에 대해서 말하거나 퍼나르는 것, 즉 소셜미디어에서의 입소문을 뜻한다. 소비자나 유권자의 관심사를 파악하기 위해서 경제나 정치에서의 마케팅에서 중시되고 있는 것이 바로 버즈 분석이다.

buzz는 영어권에서 이미 17세기에 '바쁘게 돌아다니는 소문'이라는 의미로 쓰였다. 윙윙대며 바삐 날아다니는 벌 등이 내는 소리로부터 비유적으로 사용된 것이다. 20세기 초에 들어서는 비행기가 내는 소리를 뜻하기도 했고 전화 벨 소리 등을 뜻하기도 했다.

buzz 소리를 내는 전기 장치인 'buzzer'를 일본에서는 오래전부터 'ブザー(부자)'라고 표기했다. 이로부터 우리나라에서도

'버저를 누르다' '버저가 울리다'라는 표현이 사용되었다. 1990년대에 히트한 농구 만화『슬램덩크』를 그린 이노우에 다케히코의 다른 작품으로『버저 비터buzzer beater』가 있는데, 버저 비터는 농구의 쿼터 종료 버저가 울리기 직전에 날린 슛을 뜻한다. 부저가 버저로 표기되기까지에는 영어 단어의 한국어 표기라는 점에서 일정한 진화가 있는 것이다.

버즈 데이터는 흔히 말하는 빅 데이터와 그 실체가 같다. 다만, 버즈 데이터 혹은 소셜 버즈 데이터라고 부를 때에는 마케팅을 목적으로 데이터를 수집하고 분석한다는 뉘앙스가 강하다. 아무튼 그 통계 분석 결과를 클라이언트가 쉽게 알 수 있도록 적절하게 시각화하고 수치화하기까지의 과정이 바로 버즈 분석이고 소셜 분석이다.

그런데, 버즈 데이터와 그 분석을 강조하는 데는 전혀 확정되지 않은 가설들이 깔려 있다. 가령 소위 버즈 분석 전문가들이 통찰력 있는 분석 결과를 제대로 제시할 수 있다든가 혹은 버즈 분석이 다른 여론조사 및 마케팅 조사 등과 비교해 더 쉽고 빠르고 싸다거나 혹은 실시간적이고 광범위하기 때문에 더 유의미하고 신뢰할 만하다는 등의 가설이 그것이다.

버즈 분석은 일종의 정치적·사회적 알리바이 내지는 변명으로도 종종 쓰인다. 예컨대 이렇다. 반기문 캠프는 "귀국 이후 일주일 동안 반기문에 대한 온라인상 평가가 나쁘지 않다"는 내용의 보도 자료를 언론 기관에 돌렸다. 언론사들은 보도 자료를 바탕으로 해서 기사를 썼는데, 요지는 "반기문에 대한 온라인상 평가가 도널드 트럼프 미국 대통령에 대한 추이와 유사한 패턴이라는 결론도 얻었으며, 귀국 이후 잇단 구설수에도 긍/부정적 언급의 추이가 우호적으로 나타났다"는 것이다.

나는 그 기사를 보면서 반기문 캠프가 '반기문의 지지율 하락을 매우 걱정하고 있구나'라고 행간을 읽었다. 반기문 캠프는 버즈 분석을 위해 상당한 돈을 쓴 것이다. "돈이 없어서 정당에 들어간다"는 반기문의 발언을 놓고 생각해보면 반기문 캠프가 버즈 분석을 통한 정치 마케팅에 쓴 돈의 비중을 잘 알 수 있다.

반기문 캠프가 발표한 버즈 조사가 기존의 정치 여론조사와 다른 결정적이고도 치명적인 차이는 다른 후보들에 대한 소셜미디어상의 언급, 노출 횟수 등을 전혀 알려주지 않는다는 점이며, 또 각 후보별 지지도의 시계열적 변화 추이도 알려주지 않는다는 점이다. 즉, 반기문에 대한 온라인상의 언급이나 노출 횟수 그 자체만을 놓고 볼 때 절대적으로 '나쁘지 않다'는 얘기일 뿐이다.

반면에 가장 최근의 리얼미터 주간 정례조사 결과를 보면, 반기문의 지지율이 10퍼센트대로 떨어진 반면, 문재인의 지지율은 30퍼센트 선에 육박하는 것으로 나타났다. 이재명이 3위, 안철수가 4위였고, 이어 안희정, 황교안, 박원순, 유승민, 손학규, 심상정 등의 순이었다.

1990년대 중반 무렵부터 인터넷과 디지털 테크놀로지가 세상을 바꿀 거라는 얘기가 무성했다. 어느 정도 세상이 바뀐 것도 사실이다. 지하철을 타보면 사람들은 죄다 스마트폰에 얼굴을 묻고 있다. 신문을 보는 사람을 찾기란 하늘의 별 따기보다 어렵다.

촛불 집회가 활성화되는 데도 소셜미디어가 큰 역할을 했다. 하지만 꼰대 세대인 나는 소셜미디어란 말 앞에 붙은 '소셜'이 매우 낯설다.

2017년 1월 25일

You're Fired!

한국어로 "넌 해고야!"로 번역되는 이 말은 트럼프가 미 대통령이 되기 전에 진행하던 취업 면접 리얼리티 쇼 「어프렌티스」(견습생)의 마지막 장면에서 매번 쓰던 말이다. 서바이벌 쇼인 이 프로그램에서 패배한 팀은 트럼프의 회의실로 불려가 패배의 원인에 대해 토론한다. 패배의 원인 제공자로 지목된 참가자에게 트럼프는 손가락질을 하면서 이 말을 내뱉었던 것이다.

이 말은 최근 트럼프의 '반이민·반난민' 행정명령에 대한 항의 시위에 등장했다. 대통령 트럼프에 대해서 미국 시민 상당수가 "넌 해고야!"를 외치고 있는 것이다. 이번 시위는 트럼프의 여성 혐오 발언에 대해서 트럼프 취임식 다음 날에 분홍빛 고양이 털모자pussy hat를 쓴 수십만 명의 미국 여성이 항의 행진을 벌인 지 겨우 일주일여 만에 다시 벌어진 시위였다.

영어 'fire'가 해고의 의미를 갖게 된 것은 19세기 후반 무렵이었다. 오래전부터 쓰이던 더 딱딱한 말 'discharge'(해고하다)가 총이나 로켓을 발사한다는 의미도 갖고 있었기 때문일 것이라 추정된다. 해고하다란 뜻으로 쓰이기 전부터 fire는 사람을 어떤 장소에서 몰아낸다는 뜻으로 일반적으로 쓰였다. 예컨대, 셰익스피어의 144번 소네트의 마지막 행은 이러하다. "내 나쁜 천사가 내 좋은 천사를 몰아낼 때까지Till my bad angel fire my good one out."

대통령을 해고한다는 것은 법률적으로 한국에서 진행되고 있듯 대통령을 탄핵한다는 뜻이다. 트럼프의 탄핵은 법적으로 근거가 있다. 미국 수정헌법 제1조는 종교의 자유를 보장하고, 미국 연방대법원은 수정헌법 제14조에 의거해 시민의 자유가 연방정부나 주정부에 의해 침해되지 않도록 보장하고 보호해왔다.

트럼프는 아무런 근거도 없이 단지 무슬림이라는 이유로 무슬림들의 이민이나 무슬림 난민의 입국을 행정명령을 통해 저지했다. 트럼프는 미국 헌법이 보장하는 시민적 자유를 침탈함으로써 헌법적 질서를 해치고 있는 중이다. 물론, 미국 상하원은 공화당이 다수이기 때문에 트럼프의 탄핵이 실질적으로 이뤄지기는 어렵다. 한편, 뉴욕의 연방지방법원 판사는 미국 땅에서 이민자를 억류하는 것이 법에 따라 평등한 보호를 받는다는 헌법 규정의 위반이라는 판결을 내리기도 했다.

박근혜에 대한 헌재 판결이 무산될 수도 있다는 뉴스가 흘러나오는 상황에 놓인 우리로서는 '내 코가 석자'인 만큼 미국의 헌정 질서가 유린되는 것까지 염려할 여유가 없다. 하지만 트럼프의 이번 행정명령이 종국적으로 소위 테러와의 전쟁의 복제판으로 연결되어버리는 것은 아닐까 하는 우려를 금하지 않을 수 없다.

9.11 이후 미국은 그릇된 정보, 조작된 정보를 내세워서 이라크 전쟁을 일으켰다. 이라크 전쟁은 테러리즘을 억제하고 평화를 증진시키기보다는 이라크 국가 체제를 붕괴시키고, 많은 사람을 죽거나 다치게 하고, 과부와 고아를 수없이 만들어냈다. 미국의 잔학한 행위는 중동에서 사회 혼란과 정치 불안만을 초래했을 뿐이다. 또 미국은 테러와의 전쟁을 핑계 삼아 관타나모에서 불법적인 감옥을 운영하면서 야만적 고문을 숱하게 자행했다.

테러가 비난받는 가장 큰 이유는 무고한 사람들을 무차별적으로 희생시키기 때문이다. 그런데 미국은 전쟁을 통해서 무고한 사람을 수없이 희생시켜왔다. 일부 극단주의적 무슬림의 테러에 의해 희생된 무고한 미국인의 수보다 미국의 이라크 전쟁으로 희생된 무고한 무슬림의 수가 훨씬 더 많다. 민간인 무슬림에 대한 무차별적 살인은 다음과 같은 명령 아래 이루어졌다. "먼저 쏴라, 질문은 나중에 한다."

일본의 아베 정권은 안중근 의사를 기본적으로 테러범으로 간

주한다. 그런 아베의 정치적 '절친'이 바로 트럼프다. 트럼프는 아베와 통화하면서 다른 사람 칭찬에 인색한 자기 딸이 아베를 높이 평가한다고 아베를 한껏 치켜 세워주었다. 그런 점에서 '막가파' 트럼프에 대해 우리 역시 "You're fired!"라고 외치지 않을 수 없다.

2017년 2월 1일

프로불편러

"이거 저만 불편한 건가요?" 혹은 "이거 나만 불편해?"라고 말하는 사람을 가리킨다. 'pro(fessional) + 불편不便 + ~er'의 합성어다. 원래는 인터넷 커뮤니티에서 유머 게시글에 대해 너무 예민하게 반응하거나 쓸데없이 트집을 잡는 사람들을 부정적으로 가리키는 말이었다. 최근에는 젠더 평등에 어긋나는 사건이나 사태에 대해서 이를 비판적으로 지적하는 사람을 주로 가리키는 말이 되었다.

불편하다고 지목된 사건이나 사태가 도덕적·문화적으로 어떠한 평가를 받는가에 따라 프로불편러는 조소의 대상이 되기도 하고, 공감이나 지지를 얻기도 한다. 예컨대 TV에 어떤 수준의 성적 노출 장면이 나왔을 때 A가 "이거 나만 불편해?"라고 지적하고 나서 이를 접한 B가 A를 '프로불편러'라고 부른 상황이라고 하자. 이

때 B가 그 노출 수위를 부정적으로 본다면 프로불편러란 말은 긍정적으로 사용된 것이고, 그렇지 않다면 부정적으로 사용된 것이다. 프로불편러에 대한 평가는 결국 불편함을 일으킨다고 지목된 사태나 사건에 대한 사회적 평가가 어떠한가에 달려 있다.

문제는 바로 그 수준에 대한 평가가 과거와는 달리 다양해졌다는 것, 또는 그 문화적·도덕적 평가가 미리 결정되어 있는 것이 아니라 인터넷이나 소셜미디어 공간에서 이뤄지는 여론 추이 및 갑론을박의 '밀당' 과정에 의해 결정된다는 데 있다. 또, 문제는 우리가 종종 어떤 사태나 사건에 대해서 자신의 평가적 견해를 당당하게 펼치지 못한 채 "이거 저만 불편한 건가요?"라며 우회적으로 드러내는 유동적인 담론 교섭 상황에 놓인다는 것이다.

한자 '편/변便'은 편하다는 뜻에서는 '편'으로, 똥오줌을 가리킬 때는 '변'으로 읽는다. 불편하다는 것은 기본적으로 똥오줌을 잘 싸지 못해서 편하지 않은 상태를 나타낸다. 편/변便을 구성하는 다시 갱/고칠 경更의 갑골문 자형은 손으로 나무 망치를 집어 돌종을 때리는 형태를 나타냈을 것으로 추정된다. 이것이 금문, 전서, 예서를 거치면서 형태 변화를 한 것이다.

각설하고, 나는 요즘 문재인이 불편하다. 문재인이 불편하다는 내 얘기는, 그러니까 문재인이 싫다든가 밉다든가 하는 것은 아니다. 나는 지금 "이거 저만 그런가요?"라고 조심스레 정치적 화두를 던지고 있다.

문재인이 불편한 이유 하나는 문재인을 비판하면 문자 폭탄을 맞기 때문이다. 문재인은 정치적 비판 위에 또 그 비판을 넘어서 군림한다. 물론, 나는 문재인 지지자들의 문자 폭탄을 무서워하지는 않는다. 내 전화번호는 010-3930-4500이다. 문자 폭탄이 온다면 나는 '사드' 도배 문자로 대응할 것이다.

문재인이 불편한 또 다른 이유는 스스로가 '대세' 운운하며 십몇 년 전의 이회창처럼 행세하기 때문이다. 문재인은 지금 여론조사 1위를 계속 달리고 있다. 하지만 전문가들은 문재인의 표 확장력에 한계가 있다고 본다. 바로 그 한계를 노리면서 안희정은 '대연정'을 남발하고, 이재명은 안희정을 비판하면서 발언 철회를 요구한다.

문재인이 불편한 가장 큰 이유는 내 눈에는 안철수, 남경필, 유승민 등과 비교해서 문재인의 좋은 점이 그다지 잘 보이지 않기 때문이다. 내가 이렇게 말하는 까닭은 내가 유승민보다 더 오른쪽에 있어서가 아니라 심상정보다 더 왼쪽에 있기 때문이다. 문재인을 포함해 한국 정치판의 가장 큰 문제는 무엇일까. 그것은 한국사회의 중요한 문제들을 제도 정치가 구조적으로 해결하고 처리하지 못한다는 것이다.

나는 문재인이 당장 대통령 결선투표제 도입을 추진하고, 국회의원 정원 절반을 독일식 비례대표제로 뽑겠다고 공약하기를 원한다. 재벌들의 순환출자 해소와 계열 분리제 및 기업 분할제의 강력 실시를 공약으로 내걸기를 원한다. 국민투표를 통한 원자력발전소 폐쇄 여부 결정을 아우르는 탈핵 로드맵의 실현을 국민에게 약속하기를 원한다.

그러면 내 정치적 변비가 없어질 것 같다. 아 참, 위에서 공개한 전화번호는 표창원 의원의 것이다. 내가 그렇게 용감할 리가 없지 않은가. 여전히 문재인은 불편하다. 나만 그런가?

2017년 2월 8일

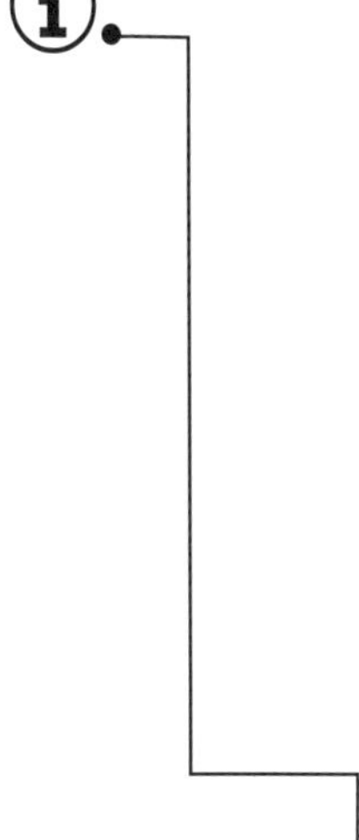

알파벳 'i'를 원으로 두른 것으로, 유니코드 24D8의 부호다. 유니코드란 컴퓨터상에서 문자 및 부호를 표기하기 위한 산업적 표준 기호 체계다. '24D8'은 16진법 수인데 10진법으로 바꾸면 '9432'가 된다. 구글 크롬을 이용하면 네이버와 다음의 첫 화면 주소 앞에는 ⓘ가 붙어 나타난다. 국가정보원과 청와대, 그리고 보안업체 안랩도 마찬가지다. 즉 마이크로소프트의 익스플로러에서라면 이 주소들 앞에 'http://'가 나타나는데 크롬에서는 이게 없어지는 대신에 ⓘ가 붙는 것이다.

크롬은 제멋대로 모든 사이트를 '안전함' '정보 또는 안전하지 않음' '안전하지 않음 또는 위험'의 세 종류로 나누어 표시한다. 크롬은 모든 사이트 주소 앞에 세 종류의 이미지를 붙여놓는다. '안전함Secure'으로 분류된 사이트 주소 앞에는 초록색 열쇠 이미지를, '정보 또는 안전하지 않음Info or Not secure' 앞에는 ⓘ 이미지를, '안전하지 않음 또는 위험Not secure or Dangerous' 앞에는 빨강 바탕의 세모꼴 안에 흰색 느낌표가 들어 있는 이미지를 붙여놓는다.

우리가 컴퓨터로 인터넷을 이용해서 의사소통하는 데는 기본적인 약속들이 필요하다. 이 약속들의 묶음을 인터넷 프로토콜(통신 규약)이라고 하는데 인터넷 프로토콜에는 맨 아래에 물리적이고 논리적인 수준의 연결 계층이 있고, 맨 위에 응용 계층이 있다. 이더넷, 무선넷 등은 맨 아래 계층에 속하고 텔넷, FTP, HTTP, 고퍼 등은 응용 계층에 속한다. 응용 계층 아래에 전송 계층이 있는데, 크롬의 '안전함' '안전하지 않음'의 분류는 전송 계층과 관련이 있다.

이상의 설명은 기술적이라서 어렵고 실은 나도 모르면서 아는 척 떠드는 것일 뿐이다. 한편 프로토콜이란 말은 외교 분야에서도 의례, 의전, 의정서 등의 의미로 사용된다. 국가 원수가 외국을 방문해서 벌이는 국가 간 외교활동에도 여러 수준의 프로토콜이 있다. 비행기를 타고 가느냐 아니면 기차를 타고 가느냐(과거 김정일의 중국 방문처럼), 방문의 종류가 국빈 방문이냐 공식 방문이냐 실무 방문이냐, 공식 회담이냐 비공식 간담이냐 등에 따라 여러 수준의 프로토콜이 있다. 인터넷 프로토콜의 계층이라는 것도 바로 이렇게 다양한 수준의 외교적 프로토콜의 계층에 상응한다.

https 방식은 인터넷 프로토콜의 전송 계층에서 SSL/TLS라는 보안 표준을 사용한다. 크롬은 기존의 http 방식을 쓰는 인터넷 사이트를 '안전하지 않음'으로 분류한다. 외교와 비교한다면, 외교 문서 등을 외교 행낭(최순실의 언니가 거액을 외국으로 빼돌렸을 때 이용했다고들 하는)에 넣어서 보내느냐 아니면 그냥 외교관이 가방에 넣어서 가져가느냐의 차이일 거라고 본다.

어쨌든 'https'가 기존의 'http'보다 보안성이 더 뛰어나다는 것은 전문가들도 인정하고 있는 듯하다. 문제는 크롬이 제멋대로 이러한 차이에 낙인을 찍는다는 것이다. https 방식을 이용하면 보안성은 뛰어나지만 그 대신에 처리 속도가 떨어진다. 인증 기관의 기술 인증서를 사서 적용하는 데도 돈이 든다고 한다. 속도 저하 때문에 네이버와 다음은 첫 화면은 기존처럼 http 방식을 쓰고, 로그인 화면에서만 https 방식을 쓴다.

인간의 모든 행위는 안전, 속도, 비용에 따라 여러 조합이 가능하다. 밤 늦게 집에 올 때, 전철역이나 버스 정류장에서 집까지 걸어올 수도 있고, 아니면 집 앞까지 택시를 타고 올 수도 있다. 돈을 아끼기 위해 집까지 걸어오는 사람의 이마 위에 구글이 ⓘ 낙인을 찍는다면 어떻게 될까. 당연히 폭동이 일어날 것이다.

이세돌과의 대결에서 구글의 알파고가 일부러 한 판을 져주었다는 소문이 있다. 상당히 신빙성이 있다. 구글은 글로벌 독점자본이다. 글로벌 독점 자본들이 전 세계 곳곳에서 얼마나 나쁜 짓을 벌여왔는지 우리는 잘 안다. 나라면, 인터넷 주소를 제멋대로 분류하기보다는 트럼프의 '마빡'에 ⓘ나 빨간 세모를 붙였을 것이다.

2017년 2월 15일

3대 세습.

아버지가 아들에게 권력을 물려주는 것을 흔히 권력 세습이라고 하고, 이 과정이 할아버지와 아들 그리고 손자로 이어지는 것을 3대 세습이라고 한다. 북한 정권의 김정은과 남한 재벌 삼성의 이재용이 각각 3대 세습에 해당한다. 3대 세습에 의해서 최고 권력이 유지된다는 점에서 남한과 북한은 서로 똑같다.

지난주에 충격적인 뉴스들이 연달아 전해졌다. 김일성의 손자이자 김정일의 아들인 김정남이 살해되었다는 뉴스와 이병철의 손자이자 이건희의 아들인 이재용이 구속되었다는 뉴스다. 김정남 피살은 아마 당분간은 북한에서의 3대 세습 체제를 더 공고하게 만드는 효과를 가질 터이다. 이재용의 구속은 중장기적으로 보아서 삼성의 3대 세습 체제를 흔드는 효과를 낳을 것이다.

김정남은 북한 노동당 위원장 김정은의 이복형이다. 김정남 암살 사건은 지금 말레이시아 경찰이 수사 중이고 몇몇 용의자를 체포했다. 체포된 용의자들 중에는 북한 여권 소지자도 포함되어 있다. 좀더 지켜봐야 하겠지만, 김정남 암살의 배후에 김정은의 의지가 크게 작용했다고 하는 추측도 난무한다. 김정남 암살의 효과로 봐서는 상당히 신빙성이 있는 추측이다. 권력이란 이렇듯 잔혹하고 패륜적인가를 새삼 되묻지 않을 수 없다.

이재용이 구속된 직접적이고 핵심적인 이유는 삼성 그룹과 이재용이 최순실에게 뇌물을 주었다는 혐의다. 뇌물을 준 까닭은 삼성의 3대 세습 체제 유지를 위해서다. 이재용에게 적용된 혐의는 뇌물공여, 특정경제범죄가중처벌법상 횡령·재산국외도피, 범죄수익 은닉의 규제 및 처벌 등에 관한 법률 위반, 위증 등 다섯 가지다. 온갖 불법과 탈법을 저질렀던 그의 할아버지와 아버지가 피해간 법망을 손자이자 아들인 이재용은 피해 가지 못했던 것이다.

김정남은 2001년 5월 도미니카의 위조 여권으로 일본에 밀입국하려다가 적발돼 중국으로 추방된 적이 있다. 2005년에 일본 일부 언론이 일본 경시청 공안부의 보고서를 인용해 보도한 바에 따르면, 김정남은 그 전에도 최소한 두 번씩이나 일본에 드나들었다고 한다. 2001년 일본 밀입국 당시 김정남의 옷차림새에 대해 일부 언론은 '야쿠자' 스타일이었다고 보도했다.

물론 2001년 일본 밀입국 때 공항에서 일본 공안 당국이 김정남을 체포할 수 있었던 게 그의 옷차림새 때문은 아니었다. 나중에 나온 뉴스에 의하면, 미국 CIA가 사전에 입수한 정보를 일본 공

안 당국에 제공한 덕분이었고 한다. 그런데 이번에 미 CIA는 대체 뭘 하고 있었던 걸까. 내 음모론적 상상에 의하면, 다분히 미 CIA는 이를 알고도 방치했을 것 같다, 믿거나 말거나.

이재용과 함께 조사를 받았던 삼성의 한 임원은 다음과 같이 말했다고 전해진다. "조사를 받는 중에 온갖 생각이 들더라. 내가 왜 여기에 들어왔는지…… 나중에는 분노 같은 것도 치밀더라. 지금까지 나름 열심히 살아왔는데…… 나 자신에 대해 화가 나기도 하고……." 이재용의 심정도 이와 크게 다르지는 않으리라는 추정이 가능하다. 아마 '분노'가 제일 크지 않을까 하고 상상하게 된다.

한편 더불어민주당의 대통령 후보 경선 선거인단 모집에서 '역선택'이 문제 되고 있다. 역선택이란 박사모 등이 문재인을 떨어뜨리기 위해 선거인단에 참여해서 문재인

이 아닌 다른 후보를 찍으려 한다는 것이다. 문재인은 "의도적·조직적으로 역선택을 독려한다면 대단히 비열한 일"이라고 질타했다. 하지만 선거인단 제도를 통해서 후보를 뽑으려면 제도적으로 역선택의 부작용은 불가피하며 어느 정도는 자연스러운 일이다.

우리의 딜레마는 이렇다. 북한 3대 세습을 피해서 이재용을 역선택할 수도 없고, 남한 3대 세습을 피해서 김정일을 역선택할 수도 없다. 북한 체제에서는 김정일이 구속되는 일이 절대 없을 거라는 점을 염두에 둔다면, 남한 체제가 훨씬 더 나은 것은 분명하다. 게다가 남한에서는 이재용을 비판하더라도 암살당하지 않는다. 심지어, 흙수저인 나로서는 재벌이 아닌 할아버지, 아버지를 둬서 다행이라는 생각이 든다. 또, 설령 세습을 하더라도 딸이나 처가 쪽 조카에게 시키면 어떨까 하는 생각도.

2017년 2월 22일

6월항쟁 30주년.

2017년은 1987년 6월항쟁이 30주년 되는 해다. 경제 침체와 경기 둔화, 사회적 양극화 및 분배 구조 악화, 청년 실업, 사회 고령화, 여성 혐오, 좌우의 정치·이념적 갈등 심화 등과 같이 산적한 문제에도 불구하고, 나는 한국사회를 낙관적으로 본다. 그것은 단적으로 말해서, 독점자본 삼성의 실질적 지배자인 이재용이 구속되었기 때문이다. 이건희 및 이재용 집안은 겨우 5퍼센트 안팎의 지분으로 한국을 대표하는 기업인 삼성전자를 지배해왔다. 5퍼센트라는 수는 황교안이 여론조사에서 얻고 있는 지지도의 대략 절반에 해당된다.

이재용의 구속은 6개월 전만 하더라도 나로서는 도저히 상상할 수 없는 일이었다. 고 노무현은 여러 정치적 잘못을 저질렀는데, 그중 하나가 민간 기업, 특히 삼성을 포함한 재벌들의 정치·사회적 지배력에 굴복한 것이었다. 이재용에 대한 재판이 앞으로 어떻게 진행될지는 눈을 더 치켜뜨고 지켜봐야 할 일이지만, 어쨌거나 그만큼 한국사회가 변화, 발전하고 있음은 분명하다.

헌재가 박근혜를 탄핵한 후에 박근혜를 구속시켜야 한다는 목소리가 사회 전체에 울려퍼지고 있다. 특검 연장을 거부한 황교안을 탄핵시켜야 한다는 목소리도 높다. 나도 기본적으로 찬성이다. 어찌 박근혜나 황교안뿐만이겠는가. 내 주변에는 '우꾸라지'도 꼭 구속시켜야 한다는 사람이 거의 대부분이다.

1960년 4.19혁명 이후 거의 40년이 다 되어서 1987년 6월항쟁이 일어났고, 지금은 6월항쟁으로부터 30년이 지났다. 장기적인 흐름에서 본다면, 박근혜와 우병우, 그리고 이재용의 구속 여부는 부차적인 것일 수도 있다. 내 말은 이들의 구속 여부가 중요하지 않다는 게 아니다. 더 거시적이고 근본적인 눈으로 세상의 흐름을 볼 필요가 있다는 얘기다. 누가 대통령 후보가 되느냐, 누가 대통령이 되느냐도 마찬가지다.

이런 전제 위에서 몇 가지 사안에 관한 내 견해를 밝힌다. 우선 사드 배치 문제다. 중국 사람들은 이렇게 말한다. "너희 한국 사람들은 우리 중국과의 교역에서 많은 경제적 이익을 취하면서 우리 안보를 위협하는 사드를 배치하면 어떻게 하느냐?"고. 하지만, 사드는 중국에 위협적이라서 배치하지 말아야 하는 것이 결코 아니다. 설령 우리가 지금 중국과의 교역에서 적자를 보고 있더라도 사드는 배치하지 말아야 한다. 사드는 한반도의 군사적 긴장을 더 고조·악화시키고, 궁극적으로는 한반도를 치명적인 핵전쟁으로 끌어들일 가능성이 대단히 크기 때문에 배치하지 말아야 하는 것이다.

그다음으로 미국으로부터의 군 작전권 환수 문제다. 다음에 누가 대통령이 되든 간에 이것은 매우 필수적이다. 대한민국이 주권국가인 한, 군 작전권의 환수는 매우 당연한 일이다. 작전권 환수를 반대하는 장성과 장교들은 즉시 사병으로 강등시킨 뒤에 예편해야 한다. 북한은 늘 이렇게 주장해왔다. "남한은 미국의 정치·군사적 식민지다"라고. 우리는 북한의 주장에 대해 정색을 하고 반박할 수 있어야 한다. 우리는 반드시 북한을 평화협정 체결 및 한반도 비핵화를 위한 대화와 협력과 교류의 장으로 끌어들여야 한다.

정치권은 개헌 문제 등으로 시끄럽다. 개헌 문제의 본질은 이렇다. 박근혜와 최순실 두 명이 해먹던 것을 이제 국회의원 수백 명이 해먹겠다는 것. 결국 개헌은 답이 아니다. 지금 개헌은 계파 지도자들의 이익만을 위한 것이다. 그 대신, 참여 민주주의와 숙의 민주주의를 확장·심화시킬 필요가 있다. 우선, 내부자 고발을 장려하고, 더 나아가서 획기적으로 크게 보상하는 제도를 도입해야 한다. 또 국민소환제를 강화해야 한다.

검찰 독립 문제도 시급하다. 공수처는 답이 아니다. 차라리 검찰총장 직선제가 훨씬 더 낫다. 국회의 검찰총장 탄핵권을 명시하면 된다. 또, 판검사 임용 제도를 개선해야 한다. 지금의 로스쿨 제도는 가진 자와 있는 자에게만 유리하다. 최소한의 활동 기간을 거친, 그리고 일정하게 능력과 성과가 검증된 변호사들을 후보로 삼은 다음 그들 가운데 추첨을 통해 판검사를 뽑는 방식으로 가는 게 합리적이다. 또 배심원 제도를 빨리 도입해야 한다.

2017년 3월 1일

공위기

영어 'interregnum'를 번역한 말이며 한자어로는 공위기空位期라고 한다. 영어는 라틴어에서 왔는데, 어원적으로는 'inter(사이) + regnum(reign, rule의 명사형)'으로 이루어졌다. 원래는 봉건사회의 군주제 국가에서 군주 부재기를 가리켰고, 오늘날에는 어떤 사회에서 정부나 정치 권력의 공백기를 뜻한다.

조만간 헌재에서 박근혜의 탄핵을 결정하면, 한국사회는 실질적인 의미에서 공위기에 돌입한다. 카를 마르크스는 "비판의 본질적 파토스는 분노이며 비판의 본질적 작업은 규탄이다"라고 말한 바 있다. 법적 탄핵이란 그러한 분노와 규탄의 법적 실체화라고 할 수 있다. 국민적 비판이 헌재의 탄핵 결정으로 구체화되면 우리는 위에서 말한 공위기에 돌입하는 것이다.

반면 헌재가 박근혜의 탄핵을 기각하거나 각하하면 매우 불행한 사태가 발생한다. 촛불 집회와 각종 여론조사에서 드러났듯이, 70퍼센트 이상에 해당되는 다수의 국민은 “헌재 자체를 없애버리자”며 거리로 나올 것이고, 그 혼란과 분열은 연말 대통령 선거까지 계속될 것이다. 가뜩이나 경제가 ‘개판’이고 중국의 사드 보복이 문제인 상황에서 우리 국민 전체가 치러야 할 정치·사회적 비용이 너무 크다.

봄이 왔다. 그러나 한반도에서 봄은 제비와 함께가 아니라 한미합동군사훈련과 함께 온다. 한반도의 봄은 늘 핵전쟁의 위험과 함께 오는 것이다. 한미 양군은 이미 2017년 3월 1일 연합 훈련인 독수리훈련에 돌입했고, 이 훈련은 4월 말까지 계속된다. 지금 한반도에는 미군의 가공할 핵무기들이 들어와서 설치는 중이다. 북한은 이에 반발해 동해상에 탄도미사일 여러 발을 발사했고, 한국 합동참모본부는 이들이 1000킬로미터 이상을 비행한 것으로 파악했다. 또 조금 더 지나면 중국으로부터 황사가 몰려올 것이다. 올해 황사는 더 매섭고 귀찮을 터이다. 더 강화된 사드 보복과 더불어서 올 것이므로.

사드 배치에서의 가장 큰 문제는 우선 그것이 한반도에서의 핵전쟁 위험을 매우 심화시킨다는 점, 그리고 국민 사이에 찬반이 갈리는 매우 중대한 문제임에도 불구하고 박근혜 정부는 정치적 설득과 동의 없이 제멋대로 밀어붙이려고 했다는 점이다. 전 주미대사 리퍼트는 이에 대해 “한국, 사드 빨리 배치해서 중국의 압박수단 안 되게 해야”라고 강조했다. 한마디로 ‘양키 제국주의자’의

무책임한 발언이다. 리퍼트는 미국 민주당 정권에 의해 임명되었는데, 민주당을 포함한 미 제국주의 세력은 결정적인 순간에 늘 남한의 민주주의와 국민주권을 짓밟으려 한다.

만약 박근혜가 탄핵된다면, 황교안은 사드 배치 문제를 포함해서 박근혜 정부가 국민적 동의와 사회적 합의 없이 졸속적·일방적으로 추진했던 모든 중요한 사안을 다음 정권 때까지 보류해야 한다. 특히 사드 배치 문제는 밀실에서 일방적으로 결정해 밀어붙일 사안이 결코 아니다. 나는 대통령 선거와 함께 국민투표를 시행할 것을 제안한다. 누가 대통령이 되든 간에 사드 배치에 관한 한 국민투표의 결과를 따르면 된다.

나는 헌재가 박근혜를 탄핵하기를 원하지만, 만약 헌재가 박근혜의 손을 들어준다면, 일단 그것은 어쩔 수 없는 일이라고 생각한다. 민주주의는 인류가 발명하고 발전시켜온 최선의 정치 과정이고 정치 제도다. 하지만 그것이 어디에서든 완벽할 수는 없다. 그래서, 늘 우리는 절차적 민주주의뿐만 아니라 실질적 민주주의, 즉 경제, 사회, 산업 분야 등에서의 민주주의도 확장·심화시켜나가야 한다. 풀뿌리민주주의, 직접민주주의, 참여 민주주의, 심의 내지 숙의 민주주의 등으로 불러온 실질적 민주주의의 확장 및 심화 과정이 매우 중요하고 필수적이다.

대체 민주주의란 무엇인가. 나는 그 핵심이 소수파 및 반대파의 권리와 주장을 제도적으로 보장하는 것이라고 생각한다. 그러한 보장을 위해서, 집회 및 결사의 자유, 사상 표현 및 양심의 자유, 언론 및 출판의 자유 등이 있는 것이다. "삶이란 양쪽 끝이 타오르는 촛불처럼 살아야 한다"는 좌우명 아래 살았던 로자 룩셈부르크의 말을 인용하면 이렇다. "자유란 늘, 나와 생각이 다른 사람들의 자기 표현의 자유다."

2017년 3월 8일

유행어 사전

초판인쇄 2017년 12월 12일
초판발행 2017년 12월 19일

지은이 이재현
펴낸이 강성민
편집장 이은혜
편집 박은아 곽우정 김지수 이은경
편집보조 임채원
마케팅 이숙재 정현민
홍보 김희숙 김상만 이천희

펴낸곳 (주)글항아리 | 출판등록 2009년 1월 19일 제406-2009-000002호

주소 10881 경기도 파주시 회동길 210
전자우편 bookpot@hanmail.net
전화번호 031-955-2663(편집부) 031-955-8891(마케팅)
팩스 031-955-2557

ISBN 978-89-6735-469-5 03300

글항아리는 (주)문학동네의 계열사입니다.

이 도서의 국립중앙도서관 출판예정도서목록(CIP)은
서지정보유통지원시스템 홈페이지(http://seoji.nl.go.kr)와
국가자료공동목록시스템(http://www.nl.go.kr/kolisnet)에서 이용하실 수 있습니다.
(CIP제어번호: CIP2017033360)